KB018263

학생부 바이블
자연계열

학생부 바이블 자연계열
저자소개

강서희

안양여자상업고등학교 진로전담교사 재직중

집필이력
'교과세특 탐구주제 바이블'
'홀랜드 유형별 유망 직업 사전'
'페이스메이커'
'미디어 진로탐색 바이블'

활동이력
2015 개정 교육과정 고등학교 '진로와 직업' 인정도서
심의위원

개발이력
'원하는 진로를 잡아라' 보드게임
'드림온 스토리텔링' 보드게임

손평화

거창고등학교 진로전담교사 재직중

집필이력
'진로끝판왕'
'영어 오답의 모든 것(구문어휘편, 심화독해편)'
'교과세특 탐구주제 바이블(생활·교양 교과군)'

활동이력
EBS 진학마스터 핵심 온라인 과정 연수 강사

수상이력
2017년 경남교육감 표창

이명주
서정고등학교 진로전담교사 재직중

활동이력
경기도대입진학지도 리더교사 지원단(2018~현재)

수상이력
대안교실 활성화 표창(2019)

하희
구리여자중학교 진로전담교사 재직중

집필이력
'학과바이블'
'나만의진로가이드북'
'교과세특 탐구주제 바이블'
'중학교 진로포트폴리오 스-포트-라이트'
'두근두근 미래직업체험'
'똑똑 기업가정신(경기도교육청)'

활동이력
경기도중등진로교육연구회 연구위원(2017~2020)
구리남양주 연극교육연구회 연구위원(2018~2021)

이남설
수원외국어고등학교 진로전담교사 재직중

집필이력
'교과세특 탐구주제 바이블'
'진로 포트폴리오 하이라이트(고등학교)'

활동이력
경기도 대입진학지도 리더교사
고3 전국연합학력평가 출제 및 검토위원
주요 대학 교사 자문위원
진로진학상담 무작정 따라하기 카페 운영자

개발이력
'교과세특 및 진로기반 학생부 프로그램'
'진로진학상담 수시프로그램'

한승배
양평전자과학고등학교 진로전담교사 재직중

집필이력
'10대를 위한 직업 백과'
'10대를 위한 유망 직업 사전'
'교사 어떻게 되었을까'
'의사 어떻게 되었을까'
'나만의 진로 가이드북'
'교과세특 탐구주제 바이블'
2009 개정 교육과정 중학교, 고등학교, 특성화고 '진로와 직업' 교과서
2015 개정 중학교, 고등학교 '진로와 직업' 교과서

활동이력
네이버 카페 '꿈샘 진로수업 나눔방' 운영자
네이버 밴드 '함께하는 행복한 진로수업' 운영자

수상이력
근정포장, 대교눈높이교육상, 정보문화대상 대통령상, 청소년푸른성장대상, 장관표창(교육부, 행정안전부, 환경부, 보건복지부) 등

김호범
호원중학교 수석교사 재직중

집필이력
'전통교육에 기초한 단비교육'
'2030년에 삶이 살아 숨 쉬는 수학수업'
'단비 수학선생님'

활동이력
전 자카르타한국국제학교 교감

서문_ 학생부 바이블을 출간하며 ✎

드디어 학생부 바이블이 탄생했습니다. 기존 출간된 학교생활기록부를 다룬 책들과는 차별화된 새로운 관점에서 만든 책입니다. 어떤 내용으로 구성해야 일선에서 지도하는 현직 교사, 자신의 진로를 위해 노력하는 학생들과 학부모님, 모두에게 도움을 줄 수 있을까를 고민하고, 또 고민하면서 현직 중·고등학교 교사들이 힘을 모아서, 1여 년이 넘는 시간동안 서로 머리를 맞대고 노력한 결실입니다. 학생부종합전형은 학교 생활에 충실한 학생 중에서 적성이나, 소질, 잠재력 등을 종합적으로 평가해서 선발하는 전형입니다. 따라서 학생부종합전형을 정확하게 이해하고, 학생들이 스스로 질문하고, 답을 찾으며 학교 교육과정에 능동적으로 참여하는 것이 가장 기본적인 사항이라고 할 수 있습니다. 이 책의 초점은 여기에 있습니다.

이 책은 인문, 사회, 자연, 공학, 의약, 예체능, 교육 등 7개 계열별 맞춤형 진학 설계 가이드북입니다. 학생부종합전형의 특징과 각 대학의 평가 요소, 변화하는 학교생활기록부에 대한 내용을 7개 계열별로 상세하게 정리했습니다. 이와 함께 학생부 각 영역에 대한 대학의 평가 관점, 학생들의 학생부 관리 방법을 함께 실었습니다. 또한 학생들을 지도하는 교사들을 위해 각 영역별 기재 방법을 상세하게 설명하고, 창의적 체험활동의 자율동아리, 진로활동 등에 대한 계열별·학과별 추천 활동과 맞춤형 기록 사례를 구체적으로 제시했습니다. 앞으로는 학생부종합전형에서 교과학습발달상황이 더욱 중요한 평가의 대상이 됩니다. 이에 발맞추어 국어, 영어, 수학, 사회, 과학 교과군 모든 과목의 세부능력 및 특기사항의 기재 예시를 제시하여 이 책을 활용하는 사람들에게 보다 효과적인 도움을 줄 수 있도록 구성하였습니다. 이와 함께 인문, 사회, 자연, 공학, 의약, 예체능, 교육 등 7개 계열에 해당하는 대표적인 직업 및 학과와 그에 적합한 선택과목을 제시하여, 학생들이 자신의 진로로드맵을 작성하는데 참고할 수 있도록 했습니다.

학생부종합전형의 핵심 평가 자료는 학생부입니다. 따라서 이를 어떻게 관리하느냐에 따라 대학 합격 여부가 결정됩니다. 자신이 원하는 대학교에 합격하는 것은 모든 수험생들의 바람입니다. 그러나 학생부종합전형에서는 더 이상 열심히 공부만 하는 모범적인 학생을 원하지 않습니다. 물론 성적도 우수해야 하지만, 이와 함께 학업역량, 진로역량, 공동체역량 등을 골고루 갖춘 학생을 원합니다.

'아는 만큼 보인다'라고 했습니다. 학생들이 자신의 희망하는 학교에 진학하기 위해서, 교사들이 진학 지도를 올바르게 하기 위해서는 학생부종합전형에 대한 충분한 이해가 필수적입니다. 이 책을 꼼꼼히 읽고, 학생부 변화의 방향에 발 빠르게 대응한다면 성공적인 진학을 향한 과정에 한 발짝 먼저 다가설 수 있을 것입니다.

지금 이 시간에도 열심히 학생들을 지도하시는 일선의 교사들과 자신의 꿈을 이루기 위해 공부하는 학생들, 그리고 이들을 위해 노력하시는 모든 학부모님을 응원하며, 이 책이 큰 도움이 되기를 진심으로 바랍니다.

1.

이 책은 대학 입시의 주요 전형인 학생부종합전형을 준비하는데 필수적인 학교생활기록부의 이해를 돕고자 자연계열 특성에 맞게 학교생활기록부에 필요한 정보를 담고 있습니다.

2.

자연계열 학과 정리, 학생부종합전형의 특징과 학교생활기록부의 항목별 내용을 구체적으로 정리하여 자연계열에 적합한 학교생활기록부를 디자인할 수 있는 정보를 제공하고 있습니다.

3.

무엇보다 학생 자신의 적성 및 흥미에 적합한 자연계열과 학과를 찾아갈 수 있도록 다양한 적성검사를 활용하는 방법과 자연계열 적성 및 흥미 그리고 근무 환경과 일자리 전망을 소개하고 있어 이를 활용하여 학생의 진로를 찾는 과정을 선행하는 것을 권장합니다.

4.

특히 2장에서는 학생부종합전형의 이해를 돕고자 학생부종합전형의 이해와 학생부종합전형의 대표적인 평가요소인 학교생활기록부의 항목별 주요 포인트 및 활용 방안에 대해 소개하여 교사의 학교생활기록부 작성과 학생의 맞춤형 활동에 도움을 주고자 하였습니다.

5.

학교생활기록부는 출결상황부터부터 행동특성 및 종합의견까지의 항목별 내용, 기재 요령 그리고 대학의 관점에서 바라보는 학교생활기록부의 주요 포인트를 분석하여 학생 및 교사가 해당 항목을 관리할 수 있도록 하여 학교생활에 선택과 집중을 할 수 있도록 정보를 제공하고 있습니다.

6.

특히, 자연계열에 적합한 학과별 추천 자율활동, 동아리활동, 봉사활동, 진로활동을 소개하고 더 나아가 관련 활동을 실시한 후 바람직한 학교생활기록부의 다양한 기재 예시를 제공하여 학생에게는 활동의 방향성을 제시하고, 교사에게는 학생 지도 및 학교생활기록부 작성에 로드맵을 제공하고자 하였습니다.

7.

변화하는 교육정책에 따라 더욱 중요성이 커진 교과학습발달상황에서는 해당학과에 필요한 과목별 성취기준 및 단원별 학교생활기록부 예시를 제공하여 해당학과의 진학을 위해 어떤 활동을 해야 하며 후속활동에는 어떤 것이 있는지에 대한 정보를 담고 있습니다.

8.

마지막으로 급변하는 시대에 변화하는 학과의 이해를 돕고자 자연계열에 해당하는 학과 소개 및 개설대학, 관련 학과, 그리고 졸업 후 진출 분야를 중심으로 직업과 선택과목 로드맵에 대한 정보를 담아 교사의 학생 지도 및 직업과 선택과목 로드맵에 대한 정보를 담고 있어 교사의 학생 지도 및 해당 학과를 진학하고자 하는 학생에게 도움을 주고자 하였습니다.

학생부 바이블 자연계열 INDEX

학생부 바이블
자연계열

CHAPTER

계열 결정의 중요성

' 나는 어떤 특징을 가진 사람인가? '

' 나는 무엇을 하고 싶은가? '

위의 질문은 청소년들의 가장 큰 고민이다. 계열을 결정할 때에는 좋아하는 일과 잘하는 일에 대한 충분한 고찰이 있어야 한다. 그러나 고등학교 과정에서 자신에게 맞는 계열을 선택하는 것은 쉽지 않은 일이며, 대입이라는 커다란 관문 앞에서 좌절하기도 한다.

계열을 결정한다는 것은 자신의 성격, 능력, 흥미, 가치관 등을 진단하고 고려하여 이에 맞게 진로를 선택하는 것을 의미한다. 누구에게나 계열을 선택하는 것은 무척 까다롭고 어려운 일이다. 그러나 계열 결정이 중요한 이유는 고등학교 이후의 생의 방향을 결정하는 선택이기 때문이다. 분명한 사실은 계열을 결정하기 위해 고민하고 노력한 사람과, 성적이라는 주어진 환경에 맞춰 수동적으로 계열을 선택한 사람과는 큰 차이가 있다는 것이다.

목표는 삶의 의미에 대한 고찰과 목적의식을 부여한다. 자신의 적성과 흥미를 발견하고 계열 결정을 위해 고등학교 교육과정을 능동적으로 활용한다면, 학교생활에 대한 방향을 정하여 목표를 향해 도전하고 노력하는 능력을 발휘할 수 있을 것이다. 주어진 학사일정에 맞춰 따라가는 생활이 아닌 스스로 환경을 결정하고 통제할 수 있게 될 것이다. 또한 고교학점제 시행으로 진로에 따라 다양한 과목을 선택하고 이수할 수 있는 체제가 마련되어, 계열 결정에 있어 주도적인 선택을 할 수 있게 된 것은 진로를 결정하기 위한 역량을 쌓는 데 중요한 밑거름이 될 것이다.

세상은 빠르게 변하고 있다. 빅데이터와 AI의 등장으로 다른 사람보다 더 많이 아는 것이 아닌, 자신에게 필요한 지식을 선별할 수 있는 능력과 자신의 미래를 설계할 수 있는 능력이 중요해졌다. 이러한 사회 변화 속에서 자신의 적성과 흥미를 발견하고 교육 방향을 기획하는 능력이야말로 계열 결정의 가장 중요한 열쇠이자 결정적인 요소로 작용할 것이다.

성공적인 계열 결정을 위해 충분한 자기이해를 위한 시간을 갖고 고찰하여 볼 것을 진심으로 추천한다. 자신의 적성과 흥미에 맞는 계열이 무엇인지 깨닫는 과정을 바탕으로 도전과 실패를 통해 성장을 즐길 수 있는 용기를 갖게 될 것이다. 계열을 결정하고 직업 선택의 방향을 설계하기 위해 노력하는 것은 누구보다도 자신의 삶에 열정이 있음을 증명하는 것이기 때문이다.

02.

계열 결정 시 유의사항

계열 선택의 중요한 기준은 자신이 하고 싶고, 잘할 수 있는 분야를 찾는 것이다. 자신의 적성과 흥미에 맞는 직업과 계열을 선택하여 성공적인 대학 생활과 꿈을 이룰 수 있도록 학교생활을 통해 동력을 확보해야 한다. 이를 위해서는 충분한 자기이해 과정과 직업 탐색 및 학과 탐색 과정이 선행되어야 한다.

대학 생활에 있어 중도 탈락의 다수 원인은 개인의 적성과 학과의 불일치에서
비롯된다. 어렵게 진학한 대학에서의 학업을 중단하는 것은 대학에서의 학업 또는
학교생활에 만족하지 못한다는 증거이기도 하다.
그만큼 대학의 교육 여건이 좋지 못하다는 것을 나타낼 수도 있지만,
계열 및 학과 선택에 있어 충분한 고찰을 거치지 못해 나타나는 지표로 볼 수도 있다.
따라서 다음과 같은 계열 결정 시 유의사항을 참고할 것을 추천한다.

첫째 자기이해와 주변 관심사 탐색을 통해 스스로를 분석해야 한다.

자신이 생각하는 주관적 자아를 탐색하기 위해서는 잘하는 교과목은 무엇이고, 취미나 특기는 무엇인지, 어떤 일을 할 때 가장 행복한지 등을 고찰하며 자신을 이해할 수 있다.

 둘째 자기 자신에 대한 객관적인 분석 과정이 필요하다.

워크넷(www.work.go.kr), 커리어넷(www.careernet.go.kr) 등에서 직업심리 검사를 받을 것을 추천한다. '직업흥미검사', '직업적성검사', '다중지능검사' 등을 통해 자신이 어떤 것을 좋아하고 흥미가 있는지, 강점은 무엇인지 등을 탐색해 본다.

셋째

적성과 흥미는 계발 여하에 따라 달라질 수 있다.

학교생활에서의 교과활동, 창의적 체험활동, 방과후활동 등으로 자신의 적성을 탐색하고 계발하는 과정은 반드시 필요하다. 자기이해과정을 통한 진로설계 노력은 가장 중요하다고 볼 수 있다.

 넷째

무작정 계열을 접근하는 것이 범위가 넓다고 느껴 진다면, 관심 있는 직업을 선정하고 관련 계열을 탐색하는 것이 좋다.

또는 독서와 심화 탐구를 통해 계열에 대해 간접 경험을 해보거나 자신이 좋아하는 과목과 잘하는 과목을 분석하고, 관련 계열과의 연관성을 살펴보는 등 다양한 방법으로 탐색해야 한다.

 다섯째

관련 계열을 선정한 후에는 미래 지향적인 전공을 선택하여 사회 변화에 따라 안정적으로 자신의 역량을 발휘할 수 있는 진로를 설계할 수 있어야 한다.

희망 계열을 선택하여 학과와 관련 직업을 탐색할 때에는 반드시 해당 직업의 진출 방법을 확인하거나 진로 로드맵을 찾아 자신의 미래 진로 경로를 정리해 볼 것을 추천한다.

03

자연계열 결정 요소 탐색하기

대학의 전공 계열은 크게 인문·사회·자연·공학·의약·교육·예체능 계열로 구분된다. 언어를 구사하고 이해하는 언어 감각이 뛰어나다면 인문계열에, 사회문제에 관심이 있고 자신의 생각을 논리적으로 전달하는 데 소질이 있다면 사회계열에 적성이 있다고 할 수 있다. 기계에 관심이 있고 기계를 조립하고 분해하거나 새로운 장비에 호기심이 있다면 공학계열에, 인체 현상에 대해 흥미가 있고 질병의 예방과 치료에 관심이 있다면 의약계열에 적성이 있는 것이다. 사람을 상대하여 대화하고 가르치는 것을 좋아한다면 교육계열이, 예술적 감각이 뛰어나고 새로운 아이디어나 호기심이 많다면 예체능계열이 적합하다. 그렇다면 자연계열에 맞는 적성과 흥미는 무엇일까?

자연계열은 자연계에서 일어나는 자연현상의 기본적인 원리를 탐구하고, 새로운 자연 질서를 발견하여 탐구하는 데 목적을 둔 학문이다. 따라서 진로를 자연계열로 결정하고자 할 때에는 아래의 3가지 요소를 점검할 것을 추천한다.

1 자연에 대한 관심

자연현상의 원리를 탐구하는 과학 분야에 지적 호기심이 있는 학생이라면 자연계열에 적성과 흥미가 있다고 할 수 있다. 과학은 인류에게 주어진 자연을 연구하고 개발하여 인류의 삶을 혁신적으로 윤택하게 하였다. 따라서 자연계열을 공부하기 위해서는 일상생활에서 관찰되는 원리와 자연현상을 과학적으로 분석하는 데 흥미가 있어야 한다.

2 기초 과학에 대한 흥미

주변 환경에 호기심을 갖고 인과관계를 규명하여 합리적인 해결 방안을 탐색하는 데 흥미가 있다면 더욱 유리하다. 특히 과학은 수학적 방법으로 실험과 연구 결과에 대한 증명이 이루어진다. 따라서 수학, 물리학, 화학, 생물학 등의 기초 과학에 흥미와 관심이 있어야 하며, 과학적 현상을 규명하기 위한 논리적이고 분석적인 사고방식이 필요하다.

3 직업에 대한 소명 의식

> 농림·수산, 생물·화학·환경, 생활과학, 수학·물리·천문·지리 중 어느 분야에서 인류 발전에 기여하고 싶은지 고찰의 과정을 거쳤는가?

과학이 인류 역사의 발전을 이끌어 낸 학문이라는 자부심과 함께 4차 산업혁명 시대의 주목받는 과학기술의 근간이 되는 영역이라는 것을 명심해야 한다. 따라서 자연계열을 전공하기 위해서는 자연을 유용이 활용하여 인류 복지에 기여하고자 하는 사명감과 새로운 법칙을 발견하려는 호기심, 사회 변화에 맞는 융합적 사고력과 창의력이 요구된다.

진로심리검사의 필요성_커리어넷 활용

'4차 산업혁명으로 직업의 세계는 크게 변화할 것이다.'라는 예측은 미래 사회를 논함에 있어 항상 거론되고 있다. 그러나 직업의 세계는 빠르게 변하고 있다. 과학기술의 발전과 사회 변화, 그리고 갑작스러운 팬데믹은 4차 산업혁명을 더욱 가속화시키고 있다.

이러한 변화 속에서 진로심리검사는 잠재된 자신의 특성을 이해하고, 적성과 흥미를 올바르게 파악하는 데 도움을 줄 수 있다. 진로심리검사는 통계·과학적으로 설계된 도구를 통해 개인의 직업가치관, 적성, 흥미 등을 총체적으로 파악할 수 있는 객관성과 신뢰도가 높은 검사이다.

물론 검사결과를 맹목적으로 따를 필요는 없다. 적성은 변할 수 있고, 적성과 흥미만으로 직업이 결정되는 것은 아니기 때문이다. 때로는 진로심리검사가 새로운 편견의 기준이 될 수도 있다. 그러나 분명한 것은 진로심리검사를 통해 객관적이고 신뢰도 높은 자기이해 과정을 충분히 경험하여 자신에 대해 구체적으로 고찰할 수 있다는 점을 명심해야 한다. 또한 객관적 관점에서 자신의 특성을 파악하고, 관련 직업과 학과 정보를 탐색할 수 있기 때문에 계열 선택에 큰 도움을 줄 것이다.

'커리어넷(www.careernet.go.kr)'을 활용한 진로심리검사는 진로성숙도검사, 직업가치관검사, 직업적성검사, 직업흥미검사가 있다.

TIP
커리어넷을 활용한 진로심리검사

학교생활기록부 항목	기본 항목
진로성숙도검사	- 진로선택에 필요한 태도, 능력, 행동과 진로 준비도를 이해 - 검사를 통해 현재 자신의 진로 준비도 파악 - 진로 목표 및 진로설계의 방향 설정
직업가치관검사	- 자신의 직업가치관 유형과 그에 상응하는 다양한 직업 탐색
직업적성검사	- 직업과 관련된 다양한 능력 측정 - 자신의 적성 파악 및 관련 직업 탐색
직업흥미검사	- 16개의 직업흥미영역과 6개의 흥미유형에 대한 분석 - 직업에 대한 흥미와 직업의 세부 정보에 대한 정보 제공

학생부 바이블
자연계열

CHAPTER

학생부종합전형 바로 알기

사람의 생김새와 성격이 모두 다르듯, 학생들도 저마다의 소질과 적성이 모두 다르다. 따라서 정확한 대입정보에 입각하여 본인에게 맞는 전형을 알아보고 대학 진학을 준비해야 한다. 부정확한 정보나 단편적인 지식으로 뒤늦은 후회를 하는 사례가 많기에 학생 스스로가 대학입학전형의 전반적인 생태계를 이해할 필요가 있다.

학생들의 흔한 실수와 후회 사례

학생 A : 정시 전형 위주로 대입을 준비하던 학생이 고3이 되어 선생님과 진학 상담을 하던 중 희망 대학의 학과가 수시 전형으로만 학생을 선발한다는 것을 알게 됨.

학생 B : 고1 중간고사에서 생각보다 낮은 성적을 받고 수시는 포기하라는 선배의 말을 들음. 이후 학교생활을 게을리 하다가, 고3이 되어 자신과 비슷한 성적 대의 졸업생들이 수시에 합격한 사례를 보고 후회함.

학생 C : 성실하게 학교생활을 했지만 학생부종합전형에 대한 정보가 없어 사전에 전략적으로 준비하지 못함. 결국 성실함 이외의 다른 역량을 충분히 보여주지 못함.

학생 D : 뚜렷한 목표나 정보가 없어 학년이 올라가도 자신의 진로탐색을 위한 깊이 있는 학교생활을 하지 못함. 학업에 충실하고 다양한 활동에 참여하며 진정으로 자신이 좋아하고 잘 할 수 있는 일들이 무엇인지 찾아가는 노력이 필요함.

수도권 주요 대학에는 주로 학생부종합전형이 많고 그 외 지역은 학생부교과전형이 많은 편이었으나, 최근 대학마다 학교장추천전형(지역균형전형)이 새롭게 신설되면서 수도권 주요 대학의 학생부교과전형이 소폭 상승하였다. 자신의 교과 성적 및 비교과활동, 목표 대학의 특성들을 고려하여 차근차근 준비해야 한다.

대학입학전형의 이해

대학입학전형의 표준체제는 크게는 수시와 정시로 구분되며, 수시 전형에서 가장 큰 비율을 차지하는 것이 학생부(학교생활기록부) 위주의 전형이다. 학생부 위주의 전형은 다시 교과 성적 위주의 학생부교과전형과 학생의 학교생활기록부에 기재된 교과 성적, 비교과활동, 출결, 인성, 면접 등을 종합적으로 평가하여 입학생을 선발하는 학생부종합전형으로 나뉜다.

구분		전형 유형	주요 전형 요소
대입전형 체제	수시	학생부 위주	학생부교과전형 : 학생부 교과 중심
			학생부종합전형 : 학생부 중심(교과, 비교과)
		논술 위주	논술 등
		실기/실적 위주	실기 등
	정시	수능 위주	수능 등
		실기/실적 위주	실기 등

Q&A 수시 지원 시 자주 물어보는 질문!

 전형 별로 몇 회까지 지원 가능한가요?

 수시 모집은 6회, 정시 모집은 3회 지원할 수 있다.

 수시 전형에 응시하면 수능은 응시하지 않아도 되나요?

 수시 전형에 수능최저학력기준(수능의 등급)이 활용될 수 있으니, 더 많은 기회를 원한다면 응시하는 것을 추천한다.

Q 이중 등록 금지란 무엇인가요?

A 입학할 학기가 동일한 2개 이상의 대학에 등록한 것을 말하며, 이중 등록은 입학 취소 사유가 되므로 반드시 하나의 대학에만 등록해야 한다.

Q 복수 지원 금지란 무엇인가요?

A 수시 모집 합격자(최초 합격자 및 충원 합격자)는 수험생의 등록 의사와 관계없이 합격자로 처리되며, 정시 모집과 추가 모집에 지원할 수 없다.

Q 이중 등록과 복수 지원 금지에 해당하지 않는 대학이 있나요?

A '대학(산업대학, 교육대학, 전문대학 포함)'과 '특별법에 의해 설치된 대학, 각종 학교' 간에는 복수 지원 금지 및 이중 등록 금지 원칙을 적용하지 않는다.

　* 특별법에 의해 설치된 대학: 육·해·공군사관학교, 국군간호사관학교, 경찰대학, 광주과학기술원, 대구경북과학기술원, 울산과학기술원, 한국과학기술원

Q 수시 전형의 예비 합격자인데 취소하고 정시에 지원하고 싶어요.

A 수시 모집 예비 합격 순위를 부여받은 자들은 그 순위를 포기할 수 없다. 즉, 수시 및 정시 모집의 지원 사실을 포기할 수 없다.

Q 수시 전형에 합격했습니다. 무엇을 해야 하나요?

A 수시 전형 합격생은 예치금을 납부해야 하며, 여러 군데 합격했다고 해도 1개 대학에만 납부하여야 한다. 수시 모집 예치금을 납부하는 것은 대학에 등록하겠다는 의사 표현으로 예치금 납부 이후 이 사실을 포기할 수 없다.

Q 예치금을 이미 납부한 뒤에, 다른 학교에 충원 합격 소식을 들었어요. 등록 절차가 어떻게 되나요?

A 대학에 등록한 자가 타 대학에 충원 합격하여 등록하고자 할 경우에는 먼저 등록한 대학에 등록 포기 의사를 명확히 전달한 후, 타 대학 충원 합격 대학에 등록하는 것을 원칙으로 한다.

학생부종합전형 VS 학생부교과전형

학생부교과전형이 학생부 교과 성적을 중심으로 정량 평가하는 전형이라면, 학생부종합전형은 입학사정관 등이 참여하여 학교생활기록부를 중심으로 면접 등을 통해 학생을 정성적으로 종합 평가하는 전형을 말한다. 두 전형을 비교하여 살펴보자.

학생부종합전형 VS 학생부교과전형

구분		학생부종합전형	학생부교과전형
1	전형 요소	학교생활기록부의 교과와 비교과 영역, 면접 등	주로 학교생활기록부의 교과 영역
2	평가 방법	서류, 면접 등을 통해 학교생활기록부를 종합적으로 정성 평가	교과 성적을 수치화하여 정량 평가
3	평가 항목	학업능력, 전공적합성, 인성, 자기주도성, 발전가능성, 학업의지 등	주로 학업능력
4	수능최저학력기준	수능최저학력기준을 적용하는 경우 충족 여부가 합격여부를 좌우	수능최저학력기준을 적용하는 대학이 많으며, 충족률이 낮은 편
4	경쟁률/합격률	경쟁률이 높은 편, 합격률을 예측하기 어려움	경쟁률이 낮은 편, 합격률 예측이 가능하여 중복 합격자가 많고 충원 합격률이 높은 편
5	지역균형전형	수도권 소재 대학의 학생부종합전형 선발인원 감소	수도권 소재 대학들이 지역균형전형을 학생부교과전형으로 선발
6	면접	전공에 대한 소양, 인성 및 가치관 등의 서류 확인 면접을 주로 진행, 일부 대학은 제시문 기반 면접 실시	대학, 학과의 특성에 따라 면접의 형태가 다름

학생부종합전형이란 무엇인가요?

학생들의 가능성과 자질은 사람들의 얼굴만큼이나 다양합니다. 따라서 하나의 정형화된 공식과 기계적인 수치는 학생의 다양한 능력을 모두 보여주지 못합니다. 학생이 속한 환경과 학업 동기, 학업에 대한 의지, 열정, 노력과 같은 요소들도 반영할 수 없습니다. 이러한 문제를 보완하기 위하여 도입한 종합적인 평가 제도가 바로 학생부종합전형입니다. 학생부종합전형은 수치로 계산된 성적만을 반영하지 않고, 지원자가 제출한 서류를 바탕으로 학업능력뿐만 아니라 학업에 대한 노력, 의지, 열정, 적극성, 도전정신, 발전가능성 등을 종합적으로 평가하는 학교교육 기반의 평가 방식입니다.

학생부종합전형이 왜 필요한가요?

서울대학교는 학생부종합전형의 종합평가 방식을 통해 고등학교 교육이 수능과 내신 위주의 획일적이고 일방적인 교육에서 탈피하고 학생 개개인의 적성과 발전가능성을 계발하여 창의적인 인재를 육성하는 바람직한 교육시스템으로 변화하는 데 기여하고자 합니다.

점수 위주의 선발 방식에서는 매우 미미한 점수 차에 의해 합격과 불합격이 결정됩니다. 이 같은 방식은 간단하고 편리한 선발 방법이지만 4차 산업혁명 융복합 시대의 대학과 사회에서 필요로 하는 인재 선발에 부응하는 적절한 방식인지는 의문입니다. 서울대학교는 학생들의 학업능력과 발전가능성을 면밀히 평가하기 위해 수치의 단순한 합산을 넘어서는 평가 방법을 고민하게 되었습니다. 그 결과 '학교생활기록부 등 제출서류에 기반을 둔 종합적이고 다면적인 평가'를 도입하게 되었습니다. 이는 교과 성적, 교내활동의 결과만을 평가하는 것이 아니라 그 동기와 과정까지 다면적이고 심층적으로 평가하는 방법입니다.

종합적인 평가 방식의 가장 큰 의의는 각각의 점수를 단순히 합산하는 방식으로는 평가할 수 없는 학생들의 학업능력과 잠재력을 더욱 면밀하게 평가할 수 있다는 점입니다. 그리고 학생들이 대부분의 시간을 보내는 고등학교에서 이루어지는 활동과 노력을 중심으로 평가하기 때문에 학생들이 학교교육 안에서 성장하는 데 기여할 수 있습니다.

*2022학년도 서울대학교 학생부종합전형 안내

학생부종합전형의 핵심 평가요소

학생부종합전형은 학교생활기록부의 교과와 비교과 영역을 종합적으로 평가한다. 대학마다 조금씩의 차이는 있지만 핵심적인 주요 요소는 유사하다. 학생부종합전형에서 좋은 평가를 받기위해 필요한 4가지 역량을 살펴보자.

01 지적 호기심

학생부종합전형의 평가요소 중 가장 중요한 키워드는 지적 호기심이다. 학교 수업을 들으면서, 책을 읽고 난 후, 혹은 동아리활동을 진행하는 동안 머릿속에 맴도는 궁금증이나 질문이 하나쯤은 있을 것이다. 이러한 궁금증을 머릿속에서 금방 잊어버리거나 단순히 선생님께 질문하여 해결한다면, 지적 호기심과는 거리가 먼 사람이다.

02 자기주도성

교과서나 선생님의 설명으로도 해결되지 않는 지적인 호기심이 있어 직접 책을 읽거나, 연구자료를 찾고 실험을 하며, 학계의 권위자에게 직접 자문을 구하는 등의 적극성이 있다면 자기주도성을 갖추고 있다고 말할 수 있다. 선생님이 정해준 과제만으로 만족하거나 동아리활동에서 친구들이 정한 주제를 수동적으로 따라가는데 그치지 않고 자기주도성을 발휘하여 지적 호기심을 해결한다.

03 문제해결능력

지적 호기심을 해결하기 위해 자기주도성을 발휘하다보면 부딪히게 되는 어려움이 있을 것이다. 실험의 가설을 잘못 세웠거나, 실험 도구를 구할 수 없거나, 용어가 어려워 접근 차제가 어려울 수 있다. 이러한 순간에 발휘할 수 있는 재치, 번뜩이는 아이디어, 끈기, 끝까지 파고드는 집요함이 바로 문제해결능력이다. 과제 수행 중 발생한 어려움과 문제를 어떻게 극복할 것인지 고민해보도록 한다.

04 잠재력

잠재력은 발전가능성과 유사하다. 대학은 고등학교생활을 통해 보여준 학생의 다양한 활동 기록을 통해 상급 학교인 대학 과정을 온전히 수학할 수 있는 잠재력이 어느 정도인지 파악하고 싶어 한다. 지적 호기심이 충만한 학생이 자기주도성을 발휘하여 문제해결능력을 보여준다면 잠재력 즉, 발전가능성이 충분하다고 볼 수 있다. 학생의 잠재력은 학업능력, 인성, 전공적합성 등의 다양한 측면에서 보여줄 수 있다.

2021년 5개 대학(건국대, 경희대, 연세대, 중앙대, 한국외대) 공동연구에 따른 'New 학생부종합전형 공통 평가 요소 및 평가항목'은 다음과 같다.

학업역량 · 교과, 비교과

: 대학 교육을 충실히 이수하는 데 필요한 수학 능력

학업성취도

- · 고교 교육과정에서 이수한 교과의 성취수준이나 학업발전의 정도
- **Q** 대학 수학에 필요한 기본 교과목(예: 국어, 수학, 영어, 사회/과학 등)의 교과성적은 적절한가? 그 외 교과목(예: 예술·체육, 기술·가정/정보, 제2외국어/한문, 교양 등)의 교과성적은 어느 정도인가? 유난히 소홀한 과목이 있는가?
- **Q** 학기별/학년별 성적의 추이는 어떠한가?

학업태도

- · 학업을 수행하고 학습해 나가려는 의지와 노력
- **Q** 성취동기와 목표의식을 가지고 자발적으로 학습하려는 의지가 있는가?
- **Q** 새로운 지식을 획득하기 위해 자기주도적으로 노력하고 있는가?
- **Q** 교과 수업에 적극적으로 참여해 수업 내용을 이해하려는 태도와 열정이 있는가?

탐구력

- · 지적 호기심을 바탕으로 사물과 현상에 대해 탐구하고, 문제를 해결하려는 노력
- **Q** 교과와 각종 탐구활동 등을 통해 지식을 확장하려고 노력하고 있는가?
- **Q** 교과와 각종 탐구활동에서 구체적인 성과를 보이고 있는가?
- **Q** 교내 활동에서 학문에 대한 열의와 지적 관심이 드러나고 있는가?

진로역량 · 교과, 비교과

: 자신의 진로와 전공(계열)에 관한 탐색 노력과 준비 정도

전공(계열) 관련 교과 이수 노력

- · 고교 교육과정에서 전공(계열)에 필요한 과목을 선택하여 이수한 정도
- **Q** 전공(계열)과 관련된 과목을 적절하게 선택하고, 이수한 과목은 얼마나 되는가?
- **Q** 전공(계열)과 관련된 과목을 이수하기 위하여 추가적인 노력을 하였는가?
  (예: 공동교육과정, 온라인수업, 소인수과목 등)
- **Q** 선택과목(일반/진로)은 교과목 학습단계(위계)에 따라 이수하였는가?

전공(계열) 관련 교과 성취도

- · 고교 교육과정에서 전공(계열)에 필요한 과목을 수강하고 취득한 학업 성취 수준
- **Q** 전공(계열)과 관련된 과목의 석차등급/성취도, 원점수, 평균, 표준편차, 이수단위, 수강자수, 성취도별 분포비율 등을 종합적으로 고려한 성취수준은 적절한가?
- **Q** 전공(계열)과 관련된 동일 교과 내 일반선택과목 대비 진로선택과목의 성취수준은 어떠한가?

진로 탐색 활동과 경험

- · 자신의 진로를 탐색하는 과정에서 이루어진 활동이나 경험 및 노력 정도
- **Q** 자신의 관심 분야나 흥미와 관련한 다양한 활동에 참여하여 노력한 경험이 있는가?
- **Q** 교과 활동이나 창의적 체험활동에서 전공(계열)에 대한 관심을 가지고 탐색한 경험이 있는가?

공동체역량 · 비교과

: 공동체의 일원으로서 갖춰야 할 바람직한 사고와 행동

협업과 소통능력

- · 공동체의 목표를 달성하기 위해 협력하며, 구성원들과 합리적인 의사 소통을 할 수 있는 능력
- **Q** 단체 활동 과정에서 서로 돕고 함께 행동하는 모습이 보이는가?
- **Q** 구성원들과 협력을 통하여 공동의 과제를 수행하고 완성한 경험이 있는가?
- **Q** 타인의 의견에 공감하고 수용하는 태도를 보이며, 자신의 정보와 생각을 잘 전달하는가?

나눔과 배려

- · 상대방을 존중하고 이해하여 원만한 관계를 형성하며, 타인을 위하여 기꺼이 나누어 주고자 하는 태도와 행동
- **Q** 학교생활 속에서 나눔을 실천하고 생활화한 경험이 있는가?
- **Q** 타인을 위하여 양보하거나 배려를 실천한 구체적 경험이 있는가?
- **Q** 상대를 이해하고 존중하는 노력을 기울이고 있는가?

성실성과 규칙준수

· 책임감을 바탕으로 자신의 의무를 다하고, 공동체의 기본 윤리와 원칙을 준수하는 태도

Q 교내 활동에서 자신이 맡은 역할에 최선을 다하려고 노력한 경험이 있는가?

Q 자신이 속한 공동체가 정한 규칙과 규정을 준수하고 있는가?

리더십

· 공동체의 목표 달성을 위해 구성원들의 상호작용을 이끌어가는 능력

Q 공동체의 목표를 달성하기 위해 계획하고 실행을 주도한 경험이 있는가?

Q 구성원들의 인정과 신뢰를 바탕으로 참여를 이끌어내고 조율한 경험이 있는가?

†서울대학교에서 평가하는 학생부종합전형의 핵심요소는 학업능력, 학업태도, 학업 외 소양의 3가지 영역이다.

학업능력

폭넓은 지식을 깊이 있게 갖추고 활용할 수 있는 학생인가?

주어진 여건에서 교과 및 학업관련 활동의 성취수준과 논리적 사고력, 과제수행능력 등의 역량을 평가합니다.

평가기준

- 교과 및 학업 활동내용에서 우수한 학업 역량이 고르게 나타나는가?

- 단순 암기 수준 이상의 깊이 있는 이해를 바탕으로 한 지식을 갖추었는가?

- 의미 있는 학습경험은 무엇이었는가?

- 자신의 성취를 점검하고 더 필요한 공부가 무엇인지 고민한 경험이 있는가?

- 습득한 지식을 적절히 활용한 경험이 있는가?

- 노력을 통해 성장한 모습은 어떠한가?

학업태도

스스로 알고자 하며 적극적으로 배우고자 하는 학생인가?

자기주도적 학습 경험에서 나타나는 지적 호기심과 탐구 의지, 깊이 있는 배움에 대한 열의, 학업수행 과정에서의 적극성 및 진취성, 진로탐색 의지 등의 학업 소양을 평가합니다.

평가기준

- 열심히 공부한 이유는 무엇인가?

- 지식을 쌓기 위한 과정은 어떠하였는가?

- 적극적이며 지속적으로 노력하였는가?

- 학교생활 전반에 적극적으로 참여하였는가?

- 스스로 알고자 하는 호기심과 도전적 태도가 나타나는가?

- 자기주도적으로 학습하였는가?

학업 외 소양

바른 인성과 공동체 의식을 지니고 나눔을 실천할 수 있는 학생인가?

학교생활을 통해 드러난 개인의 품성뿐만 아니라 리더십, 공동체의식, 책임감, 사회구성원으로서의 기여 가능성 등을 평가합니다.

평가기준

- 바른 인성을 갖추려 노력하였는가?

- 학교생활을 통해 리더십을 발휘한 경험이 있는가?

- 공동체 의식을 지니고 있는가?

- 폭넓은 시야를 갖추기 위해 노력한 경험이 있는가?

- 학교생활에서 겪은 어려움은 무엇이며 이를 극복한 경험이 있는가?

- 사회적 약자를 배려하고 도움을 주고자 하는 마음이 있는가?

*2022학년도 서울대학교 학생부종합전형 안내

주요 대학에서 발표한 학생부종합전형의 서류평가요소는 아래와 같다.

구분	서류평가요소				
건국대	학업 역량	전공적합성	인성	발전가능성	
경희대	학업 역량	전공적합성	인성	발전가능성	
서울여대	학업 역량	전공적합성	인성	발전가능성	
연세대	학업 역량	전공적합성	인성	발전가능성	
중앙대	학업 역량	전공적합성/ 통합역량	인성	발전가능성	탐구 역량
한국외대	학업 역량	전공적합성	인성	발전가능성	
고려대	학업 역량	전공적합성	인성	자기계발의지	
광운대	학업 역량	전공적합성	인성	발전가능성/ 전형취지적합성	
단국대	학업 역량	전공적합성	인성	발전가능성	
세종대	학업 역량	전공적합성	인성	발전가능성/ 창의성	
동국대	자기주도적 학 습능력	전공적합성	인성 및 사회성	지원동기 및 진로계획	
서울시립대	학업 역량	잠재 역량	사회역량		
숙명여대	전공적합성 및 발전가능성	탐구 역량	공동체 의식과 협업능력		
숭실대	학업 역량	활동 역량	잠재역량		
서울대	학업능력	학업태도	학업 외 소양		
서강대	학업 역량	교육적 성장가능성	일반적 성장가능성	개인의 차별적 특성	
한양대	종합성취도	자기주도성	창의적 사고	비판적 사고	소통 및 협업
성균관대	서류평가요소가 구분되어 있지 않음.				

*입학전형연구 제9권(2020) 33-60, 경희대학교 입학전형연구센터

학생부종합전형에 대한 오해

 중간에 진로를 바꾸면 전공적합성에 불리하다?

✓ NO

학생들의 진로가 바뀌는 것은 흔한 일이며, 또한 청소년기에 있을 수 있는 자연스러운 현상이다. 과거의 학교생활기록부에는 진로희망과 희망사유를 기록하는 항목이 있고 이를 대입전형에 반영하였다. 그러나 2021학년도 대입부터 진로 변경으로 인한 학생들의 부담을 줄이고자 진로희망에 대한 내용을 기록은 하되, 대입에 반영하지 않는 것으로 변경되었다. 대학에서도 학생들의 진로 변경에 대해 충분히 이해하고 있으며, 학교생활기록부를 통해 적극적인 학교생활을 보여주는 것으로 충분하다고 말하고 있다. 혹시라도 중간에 진로를 변경한 것에 대한 불편함이 있다면, 진로 변경에 대한 선생님과의 상담 내용이나 변경 사유를 학교생활기록부의 '진로활동'이나 '행동특성 및 종합의견란'에 간단히 기록할 수 있다.

 학업성적이 낮으면 학업역량(학업능력)에 불리하다?

✓ NO

학생부종합전형은 학업성적을 단순 수치화하여 반영하거나 학년별/과목별 반영 비율을 고정하는 정량평가의 방식이 아니라는 점에서 학생부교과전형과 구분된다. 교과를 이수하는 전체 수강자 수, 원점수, 평균, 표준편차, 학년별 성적의 변화, 교과 세부능력 및 특기사항 등을 다각도로 분석하여 평가하기 때문에 불리하다고 볼 수는 없다. 다만 특정 과목의 성적이 낮거나, 고르지 않은 성적은 좋지 않은 인상을 줄 수 있으므로 주어진 환경 내에서 최선을 다하는 자세가 중요하다.

 무조건 많은 활동을 하는 것이 유리하다?

✓ NO

다양한 활동이 나쁘다고는 볼 수 없지만, 너무 많은 활동에 참여하여 어느 것 하나 제대로 해내지 못하거나 깊이가 없는 단순 참여는 지양하는 것이 좋다. 편성된 교육과정 안에서 마지못해 참여하거나 수동적으로 따르기보다는 한 두 개의 활동을 하더라도 적극적으로 의견을 제시하고 관심 있는 주제를 선택하여 충분히 역량을 발휘할 필요가 있다.

학교생활기록부 바로 알기

학생부종합전형의 꽃은 학교생활기록부다. 대입제도 개편으로 2022학년도 교사추천서와 2023학년도 자기소개서가 폐지되면서 학교생활기록부의 영향력은 더욱 커지고 있다. 또한 사교육의 영향력을 최대한 배제하고 공정한 학생 선발을 하기 위해, 학교생활기록부 역시 글자수가 감소할 뿐만 아니라 학교교육과정 내에서 활동한 학습경험 위주로 작성하도록 변화하였다. 따라서 이러한 대입의 큰 변화를 바라보고 1학년부터 차근차근 준비해야 할 것이다.

학생들은 스스로 각자의 장단점, 적성과 소질 등을 파악하여 자신의 진로희망에 따라 역량을 발휘해야 하며, 어떤 항목에 어떤 요소가 기록되고 어떤 항목이 대입에 반영되는지에 대해 알고 있어야 더 효과적으로 준비할 수 있을 것이다. 변화된 학교생활기록부 기록내용은 다음과 같다.

학교생활기록부 기록 내용의 변화 비교

구분		2022~2023학년도 대입	2024~2027학년도 대입
교과학습발달상황		과목당 500자 방과후학교 활동 미기재	과목당 500자(모든 교과 기재) 방과후학교 활동 미기재 영재, 발명교육 실적 대입 미반영
행동특성 종합의견		연간 500자	연간 500자
비교과활동	자율활동	연간 500자	연간 500자
	동아리활동	연간 500자 자율동아리 1개 (30자) 소논문 기재 금지 청소년단체활동은 단체명만 기재 자격증 및 인증 취득 미반영	연간 500자 자율동아리 미반영 소논문 기재 금지 청소년단체활동 미기재 자격증 및 인증 취득 미반영
	봉사활동	교내·외 봉사활동 실적 기재 특기사항 미기재	'개인' 봉사활동 실적 대입 미반영 *단, 학교교육계획에 의해 교사가 지도한 실적은 대입 반영 특기사항 미기재
	진로활동	연간 700자 진로희망분야 대입 미반영	연간 700자 진로희망분야 대입 미반영
	수상경력	교내수상 학기당 1건 (3년간 6건) 대입 반영	대입 미반영
	독서활동	도서명과 저자	대입 미반영

√CHECK

3학년이 되면 선택과 집중을 통해 학생부종합전형, 학생부교과전형, 수능 등의 전형에서 어느 하나에 더 집중할 필요가 있겠지만, 1학년 학생들은 학생부 교과와 비교과, 수능을 고루 준비하는 것이 좋다. 학교생활기록부의 기재방식 변화와 대입제도 개편으로 인해 수시에서 수능최저학력기준이 확대되고 있다.

학교생활기록부의 뼈대

학생부종합전형의 핵심인 학교생활기록부의 핵심 항목은 총 7가지이며, 3번 수상경력은 2024학년도 대입부터 대입전형자료로 제공되지 않는다. 다음은 인체 구조로 살펴보는 학교생활기록부 항목이다.

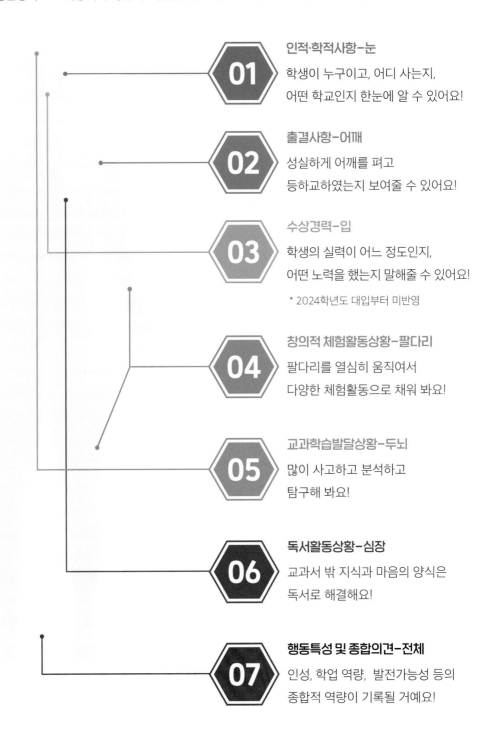

01 인적·학적사항-눈
학생이 누구이고, 어디 사는지,
어떤 학교인지 한눈에 알 수 있어요!

02 출결사항-어깨
성실하게 어깨를 펴고
등하교하였는지 보여줄 수 있어요!

03 수상경력-입
학생의 실력이 어느 정도인지,
어떤 노력을 했는지 말해줄 수 있어요!
* 2024학년도 대입부터 미반영

04 창의적 체험활동상황-팔다리
팔다리를 열심히 움직여서
다양한 체험활동으로 채워 봐요!

05 교과학습발달상황-두뇌
많이 사고하고 분석하고
탐구해 봐요!

06 독서활동상황-심장
교과서 밖 지식과 마음의 양식은
독서로 해결해요!

07 행동특성 및 종합의견-전체
인성, 학업 역량, 발전가능성 등의
종합적 역량이 기록될 거예요!

대입전형자료로 제공되는 항목별 세부 내용은 다음과 같다.

학교생활기록부 항목

	세부내용
인적·학적사항	학생정보(성명, 성별, 주민등록번호, 누가 주소)
	학적사항(입학, 전학, 복학, 편입, 유예 등)
	특기사항(학교폭력 관련 사항, 학적변동 사유)
출결상황	재학 기간 중 출결상황(결석, 지각, 조퇴, 결과)을 질병/미인정/기타로 구분한 횟수 및 특기사항
수상경력	교내에서 받은 상의 명칭, 등급(순위), 참가 대상(참가 인원) 등의 기록
창의적 체험활동상황	자율, 동아리, 봉사, 진로활동 등 4개 영역의 시간과 특기사항 (단, 봉사활동 특기사항은 미기재)
교과학습 발달상황	학기별로 이수한 교과의 성적, 세부능력 및 특기사항 * 일반과목 세부능력 및 특기사항, 체육·예술과목 세부능력 및 특기사항, 개인별 세부능력 및 특기사항
독서활동상황	재학 기간 중 읽은 도서명을 저자와 함께 기록(공통, 과목별)
행동특성 및 종합의견	학생을 총체적으로 이해할 수 있도록 객관적 사실에 기초하여 진술한 담임교사의 종합적 의견

학교생활기록부 항목별 입력 가능한 글자수와 대입 반영 항목

일반적으로 학교생활기록부는 다음의 8개 항목으로 구성되어 있다. 항목별 입력 가능한 글자수와 입력 주체는 다음과 같다.

학생생활기록부 항목		입력 가능 글자수	입력 주체	비고
인적·학적사항		학생 성명 20자(영문 60자)	학급담임교사	
		주소 300자		
		특기사항 500자		
출결상황		특기사항 500자	학급담임교사	
수상경력		수상명 100자	담당교사	
		참가대상(참가인원) 25자		
자격증 및 인증 취득상황		명칭 또는 종류 100자	학급담임교사	
창의적 체험활동 상황	자율활동	특기사항 500자	학급담임교사	학년 단위 글자수
	동아리활동	특기사항 500자	지도교사	
	봉사활동	활동실적 내용 250자 *특기사항 미기재	학급담임교사	
	진로활동	특기사항 700자	학급담임교사	
교과학습발달상황		일반과목 세부능력 및 특기사항 과목별 500자	교과담당교사	전문교과Ⅱ 능력 단위별 500자
		체육·예술과목 세부능력 및 특기사항 과목별 500자	교과담당교사	일반선택과목에 한함
		개인별 세부능력 및 특기사항 500자	학급담임교사	
독서활동상황		공통 500자	학급담임교사	학년 단위 글자수
		과목별 250자	교과담임교사	
행동특성 및 종합의견		연간 500자	학급담임교사	학년 단위 글자수

01 교육정보시스템에서 입력 글자의 단위는 byte이며, 한글 1자는 3byte, 영문·숫자 1자는 1byte, 엔터 (Enter)는 2byte이다.

02 대입전형에 제공되는 주요 항목은 창의적 체험활동, 교과학습발달상황, 행동특성 및 종합의견이다.

03 독서활동상황이 대입에 반영되지는 않지만, 학업 역량의 성장과 지적 호기심의 해결을 위해 다양한 분야의 책을 읽을 것을 추천한다. 또한 독서활동 항목이 반영되지 않을 뿐 정규교육과정에서 독서활동이 이루어졌다면 창의적 체험활동과 교과학습발달상황 등에 기록할 수 있으므로 학생들은 독서를 통해 전공적합성과 학업 및 탐구 역량을 보여줄 수 있다. 아래의 A, B 두 학생의 학교생활기록부의 활동기록 내용을 비교해 보자.

	A학생	B학생
교과 학습 발달 상황	**수학)** '재밌어서 밤새 읽는 수학 이야기'라는 책을 읽고 수업 시간에 배운 허수와 관련지어 사고함. 직선에서 평면과 공간으로 확장되는 수의 원리에 대해 호기심을 갖고 탐구활동을 진행하면서 해밀턴수와 케일리수에 대해 자료를 정리하여 조별활동을 진행하였음. ⇒ 수업 중 배운 내용을 독서로 확장하여 지적 호기심을 해결하였으며, 독서를 통해 새롭게 알게 된 내용을 추가로 탐구하는 자기주도적인 태도가 발전가능성을 보임.	**수학)** 수업에 적극적으로 참여하는 모습을 보임. 과제를 성실히 제출하고 예습과 복습을 철저히 함. ⇒ 수업 시간에 적극적이며 성실한 학생이라 하였으나 주관적인 서술에 불과함. 이를 뒷받침할 만한 객관적 서술이 필요함. 수업시간에 발생하는 질문과 이를 스스로 해결하는 태도를 갖출 필요가 있음.
동아리 활동	**독서연구반)** 10년 후의 삶을 예측해보고자 '세계미래보고서'를 읽고 '인류의 역사를 바꾼 5가지 전염병'을 주제로 선택하여 스터디활동을 시작함. 팬데믹이 인구급감에 따른 사회변동, 권력이동, 종교, 문화, 가치관 등에 미치는 영향을 보며 코로나19가 인류에 가져 올 변화를 근거와 함께 정리하여 발표함. ⇒ 호기심과 의문이 생긴 점을 독서를 통해 해결하고 이를 자신만의 결론으로 훌륭히 정리한 점이 돋보임. 특히, 앞으로 일어날 변화까지 적용하여 예측해보는 태도가 학생의 역량을 보여주고 있음.	**생명과학반)** 생명과학 동아리 부장으로 부원들을 살뜰히 챙기고 가장 친구들의 이야기를 경청하는 태도를 보임. 실험 준비를 잘해오고 적극적으로 참여함. ⇒ 동아리 부장으로서 리더십과 경청의 태도를 갖추고 있다고는 하나, 학생의 학업 역량과 전공적합성 등을 보여줄 수 있는 근거자료가 부족함. 생명과학 교과 동아리활동에 참여하고 있음에도 불구하고 관련 내용에 대한 서술이 부족한 점이 아쉬움.

학교생활기록부 평가요소별 보완 방법

학생들은 저마다 다른 역량을 가지고 있으며 관심사도 다르다. 동일한 활동을 하더라도 각자의 역할이 다르고 배우고 느낀 점 역시 다르다. 자기소개서가 폐지되고 학교생활기록부의 글자수가 축소되었으며, 수상경력 및 독서활동상황은 대입전형자료로 제공되지 않는다. 이러한 폐지, 축소, 미반영이라는 환경에서 자신의 장점을 최대한 부각하고 부족한 것은 다른 방향으로 채우도록 노력하는 전략적인 접근이 필요하다. 따라서 평가요소별로 학생들의 우성인자(장점)와 열성인자(단점)를 파악하여 보완할 수 있는 방법을 찾아보는 것이 좋다.

🏆 학업 역량   · 학업성취도 · 학업태도 · 학업의지 · 탐구력

학업을 충실히 수행할 수 있는 기초 수학 능력

학생 수 감소와 과목선택제로 인해 모든 교과에서 우수한 성적을 받기가 점점 어려워지고 있다. 따라서 대학은 학생부종합전형의 선발 과정에서 석차 이외의 다양한 요소를 보려고 노력한다. 학교의 교육과정, 학생의 과목 선택의 의지, 원점수(평균, 표준편차), 전체 이수자 수 등이 이에 해당하며, 가능한 높은 원점수를 받도록 노력하는 것이 불리한 내신 성적에 대한 하나의 방법이 될 수 있다.

우성인자 | VS | 열성인자

희망 학과를 전공하는 데 필요한 과목을 이수하고, 수치로 알 수 있는 학업 결과가 우수하다면 학습 중 궁금했던 점들을 바탕으로 심화 탐구활동을 진행해보는 것이 좋다. 학교생활기록부에 '질문', '탐구', '호기심', '스스로' 등의 키워드로 학업에 대한 의지와 탐구 역량을 돋보이게 할 수 있다.

학업성취도가 비교적 낮은 학생의 경우 이를 극복하기 위한 학생의 노력이 기록될 수 있다면 좋을 것이다. 모르는 것을 알 때까지 학습하려는 태도와 의지, 학습 내용 중 관심 있는 하나의 주제에 대한 독서나 탐구활동을 실행해보는 것이 그러한 노력 중 하나가 될 수 있다.

전공적합성
· 전공 관련 교과목 이수 및 성취도
· 전공에 대한 관심과 이해
· 전공 관련 활동과 경험

• 지원전공(계열)과 관련된 분야에 대한 관심과 이해, 노력과 준비 정도

대학은 학생을 선발하기 위해 출신학교의 교육과정 편제표를 통해 학생의 학습 환경을 파악하려고 한다. 학생이 선택한 교과목이 해당 학교에 편제되어 있는지, 편제되어 있지 않은 교과를 다른 방법으로 이수하였는지, 교과를 이수할 수 없었다면 전공 관련 준비를 어떠한 방식으로 진행했는지를 통해 지원전공(계열)에 대한 관심과 열정을 볼 수 있다. 상위권 대학일수록 전공적합성보다는 계열적합성으로 폭넓게 보는 경향이 있다. 지원하고자 하는 분야에 대한 최소한의 준비단계가 해당 교과목을 이수하는 것이기는 하나, 단순히 교과목 이수 자체가 당락에 큰 영향을 미치는 것은 아니라는 뜻이다. 하지만 자연계열의 교과 특성상 고등학교에서 충분히 학습하지 않고 대학에 진학할 경우 학업에 어려움이 있을 수 있다고 여겨지는 과목들이 있다. 예를 들어 물리학과를 지원하는 학생이 물리 교과를 배우지 않았다면, 학생이 대학 과정의 물리학을 수학할 수 있는지에 대해 평가할 근거가 부족하여 좋은 인상을 줄 수 없다.

우성인자 ········· VS ········· **열성인자**

지원하고자 하는 전공과 관련된 교과를 이수하고 가능하면 우수한 성취도를 보여주는 것이 좋다. 학생의 학교생활기록부를 통해 대학 측에서 알고 싶은 것은 과연 '이 학생이 우리 대학/학과에 진학해서 해당 과정을 이수할 수 있는 역량을 갖추었는가?'이다. 해당 교과를 이수하면서 생기는 어려움과 호기심들을 주도적으로 극복한 학생이라면 우수한 성적을 받을 수 있을 것이고, 그러한 일련의 과정이 학교생활기록부를 통해 드러난다면 학생의 전공(계열)적합성을 우수하게 평가할 것이다.

지원하고자 하는 전공과 관련된 교과를 이수하지 않은 학생이라면 출신 고등학교 교육과정에 해당 교과가 개설되지 않아서 혹은 공동 교육과정을 이수하려 했으나 여러 사정상 본인의 의지와 관계없이 이수하지 못한 경우도 있을 것이다. 이러한 경우에는 창의적 체험활동을 통해 지원 학과에 대한 의지와 관심을 보여주는 것이 좋다. 그러나 학교교육과정에 개설되어 있음에도 이수하지 않은 경우에는 지원 학과에 대한 관심이 부족해서, 교과가 어려워 좋은 성적을 받지 못할 것이라 두려워서, 도전의식이 부족해서 등의 이유로 학생이 의도적으로 회피했다는 의심이 들 수 있음을 안내한다.

🏆 인성   · 협업능력 · 나눔과 배려 · 소통능력 · 도덕성 · 성실성

● 공동체의 일원으로서 필요한 바람직한 사고와 행동

오늘날은 집단지성과 협업능력을 필수적으로 요구하는 복잡하고 전문화된 사회가 되었다. 대학을 포함한 각급 학교에서 교수 활동에 조별 활동, 협업 수업 등을 포함시키는 것도 그러한 이유 중의 하나이다. '인성도 실력이다.'라는 말이 있듯이 학교라는 공동체 생활을 통해 훌륭한 인성을 쌓은 학생이라면 향후 대학을 빛내줄 수 있는 인재라는 평가를 받을 수 있다.

우성인자 VS 열성인자

수업시간, 창체활동, 학교 행사 등에 적극적, 주도적으로 참여하여 자신의 강점을 부각한다. 하나의 항목에 대해 해석할 수 있는 시각은 사람마다 다르다. 예를 들어 소통에서 중요한 것이 전달 능력이라 생각하는 사람도 있고 경청이라 생각하는 사람도 있다. 인성에 대해서 학생만의 뚜렷한 정의를 형성하여 발전하고 변화하는 과정이 담기는 것이 좋다.

세상에 완벽한 사람은 없다. 공동체 생활을 위해 자신이 가장 중요하다고 생각하는 가치가 무엇인지 먼저 생각해보고 학교생활을 통해 실천해 보도록 조언한다. 작은 역할이라도, 누가 시키지 않아도, 남이 보지 않아도 자신만의 중요한 가치를 실천하는 것이 바람직한 공동체 생활에서 꼭 필요한 자세이다.

🏆 발전가능성   · 자기주도성 · 경험의 다양성 · 리더십 · 창의적 문제해결력

● 현재의 상황이나 수준보다 질적으로 더 높은 단계로 향상될 가능성

발전가능성이란 어느 하나의 특정 영역 혹은 특정 역량에 국한된 것이 아니라 앞서 제시되었던 학업 역량, 발전가능성, 인성 등을 통해 종합적으로 판단할 수 있는 부분이다. 따라서 학교의 다양한 활동에 적극 참여하여 경험을 쌓으며, 그 과정에서 발생하는 어려움을 극복하고 또다시 도전하는 자세가 필요하다.

우성인자 VS 열성인자

주어진 상황에 대해 문제의식을 갖고 자신만의 방식으로 해결해보려는 학생이라면 발전가능성이 충분하다 할 수 있다. 한 곳에 안주하지 않고 새로운 도전을 두려워하지 말자. 도전의식을 발휘하여 계속해서 발전하려는 태도가 발전가능성의 핵심이라 볼 수 있다.

사람들 앞에 나서는 것이 어려워 소극적으로 활동하거나, 자신의 역량을 보여주기 위해서 반드시 리더가 되어야 한다고 생각하는 학생들이 간혹 있다. 하지만 세상의 리더는 소수이며, 리더가 리더십을 잘 발휘하기 위해서는 파트너십과 팔로워십도 그에 못지않게 중요하다. 그러므로 적극적으로 의견을 제시하고 다른 사람이 꺼리는 일을 나서서 하는 것도 중요하다. 이러한 일련의 과정들이 쌓이면, 자연스레 다양한 경험과 창의적인 문제해결능력 역시 신장될 수 있다.

학생부종합전형의 서류평가에서 선택과목 관련 평가항목을 참고하여 학생들이 스스로 진단해보게 하는 것도 좋다.

 학업 역량

학업성취도

- ☐ 전체적인 교과 성적은 다른 지원자들에 비해 어느 정도인가?
- ☐ 학기별/학년별 성적은 고르게 유지되고 있는가?
- ☐ 학기별/학년별 성적은 상승/하락하고 있는가?
- ☐ 대학 수학에 필요한 기본 과목(예: 국어, 수학, 영어, 사회/과학 등)성적은 어느 정도인가? 그 외 과목 성적은 전반적으로 무난한가? 유난히 소홀함을 보인 과목은 없는가?
- ☐ 희망전공과 관련된 기본 과목은 어느 정도 이수했는가?
- ☐ 희망전공과 관련하여 도전적인 과제나 과목을 이수하기 위해 어떤 노력을 하였는가?
- ☐ 희망전공과 관련된 과목과 다른 과목의 성적 차이는 어느 정도인가?

학업태도 및 학업의지

- ☐ 과목별 이수자 수의 규모는 어느 정도인가?
- ☐ 과목별 등급 외에 원점수(평균/표준편차 포함)는 적절한가?
- ☐ 새로운 지식을 획득하기 위해 자기주도적인 태도로 노력하고 있는가?
- ☐ 자발적인 성취동기와 목표의식을 가지고 넓고 깊게 학습하려는 의지와 열정이 있는가?
- ☐ 교과활동을 통해 지식의 폭을 확장하고 새로운 것을 창출하려는 노력을 하고 있는가?
- ☐ 교과 수업에서 적극적이고 집중력이 있으며 스스로 참여하고 이해하려는 태도와 열정을 보이는가?

탐구활동

- ☐ 교과에서 이루어지고 있는 탐구활동에 적극적으로 참여하고 있는가?
- ☐ 각종 교과 탐구활동을 통해 창의적인 결과물을 산출하고 있는가?
- ☐ 탐구 활동에서 표출되는 학문에 대한 열의와 지적 관심을 가지고 있는가?
- ☐ 성공적인 학업 생활을 위해 적극적인 탐구 의지와 호기심을 가지고 있는가?

인성

협업능력

- ☐ 자발적인 협력을 통해 공동의 과제를 완성한 경험이 자주 나타나는가?
- ☐ 협력이 부족한 상황에서 사람들을 설득해 협동을 이끌어낸 경험을 가지고 있는가?
- ☐ 공동과제나 단체활동을 즐겨하고, 구성원들로부터 좋은 동료로 인정받고 있는가?

나눔과 배려

- ☐ 타인을 위하여 자신의 것을 나누고자 한 구체적 경험이 지속적으로 나타나는가?
- ☐ 봉사활동 등을 통해 나눔을 생활화하고자 하는 경험이 지속적으로 나타나는가?
- ☐ 나와 다른 생각을 가진 상대방의 입장을 이해하고 존중하려는 노력을 기울이고 있는가?
- ☐ 학교생활에서 타인을 배려한 본보기로 언급되거나 모범이 된 사례가 있는가?

소통능력

- ☐ 공동과제 수행이나 모둠활동, 단체활동 등에서 타인의 의견을 경청하고, 상대방의 관심사항과 요구를 공감하고 이해하고 있는가?
- ☐ 수업이나 과외활동 등에서 자신의 의견을 효과적으로 표현하고 있는가?
- ☐ 자신의 생각이나 의견을 논리적·체계적으로 기술하는 경험이 나타나는가?
- ☐ 새로운 지식이나 사고방식에 대하여 열린 마음으로 적극적으로 받아들이고 있는가?

도덕성

- ☐ 자신이 속한 집단이 정한 규칙과 규정을 준수하고, 자신에게 불리한 경우라 하더라도 이를 지키기 위하여 노력하고 있는가?
- ☐ 자신이 속한 구성원들에게 인정과 신뢰를 얻고 있으며, 바람직한 행동으로 모범이 되는가?
- ☐ 규칙이나 규정을 어긴 경우, 자신의 잘못을 인정하고 개선하려는 노력을 기울이는가?

성실성

- ☐ 학업활동에 있어 지속적인 노력을 통하여 꾸준함을 보여주고 있는가?
- ☐ 자신의 관심분야나 진로와 관련한 활동을 지속적으로 수행한 경험이 있는가?
- ☐ 어려운 상황이 발생하여도 일관된 모습으로 최선의 노력을 기울이는 경험이 있는가?
- ☐ 출결상황이나 단체활동 참여 등 학생으로서 당연히 해야 하는 의무를 책임감 있게 수행하고 있는가?

 **전공적합성**

전공 관련 교과목 이수 및 성취도

- ☐ 지원전공(계열)과 관련된 과목을 어느 정도 이수하였는가?
- ☐ 지원전공(계열)과 관련해 스스로 선택하여 수강한 과목은 얼마나 되는가?
- ☐ 지원전공(계열)과 관련된 교과 성적이 우수한가? (이수단위, 수강자수, 원점수, 평균, 표준편차 참고)

전공에 대한 관심과 태도

- ☐ 지원전공에 대한 흥미와 관심이 있는가?
- ☐ 지원전공에 대해 올바르게 이해하고 있는가?
- ☐ 자신의 경험과 지원전공의 연관성을 설명할 수 있는가?

 발전가능성

자기주도성

- ☐ 교내 다양한 활동에서 주도적, 적극적으로 활동을 수행하였는가?
- ☐ 새로운 과제를 주도적으로 만들고 성과를 내었는가?

경험의 다양성

- ☐ 기존에 경험한 내용을 바탕으로 스스로 외연을 확장하려고 노력하였는가?
- ☐ 자율, 동아리, 봉사, 진로활동 등 체험활동을 통해 다양한 경험을 쌓았는가?
- ☐ 독서활동을 통해 다양한 영역에서 지식과 문화적 소양을 쌓았는가?
- ☐ 예술·체육 영역에서 적극적이고 성실하게 참여하였는가?
- ☐ 자신의 목표를 위해 도전한 경험을 통해 성취한 적이 있는가?

리더십

- ☐ 학생회, 동아리 등 학생 주도 활동에서 어떤 역할을 수행하였는가?
- ☐ 구성원의 화합과 단결을 이끌어가기 위한 구체적인 행동 경험이 있는가?
- ☐ 공동체의 목표를 달성하기 위해 계획하고 실행을 주도한 경험이 있는가?

창의적 문제해결력

- ☐ 교내 활동과정에서 창의적인 발상을 통해 일을 진행한 경험이 있는가?
- ☐ 교내 활동과정에서 나타나는 문제점을 적극적으로 해결하기 위해 노력하였는가?
- ☐ 주어진 교육환경을 극복하거나 충분히 활용한 경험이 있는가?

심화 탐구활동의 중요성

1 최근 대학에서는 학생부종합전형에 지원하는 학생들의 학생기록부의 내용과 질이 점차 높아지고 있으며, 특히 우수한 학생들에게 자주 보이는 키워드로 '탐구', '심화 탐구', '탐구 역량' 등을 꼽고 있다.

2 학생의 뛰어난 역량을 언급하는 교사의 기록이 사실임을 뒷받침하기 위해서는 객관적 근거가 필요하며, 학생의 학업 역량, 탐구 역량, 문제해결력, 전공적합성, 창의력 등을 모두 보여줄 수 있는 항목이 바로 '심화 탐구활동'이다.

3 수업 중 배운 것을 단순히 암기하고 문제를 푸는데 그치지 않고, 관심 있는 소재를 선택해 추가 자료를 조사하여 발표하거나 소감문을 작성하는 등의 활동이 많다. 여기서 더 나아가 다른 영역으로 확장하거나 실생활에 적용되는 사례들을 추가로 학습하면 개인의 역량과 관심사가 드러나고 자기주도적 학습능력이 돋보일 수 있다.

4 학업에 대한 의지와 태도가 우수한 학생들은 이러한 심화 탐구활동의 역량이 학생기록부 전반에 나타난다. 어느 한 과목에 치우치거나, 관심 있고 중요하다고 생각되는 과목에 한해서만 잘하는 학생들은 인성부분에서 의심을 받을 수 있다.

과목별 세부능력 및 특기사항 탐구활동 기록 사례

(과학탐구실험) 적정기술의 종류와 의의에 대해 배우고 제3국가의 전기 생산을 돕기 위한 방안으로 '날아라 팽이연'을 직접 설계하여 제작해 봄. 팽이와 연에 전자기 유도장치를 설치하여 아이들이 놀면서 전기를 생산하는 아이디어를 제시하였음. 조장으로서 의견을 모으고 중재하며, 소수의 의견이라도 수용하고 경청하는 태도가 우수함. 이후 적정기술의 추가 사례를 조사하면서 적정기술의 한계를 접하고 이에 대한 원인이 사용자 입장을 고려하지 않았기 때문임을 알게 됨. 이에 진로 시간에 배운 디자인 싱킹 기법을 활용하여 처음에 제작했던 '날아라 팽이연'의 설계를 개조하여 다시 제작해보는 근성과 탐구 역량을 엿볼 수 있었음.

과학, 영어, 국어 등의 수업 시간에 적정기술에 대해 접함.

수행평가

적정기술의 의의, 사례 등에 대한 조사, 발표 등

자율적, 주제별 탐구활동

호기심과 확장적 사고력을 발휘하여 실생활에 접목하는 탐구활동
(지적 호기심, 자기주도성, 문제해결력, 창의력)

학교생활기록부 평가요소별 주의사항

학교생활기록부에 기록할 수 없거나(미기재), 기록은 가능하나 대입에 반영되지 않는(미반영) 사항들은 다음과 같다.

미기재

- 공인어학시험 참여 사실과 성적 및 수상실적
- 교과·비교과 관련 교외대회 참여 사실과 그 성적 및 수상실적
- 교내·외 인증시험 참여 사실이나 그 성적
- 모의고사·전국연합학력평가 성적(원점수, 석차, 석차등급, 백분위 등 성적 관련 내용 일체) 및 관련 교내 수상실적
- 논문을 학회지 등에 투고 또는 등재하거나 학회 등에서 발표한 사실
- 도서출간 사실
- 지식재산권(특허, 실용신안, 상표, 디자인) 출원 또는 등록 사실
- 어학연수, 봉사활동 등 해외 활동실적 및 관련 내용
- 부모(친인척 포함)의 사회·경제적 지위(직종명, 직업명, 직장명, 직위명 등) 암시 내용
- 장학생·장학금 관련 내용
- 구체적인 특정 대학명, 기관명(기구, 단체, 조직 등 포함), 상호명, 강사명 등
- 교내대회 참여 사실과 그 성적 및 수상실적 (수상경력 외 기재불가)
- 자격증 명칭 및 취득 사실
- 방과후학교 활동내용
- 청소년단체활동내용
- 학교명, 재단명, 학교 축제명, 학교 별칭 등 학교를 알 수 있는 내용 일체

미반영

- 영재·발명교육 실적
- 자율동아리 활동내용
- 개인 봉사활동 실적
- 진로희망분야
- 수상경력
- 독서활동

특기사항 기록이 가능한 창의적 체험활동상황, 교과학습발달상황, 행동특성 및 종합의견의 특기사항은 반드시 관찰자인 교사의 입장에서 서술하고, 학생 본인이 작성한 셀프 생기부 느낌이 나는 표현은 지양해야한다.

✎ 특기사항에서 교사 입장의 서술을 보여주는 표현의 예시

~하는 모습이 돋보임.
~하다는 각오를 밝힘.
~에 대한 활동지를 작성함.
~를 정확히 이해하여 표현함.
~에 대해 생각하는 시간을 가짐.
~에 대해 느낀 점을 충실히 작성함.

학교생활기록부의 특기사항은 학생이 '무엇(what)'을 '어떻게(how)'하여 '변화하고 성장했는지(변화·성장한 점)'를 구체적으로 기재해야 한다. 특기사항을 기재할 때 활용 가능한 자료는 다음과 같다.

조건	활용 가능한 자료
학교교육계획에 따라 실시한 교육 활동 중에	① 동료평가서
교사의 지도하에	② 자기평가서
	③ 수업산출물(수행평가 결과물 포함)
학생이 직접 작성한 자료	④ 소감문
	⑤ 독후감

자연계열 실전 학교생활기록부

학교생활세부사항기록부(학교생활기록부Ⅱ)

[고등학교]

졸업대장번호

학년	구분	학과	반	번호	담임성명	사 진 3.5cm × 4.5cm
1						
2						
3						

	전공·과정 학년	1학기	2학기	비고
	1			
	2			
	3			

1. 인적 · 학적사항

학생정보	성명 :　　　　　성별:　　　　　주민등록번호: 주소 :
학적사항	년　월　일　○○중학교 제3학년 졸업 년　월　일　□□고등학교 제1학년 입학
특기사항	

2. 출결상황

학년	수업일수	결석일수			지각			조퇴			결과			특기사항
		질병	미인정	기타	질병	미인정	기타	질병	미인정	기타	질병	미인정	기타	

3. 수상경력

학년(학기)	수상명	등급(위)	수상연월일	수여기관	참가대상(참가인원)
1					
2					

4. 자격증 및 인증 취득상황

[자격증 및 인증 취득상황]

구 분	명칭 또는 종류	번호 또는 내용	취득연월일	발급기관
자격증				

[국가직무능력표준 이수상황]

학년	학기	세분류	능력단위 (능력단위코드)	이수시간	원점수	성취도	비고

5.창의적 체험활동상황

학년	창의적 체험활동상황		
	영역	시간	특기사항
	자율활동		
	동아리활동		(자율동아리)
			희망분야 :
	진로활동		

학년	봉사활동실적				
	일자 또는 기간	장소 또는 주관기관명	활동내용	시간	누계시간
1					
2					
3					

6. 교과학습발달상황

학기	교과	과목	단위수	원점수/과목평균 (표준편차)	성취도 (수강자수)	석차등급	비고
1							
2							
	이수단위 합계						

과목	세부능력 및 특기사항

[진로 선택 과목]

학기	교과	과목	단위수	원점수/과목평균 (표준편차)	성취도 (수강자수)	석차등급	비고
1							
2							
	이수단위 합계						

과목	세부능력 및 특기사항

[체육 · 예술]

학기	교과	과목	단위수	원점수/과목평균 (표준편차)	성취도 (수강자수)	석차등급	비고
1							
2							
	이수단위 합계						

과목	세부능력 및 특기사항

7. 독서활동상황

학년	과목 또는 영역	독서활동상황

8. 행동특성 및 종합의견

학년	행동특성 및 종합의견

학생의 이름과 출신고, 사는 지역 등의 학생정보와 재적상태, 전출입, 학교폭력 관련 사항과 같은 특기사항이 기록되는 항목이다. 인적사항에는 특기사항이 없으며, 학적사항의 특기사항만 남아있다. 직접적으로 대입에 반영되는 항목은 아니지만, 학교폭력에 관계된 특기사항이 기록되는 항목이므로 학생의 인성 등에 간접적인 영향을 미칠 수 있다.

TIP 이렇게 기록하세요

📢 학생의 인적사항은 주민등록등(초)본과 일치해야 한다.

📢 검정고시 합격자는 검정고시 합격 연월일과 함께 '졸업학력 검정고시 합격'으로 기록한다.

📢 '특기사항란'에는 학적변동의 사유나 학교폭력과 관련된 사항을 입력한다. 학적변동의 사유는 전·편입학, 재입학, 복학, 휴학, 자퇴, 퇴학 등을 의미한다.

📢 재학 중 학적변동이 발생한 경우 전출교와 전입교에서 각각 학적변동이 발생한 일자, 학교와 학년, 학적변동 내용을 입력한다.

📢 학교생활기록부의 문자는 한글로 입력하되, 부득이한 경우 영문으로 입력할 수 있다.

　　　　<영문으로 입력 가능한 경우>

　　　　① 외국인 성명
　　　　② 도로명 주소에 포함된 영문
　　　　③ 일반화된 명사(CEO, PD, UCC, IT, POP, CF, TV, PAPS, SNS, PPT 등)
　　　　④ 고유 명사(외국학교명, 도서명과 저자명 등)

알아두면 쓸모있는 대입 잡학지식 Information

TIP.1 대입전형자료로는 학생의 성명, 주민등록번호만 제공된다.

TIP.2 학생의 인적·학적사항은 특성화고 전형, 농어촌 전형 등의 특별전형 지원 자격 심사 자료로 활용한다.

TIP.3 대입에서 학생 선발 시 투명성 및 공정성 강화 방안으로 2020년부터 실시된 출신고교 블라인드 정책으로 인해, 학생부종합전형의 서류평가 단계에서 학생의 출신교를 알 수 있는 항목은 자동으로 블라인드 처리된다.

TIP.4 학생의 전출입 편입과 같은 학적변동 사항이 입력되므로 학생부의 다른 항목을 평가하기 위한 참고자료로 사용되기도 한다. 예를 들어 학생의 전출입을 기점으로 학생의 학업 성적이 상승 또는 하락하였거나 진로선택의 변화가 있었다면, 이를 바탕으로 학생의 상황을 이해하여 학업 역량, 발전가능성 등이 재평가될 수 있다.

TIP.5 학생의 학적변동 이후 감안할 사항이나 긍정적인 변화 내용이 있다면 학교생활기록부의 행동특성 및 종합의견 등에 기록해 주도록 한다.

TIP.6 학생의 학적변동이 잦거나 전입학과 같은 환경의 변화가 있을 경우, 면접에서 관련 질문을 받을 수 있다.

면접 질문 예시

Q. 학교를 옮긴 이유가 무엇인가요? 전학 후 교우관계에 어려움은 없었나요?

Q. 전학 후에 학교생활에 어려움이 있었나요? 어떻게 극복했나요?

Q. 전학 후 2학년 1학기 성적이 다른 학기에 비해 저조한 이유가 무엇인가요?

출결상황

출결상황은 학생의 3년간의 학교생활에 대한 성실성, 책임감과 같은 인성을 판단할 수 있는 대표적인 항목이다. 과거 출결이 엄격히 관리되던 시기를 지나, 요즘에는 교외체험학습, 생리결석, 코로나19 의심 증상 발현 등의 결석 사유와 관련한 증빙서류를 제출하면 출석으로 인정해주는 등 출결 관리가 한층 수월해진 경향이 있다. 따라서 조금만 노력하면 누구나 성실성을 드러낼 수 있는 항목이다.

핵심평가요소

학교생활기록부 영역	학업역량	진로역량	공동체역량
출결상황			O

📢 '결석일수', '지각', '조퇴', '결과'는 질병·미인정·기타로 구분하여 연간 총일수 또는 횟수를 각 각 입력한다.

- 지각: 학교장이 정한 등교시각까지 출석하지 않은 경우
- 조퇴: 학교장이 정한 등교시각과 하교시각 사이에 하교한 경우
- 결과: 수업시간의 일부 또는 전부에 불참하거나 교육활동을 고의적으로 방해한 경우
- 같은 날짜에 지각, 조퇴, 결과가 발생된 경우에는 학교장이 판단하여 어느 한 가지 경우로만 처리하며, 같 은 날짜에 결과가 1회 이상이라도 1회로 처리한다.

📢 재취학 등 학적이 변동된 학생의 동학년의 수업일수 및 출결상황은 학적변동 전(원적교)의 것과 변동 이후의 것을 합산하여 입력한다.

📢 '특기사항란'에 결석사유 또는 개근 등 질병·미인정 등으로 인한 장기결석, 기타결석의 사유 등을 학급 담임교사가 입력한다. 특기사항에 입력하는 내용은 다음과 같으며, 학교생활기 록부에 기재할 수 없는 내용을 입력할 수 없다.

- 장기결석: 결석 종류별로 사유를 입력한다. 같은 종류로 연속하여 출석하지 않은 경우로, 그 기간은 7일 내외의 범위(최대 3일의 범위에서 조정 가능)에서 학교장이 정한 바에 따른다. 이 때, 질병결석 인 경우에도 사유를 입력하되, 개인정보를 보호할 필요가 있다고 판단되는 질병의 경우에는 학 업성적관리위원회의 심의를 통해 사유를 입력하지 않는다.
- 기타결석: 1일이라도 사유를 입력한다.
- 단기결석: 횟수가 많을 경우 이를 누계하여 주된 사유를 입력할 수 있다.
- 지각·조퇴·결과: 입력하지 않으나, 반복적인 지각·조퇴·결과의 경우 사유를 입력할 수 있다. 횟수는 학교 장이 정한다. (예) 감기로 인한 질병조퇴(13회), 부 간병으로 인한 기타조퇴(10회)
- 개근: 출석인정 결석은 출석으로 처리하며, 해당 학년 동안 1회의 결석·지각·조퇴결과도 없는 경우 (수업 일수가 다른 중도 입학·편입학생은 당해 학년의 전과정을 거치지 않았기 때문에 출결상황 '특기사항' 란에 '개근'으로 입력하지 않는다.)

📢 반복적인 지각·조퇴·결과의 경우 사유를 입력할 수 있다.

📢 특기사항 중 학교폭력과 관련된 사항은 가해학생에 대한 조치사항을 입력한다.

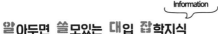

알아두면 쓸모있는 대입 잡학지식

TIP.1 출결상황은 지원자의 학교생활에 대한 성실성과 연관 있는 항목이므로, 반복적인 결석, 지각 등이 있다면 평가요소 중 인성 영역에서 불리하게 평가받을 수 있다.

TIP.2 '무단'이라는 용어가 '미인정'이란 단어로 변경되었다. 미인정 출결이 있는 경우, 성실성 등에 부정적 영향을 미치거나 감점을 하는 경우도 있다.

TIP.3 잦은 지각, 결석 등은 성실성에 부정적 영향을 미칠 수 있다. 특별한 사정에 의한 출결상황은 반드시 특기사항에 기록하여 대입 평가 시 불이익을 받지 않도록 한다.

TIP.4 반복적인 지각, 결석 등에 대해 이를 극복하기 위해 학생이 노력한 점이 있다면 긍정적으로 변화된 모습을 행동특성 및 종합의견에 기록해 줄 필요가 있다. 횟수가 잦고 반복되는 경우에는 이를 극복하기 위한 학생의 노력을 보여줄 필요가 있으며 이에 대한 면접에도 대비하는 것이 좋다.

면접 질문 예시

Q . 지각과 결석이 잦은 편인데 특별한 이유가 있나요? 대학 생활시 어려움은 없을까요?

Q . 미인정 결석이 많은 이유는 무엇인가요?

Q . 질병으로 인한 장기 결석으로 학업에 지장이 있었나요? 이를 극복하기 위해 어떤 노력을 했나요?

 출결 처리 상식

[교외체험학습 출결 처리]

▶ 기간 및 횟수: 교육과정 이수에 지장이 없는 범위 안에서 학칙이 정한 범위

▶ 내용: 현장체험학습, 친인척 방문, 가족동반 여행, 고적 답사 및 향토행사 참여 등

▶ 방법: 교외체험학습 신청(신청서 및 학습계획서 제출) → 학교장 심사 후 승인 통보 → 교외체험학습 실시 → 교외체험학습 보고서 제출 → 면담 등을 통한 사실 확인 후 출석인정 결석으로 처리

※ 학교장은 교육상 필요한 경우, 보호자의 동의를 얻어 학칙이 정하는 범위 안에서 교외체험학습을 허가하여 수업으로 인정할 수 있으나, 학교생활기록부의 어느 항목에도 내용을 입력하지 않는다.

[경조사로 인한 인정결석 일수]

▶ 경조사 일수에 재량휴업일과 공휴일 및 토요일은 산입하지 않는다. 연속된 결석 일수에 한해 출석으로 인정한다.

구분	대상	일수
결혼	형제, 자매, 부, 모	1
입양	학생 본인	20
사망	부모, 조부모, 외조부모	5
	증조부모, 외증조부모, 형제·자매 및 그의 배우자	3
	부모의 형제·자매 및 그의 배우자	1

[질병결석]

▶ 결석한 날부터 5일 이내에 의사의 진단서 또는 의견서(의사 소견서, 진료 확인서 등으로 병명, 진료기간 등이 기록된 증빙서류)를 첨부한 결석계를 제출하여 학교장의 승인을 받은 경우

▶ 상습적이지 않은 2일 이내의 결석은 질병으로 인한 결석임을 증명할 수 있는 자료(학부모 의견서, 처방전, 담임교사 확인서 등)가 첨부된 결석계를 5일 이내에 제출하여 학교장의 승인을 받은 경우

[미인정]

▶ 학교폭력 가해학생에 따른 출석정지

▶ 교육활동 침해에 따른 출석정지

▶ 가정학습 기간

▶ 범법행위로 인한 책임 있는 사유로 결석한 경우(관련 기관 출석, 체포, 도피, 구속(구인, 구금, 구류 포함), 교도소 수감 등)

▶ 태만, 가출, 출석 거부 등 고의로 결석한 경우

▶ 기타 합당하지 않은 사유로 결석한 경우 등

[기타결석]

▶ 부모 · 가족 봉양, 가사 조력, 간병 등 부득이한 개인사정에 의한 결석임을 학교장이 인정하는 경우

▶ 공납금 미납을 사유로 결석한 경우

▶ 기타 합당한 사유에 의한 결석임을 학교장이 인정하는 경우

[소속 학교에 실시한 원격 수업 수강 학생 처리]

▶ 학교의 장이 교육상 필요에 따라 소속 학생을 대상으로 교과(목) 및 창의적 체험활동내용의 일부 또는 전부를 원격수업으로 실시한 경우 출결 및 평가, 학교생활기록 작성 등의 처리 방법은 교육부 장관이 별도로 정하는 바에 따른다.

수상경력

수상경력은 변화가 많은 항목으로 2024학년도 대입(졸업생 포함)부터 상급 학교 진학 시 '수상경력'은 제공하지 않는다. 대입 자체를 위한 수상의 개수나 수상순위는 큰 의미가 없다. 따라서 교내·외 대회는 자신의 목적에 따라 학업과 내면의 질적인 향상을 도모하는 수단으로 활용하도록 한다.

핵심평가요소

학교생활기록부 영역	학업역량	진로역량	공동체역량
수상경력	O	O	O

TIP 이렇게 기록하세요

📢 '수상경력란'에 교내상만 입력하고 교외상은 입력하지 않는다.

📢 학년 초 학교교육계획서에 따라 실시한 교내상만을 학교생활기록부 수상경력에만 입력한다.

📢 '대회'라는 용어는 수상경력을 제외한 학교생활기록부의 창의적 체험활동상황의 '특기사항', 교과학습발달상황의 '세부능력 및 특기사항', '행동특성 및 종합의견' 등 어떠한 항목에도 입력하지 않는다.

📢 수상명에는 학생의 출신 고등학교를 알 수 있는 내용을 입력하지 않는다.

알아두면 **쓸**모있는 **대입 잡**학지식 Information

TIP.1 수상경력은 학업 역량, 인성 등의 역량 외에 학교생활의 적극성, 주도성 등을 보여줄 수 있으며, 학교생활기록부의 다른 영역과 연계하여 평가할 수 있다.

TIP.2 2023학년도 대입전형에서 학생이 선택한 학기당 한 개의 수상경력만 대입전형자료로 제공한다.

TIP.3 학기 당 한 개의 수상경력은 지원 대학마다 달리 선택하여 제공할 수 없고 모집 시기 내에서 동일하게 제공된다. 수시와 정시는 달리 제공할 수 있다.

TIP.4 교과 성적의 우수함은 교과학습발달상황에서 확인할 수 있으므로 교과우수상은 평가에 큰 의미를 주지 않는다.

> [수상 선택 기준]
> · 학생의 강점을 드러내거나, 약점을 보완하는 수상
> · 전공적합성을 보여줄 수 있는 수상
> · 전공이나 계열과 관련된 수상

TIP.5 때로는 개인상보다 단체상이 더 가치 있을 수 있다. 대회를 준비하는 과정에서 학생들이 서로 소통, 배려, 협력하는 과정이 높이 평가되기 때문이다.

면접 질문 예시

Q . 가장 의미 있었던 대회는 무엇인가요?

Q . 참가한 이유는 무엇인가요?

Q . 상을 받을 수 있었던 이유는 무엇이라 생각하나요? 어떤 노력을 기울였나요?

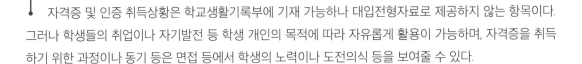

자격증 및 인증 취득상황

자격증 및 인증 취득상황은 학교생활기록부에 기재 가능하나 대입전형자료로 제공하지 않는 항목이다. 그러나 학생들의 취업이나 자기발전 등 학생 개인의 목적에 따라 자유롭게 활용이 가능하며, 자격증을 취득하기 위한 과정이나 동기 등은 면접 등에서 학생의 노력이나 도전의식 등을 보여줄 수 있다.

TIP 이렇게 기록하세요

📢 학교생활기록부의 '자격증 및 인증 취득상황란'에 각종 인증 취득사항은 입력하지 않는다.

📢 재학 중에 취득한 자격증의 명칭 또는 종류 번호 또는 내용, 취득연월일, 발급기관을 입력하며 원본을 대조한 후에 취득한 순서대로 입력하며 기재 가능한 자격증은 다음과 같다.
- 「국가기술자격법」에 따른 국가기술자격증
- 개별 법령에 따른 국가자격증
- 「자격기본법」에 따른 국가 공인을 받은 민간자격증 중 기술과 관련 있는 내용

📢 재학 중 취득한 기술 관련 자격증에 한해 입력이 가능하며, 기술 관련 민간자격 국가공인 현황은 매년 달라질 수 있으므로 반드시 확인 과정을 거친다.

📢 자격증의 명칭 및 취득 사실은 '자격증 및 인증 취득상황'란에만 입력하고, 학교생활기록부 어떠한 항목에도 입력하지 않는다.

📢 학교교육계획에 따라 국가직무능력표준을 이수한 경우 학교생활기록부에 등록하여 그 결과를 관리한다.

알아두면 쓸모있는 대입 잡학지식 (Information)

TIP.1 특성화고 학생인 경우에는 특성화고 전형 대상이나 취업에 활용될 수 있으므로, 전공과 관련된 자격증을 취득하면 대입전형자료 제공 여부와 상관없이 전공적합성을 보여줄 수 있다.

창의적 체험활동

　창의적 체험활동은 교과 수업 이외의 학교생활 중에 '창의성'을 발휘하여 학생의 경험 중심 '체험활동'을 실천하는 데 그 의의가 있다. 같은 활동을 하더라도 학생들이 보여주는 역량이나 맡은 역할, 배우고 느낀 점 등은 다를 수 있기 때문에, 학생만의 개별적인 특징이 드러나도록 기록해 주는 것이 좋은 평가로 이어질 수 있다. 2024학년도 대입(졸업생 포함)부터 상급 학교 진학 시 '개인' 봉사활동 실적, 자율동아리 실적, 학교교육계획에 의한 정규교육과정 이외의 청소년단체활동은 제공하지 않는다.

자율활동　　　　　　　　　　　　　　　　　　　　　　　　동아리활동

봉사활동　　　　　　　　　　　　　　　　　　　　　　　　진로활동

창의적 체험활동은 자율활동, 동아리활동, 봉사활동, 진로활동의 4가지 영역을 의미한다. 학교교육계획에 의하여 학교에서 주관한 체험은 어떤 행사든 포함되며, 학교장이 승인한 교육관련기관(교육부 및 직속기관, 시도 교육청 등)에서의 활동도 입력 가능한 범위에 포함된다.

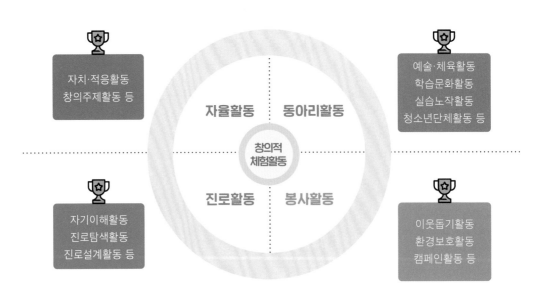

* 창의적 체험활동의 세부활동 및 영역

자율활동의 활동목표와 영역은 아래와 같다.

자율활동	목표와 영역	
자율활동	활동목표	활동 영역 및 사례
자치·적응활동	·성숙한 민주시민으로 살아갈 수 있는 역량 함양 ·변화하는 환경에 적극적으로 대처하는 능력	·자치활동 : 학급회의, 전교회의, 모의의회, 토론회, 자치법정, 학생회 활동 등 ·적응활동 : 각종 상담활동, 사제동행 활동 등 ·행사활동 : 입학식, 체육대회, 체험학습, 학예회 등 ·기본 생활 습관 및 인성 : 예절, 준법, 질서, 1인 1역 등
창의적 특색 (주제) 활동	·학교, 학년(군), 학급 단위의 특색 있는 창의적 주제를 선택하여 활동함으로써 창의적 사고 역량 함양	·학교·학년·학급 특색활동 : 5분 독서, 바른말 사용 캠페인활동, 텃밭 가꾸기, 음악활동, 체육활동 등 ·주제선택활동 : 주제탐구형 소집단 공동 연구, 자유 연구, 프로젝트 학습(역사탐방 프로젝트, 박물관 견학활동) 등

동아리활동의 활동목표와 영역은 아래와 같다.

동아리활동 목표와 영역

동아리 활동	활동목표	활동 영역 및 사례
예술·체육 활동	· 자신의 삶을 폭넓고 아름답게 가꿀 수 있는 심미적 감성 역량 함양 · 건전한 정신과 튼튼한 신체 발전	· 음악활동 : 성악, 합창, 뮤지컬, 오페라, 오케스트라, 국악, 사물놀이, 밴드, 난타 등 · 미술활동 : 현대 미술, 전통 미술, 회화, 조각, 사진, 애니메이션, 공예, 만화, 벽화, 디자인, 미술관 탐방 등 · 연극·영화활동 : 연극, 영화 평론, 영화 제작, 방송 등 · 체육활동 : 씨름, 태권도, 택견, 전통무술, 구기운동, 수영, 요가, 하이킹, 등산, 자전거, 댄스 등 · 놀이활동 : 보드 게임, 공동체 놀이, 마술, 민속놀이
학술 문화 활동	· 다양한 학술 분야와 문화에 대해 관심을 가지고 체험 위주의 활동을 통하여 지적 탐구력과 문화적 소양 함양	· 인문소양활동 : 문예 창작, 독서, 토론, 우리말 탐구, 외국어 회화, 인문학 연구 등 · 사회과학 탐구활동 : 답사, 역사 탐구, 지리 문화 탐구, 다문화 탐구, 인권 탐구 등 · 자연과학 탐구활동 : 발명, 지속가능발전 연구, 적정 기술 탐구, 농어촌발전 연구, 생태환경 탐구 등 · 정보활동 : 컴퓨터, 인터넷, 소프트웨어, 신문 활용
실습 노작 활동	· 일의 소중함과 즐거움을 깨닫고 필요한 기본 기능을 익혀 일상생활에 적용	· 가사활동 : 요리, 수예, 재봉, 꽃꽂이, 제과·제빵 등 · 생산활동 : 재배, 원예, 조경, 반려동물 키우기, 사육 · 노작활동 : 목공, 공작, 설계, 제도, 로봇 제작, 조립, 모형 제작, 인테리어, 미용 등 · 창업활동 : 창업 연구 등

봉사활동의 활동목표와 영역은 아래와 같다.

봉사활동 목표와 영역

봉사활동	활동목표	활동 영역 및 사례
이웃돕기 활동	· 타인을 이해하고 배려할 수 있는 공동체 역량 함양	· 멘토링활동 - 학습이 느린 친구 돕기, 장애 친구 돕기 등 · 지역사회 나눔활동 - 불우이웃돕기, 난민 구호활동, 복지시설 위문, 재능 기부 등
환경보호 활동	· 환경을 보호하는 마음과 공공시설을 아끼는 마음 함양	· 환경정화활동 - 깨끗한 환경 조성, 공공시설물 보호, 문화재 보호, 지역사회 가꾸기 등 · 자연보호활동 - 식목 활동, 자원 재활용, 에너지 절약, 저탄소 생활 습관화 등
캠페인 활동	· 사회현상에 관심을 갖고 참여함으로써 사회적 역할과 책임을 분담하고 사회 발전에 이바지하는 태도 함양	· 급식 잔반 줄이기, 공공질서, 환경 보전, 헌혈, 각종 편견 극복 캠페인활동 등 · 바른말 쓰기, 학교폭력 예방, 안전사고 예방, 성폭력 예방 캠페인활동 등

진로활동의 활동목표와 영역은 아래와 같다.

진로활동 목표와 영역

진로활동	활동목표	활동 영역 및 사례
자기이해활동	· 긍정적 자아 개념을 형성하고 자신의 소질과 적성에 대한 이해	· 강점 증진활동 - 자기이해 및 심성 개발, 자아 정체성 탐구, 자아존중감 증진 등 · 자기특성이해활동 - 가치관 확립 활동, 직업흥미탐색, 직업적성탐색 등
진로탐색활동	· 일과 직업의 가치, 직업 세계의 특성을 이해하여 건강한 직업의식 함양 · 자신의 진로와 관련된 교육 및 직업정보의 탐색과 체험활동	· 일과 직업 이해활동 - 일과 직업의 역할과 중요성 및 다양성 이해, 직업 세계의 변화 탐구, 직업가치관 확립 등 · 진로정보탐색활동 - 진로진학탐색, 교육정보탐색, 대학탐색 등 · 진로체험활동 - 직업인 인터뷰, 직업인 초청 강연, 산업체 방문, 직업 체험관 방문, 인턴, 직업 체험 등 · 진학정보탐색 - 학업정보탐색, 입시정보탐색, 대학 탐방, 진로 독서 등
진로설계활동	· 창의적 진로 계획 및 실천	· 진로계획활동 - 진로상담, 진로 의사 결정, 학업에 대한 진로설계, 직업에 대한 진로설계, 나의 꿈 발표, 진로주제탐구, 진로계획 보고서 등 · 진로체험활동 - 일상생활 관리, 진로 목표 설정, 진로 실천 계획 수립, 학업 관리, 구직 활동 등 · 기타 - 진로캠프, 리더십캠프, 대학전공캠프, 진로 전공 관련 강의 등

TIP 이렇게 기록하세요

📢 학생을 상시 관찰 및 평가한 누가 기록을 바탕으로 구체적 활동 사실과 학생의 활동 태도 및 노력에 의한 행동 변화와 성장 등을 종합하여 '특기사항'란에 문장으로 입력한다.

📢 자율·동아리·진로활동의 이수시간은 영역별로 입력하고 개별적 특성이 드러나는 사항 등의 특기사항은 모든 학생을 대상으로 기록한다.

📢 영역별로 활동내용을 참여도, 활동의욕, 진보의 정도, 태도 변화 등과 같은 우수한 사항을 중심으로 개별적인 특성이 드러나도록 실제적인 역할과 활동 위주로 입력하며, 봉사활동은 실적을 입력한다.

📢 자율활동의 특기사항은 담임교사가, 동아리활동의 특기사항은 해당 동아리담당교사가 입력한다.

📢 특기사항은 학생의 구체적 활동내용이 포함된 자료를 바탕으로 공정성, 객관성, 투명성, 신뢰도, 타당도 등이 확보되도록 한다.

    <특기사항 기록 시 활용 가능한 자료>

     ① 동료평가서   ② 자기평가서   ③ 수업산출물(수행평가 결과물 포함)
     ④ 소감문   ⑤ 독후감

📢 창의적 체험활동상황의 영역별 체험활동 특기사항은 활동 장소가 국내일 경우에 한하여 다음 하나에 해당하는 경우에 입력한다.

- 학교교육계획에 의해 학교가 주최하고 주관한 체험활동
- 타 고등학교에서 주최하고 주관한 체험활동 중 학교장이 승인한 체험활동
- 교육관련기관에서 주최하고 주관한 체험활동 중 학교장이 승인한 체험활동

📢 학생이 학교장의 승인을 받아 개별 또는 그룹단위로 대학 등에서 이수한 체험활동이나 특정 과정 이수실적을 학교생활기록부에 기재하도록 주최기관 등이 공문으로 요청하는 경우에도 입력이 불가하다.

📢 활동실적(내용)의 단순한 나열식 입력은 지양하며, 구체적인 특정 대학명, 기관명(기구, 단체, 조직 등 포함), 상호명, 학생들이 참여한 강의(또는 교육활동)의 강사명은 입력하지 않는다.

    <입력 가능한 기관명>

     ① 교육부 소속기관: 대한민국학술원, 국사편찬위원회, 국립국제교육원, 국립특수교육원, 교원소청심사위원회, 중앙교육연수원(총 6개 기관)
     ② 교육관련기관: 교육부 및 소속기관, 시도교육청 및 직속기관, 교육지원청 및 소속기관(교육관련기관이 직접 운영하는 기구, 단체, 조직 등 포함)

📢 창의적 체험활동상황의 실적은 한 개 영역에 입력하고, 다른 영역에 중복 입력하지 않는다.

📢 어떠한 사유(경조사 또는 천재지변 등으로 인한 출석인정·질병·미인정·기타결석, 조퇴 등을 구분하지 않음)로든 참여하지 않은 시간은 제외한다. 단, 현장체험학습(수련활동 등) 기간 동안 미참여 학생을 대상으로 별도의 창의적 체험활동계획을 수립하여 실시한 경우 해당 활동의 누가 기록, 이수시간 및 특기사항을 입력할 수 있다.

📢 학교정규교육과정 이수과정 중 사교육의 개입 없이 학교 내에서 학생의 주도로 수행한 자율탐구활동에 한하여 학생의 특기사항만을 기재할 수 있다. 자율탐구활동이란 학생들이 자율적으로 주제 선정부터 보고서 작성까지 전 과정을 수행하는 일련의 활동을 의미한다.

📢 창의적 체험활동상황에 자율탐구활동 학생활동 산출물(소논문 포함) 실적은 기재할 수 없으며, '자료 수집 능력 및 분석능력 탁월, 주제 선정 시 진로와 사회문제 연결 노력' 등과 같은 특기사항만 기재 가능하다.

📢 자율탐구활동을 기재할 경우 정규교육과정 중에 이루어진 활동임을 증빙하기 위한 자료(학교교육계획서, 학교장의 승인을 받은 각종 문서, 학생활동 산출물 등)를 보관해야 한다.

학교생활기록부 모든 영역 기재 불가 항목

- 각종 공인어학시험(TOEIC, TEPS, JPT 등) 참여 사실과 그 성적 및 수상실적
- 교과·비교과 관련 교외대회 참여 사실과 그 성적 및 수상실적
- 교외 기관·단체(장)등에게 수상한 교외상(표창장, 감사장, 공로상 등도 기재 불가함)
- 교내·외 인증시험 참여 사실이나 그 성적
- 모의고사·전국연합학력평가 성적(원점수, 석차, 석차등급, 백분위 등 성적 관련 내용 일체) 및 관련 교내 수상실적
- 논문을 학회지 등에 투고 또는 등재하거나 학회 등에서 발표한 사실
- 도서출간 사실
- 지식재산권(특허, 실용신안, 상표, 디자인) 출원 또는 등록 사실
- 어학연수, 봉사활동 등 해외 활동실적 및 관련 내용
- 부모(친인척 포함)의 사회·경제적 지위(직종명, 직업명, 직장명, 직위명 등) 암시 내용
- 장학생·장학금 관련 내용
- 구체적인 특정 대학명, 기관명(기구, 단체, 조직 등 포함), 상호명, 강사명 등
- 학생이 재학(또는 졸업 예정)한 고등학교를 알 수 있는 내용(학교명, 재단명, 학교 축제명, 학교 별칭 등 학교를 알 수 있는 내용 일체)은 '학적사항', 수상경력의 '수여 기관', 봉사활동 실적의 '장소 또는 주관 기관명'을 제외한 어떠한 항목에도 기재할 수 없다.

알아두면 쏠모있는 대입 잡학지식

TIP.1 창의적 체험활동상황은 특정 활동, 연계 활동 보다는 활동에 참여한 계기, 주도적으로 참여한 활동, 활동 후의 변화 및 느낀 점 등이 더욱 중요하게 다뤄지고 있다.

TIP.2 창의적 체험활동은 교과와 연계하여 교과시간에 배운 지식과 앎을 창의성을 발휘하여 실제 생활과 사회문제에 적용하고 실천하도록 지도한다.

TIP.3 또한 공동체 활동 속에서 필요한 배려, 나눔, 소통, 경청 등의 역량을 각 학생만의 고유한 의미로 풀어가도록 지도하는 것이 긍정적인 평가를 받을 수 있다.

면접 질문 예시

Q . 학교생활 중 가장 의미 있었던 것은 무엇인가요?

Q . 학교생활 중 힘들었던 것은 무엇이고 어떻게 극복했나요?

Q . 공동체 생활에 가장 중요한 것이 무엇이라 생각하나요?

1 자율활동

자율활동은 학생이 학교의 자율적인 정규 활동이나 행사에 참여하여 공동체 의식과 리더십 등을 함양할 수 있는 활동이다. 학교의 특색이 묻어있는 행사 및 활동에 학생 개인의 역할을 찾아 자율적·능동적으로 참여하고, 이 과정 중에 발생하는 다양한 문제들을 스스로 해결하며 성장하는 시간이 될 수 있다.

학교생활기록부 영역	학업역량	진로역량	공동체역량
자율활동	O	O	O

TIP 이렇게 기록하세요

📢 활동결과에 대한 평가보다는 활동과정에서 드러나는 개별적인 행동 특성, 참여도, 협력도, 활동 실적 등을 평가하고 상담기록 등의 관련 자료를 참고하여 실제적인 역할과 활동 위주로 입력한다.

📢 정규교육과정 또는 학교교육계획에 의해 실시한 학생 상담활동, 자치법정 등은 자율활동 특기사항에 입력한다.

📢 자치활동 관련 특기사항에 입력하는 임원의 재임기간은 1학년은 입학일부터 학년말, 2학년은 3월 1일부터 학년말, 3학년은 3월 1일부터 졸업일까지로 입력한다. 학기 단위로 임명하는 경우, 임원의 재임기간은 학기 시작일부터 학기 종료일까지로 입력한다.

- 학교 사정에 따라 임원의 활동기간이 학기 또는 학년 단위가 아닌 월 단위 등으로 임명하는 경우에는 실제 활동기간을 재임기간으로 입력한다.
- 임원이 임기 도중에 그만두는 경우에는 실제 종료일까지를 재임기간으로 입력한다.
- 학기 중, 임원의 학적변동 등으로 재선출하는 경우 신임 임원 재임기간의 시작일은 재선출일을 입력하되, 학교의 여건에 따라 정한다.
- 1학년 2학기 및 2학년 1학기와 같이 학기 단위로 임명하는 경우 해당 학년의 자율활동 영역에 나누어 임원 재임기간을 입력한다.

📢 자치활동 관련 내용을 특기사항에 입력할 때에는 구체적인 임원의 종류를 알 수 있도록 '전교', '학년', '학급' 등을 입력하고, 재임기간을 소괄호 안에 병기한다.
예시) 1학년: 1학기 전교 학생자치회 부회장(2025.03.02.-2025.08.16.)

📢 정규교육과정에 의해 해외에서 실시한 자율활동은 시수만 인정하며, 그 이외의 해외 창의적 체험활동은 시수와 특기사항을 모두 입력하지 않는다.

알아두면 **쓸**모있는 **대**입 **잡**학지식 Information

TIP.1　자율활동에서는 자발성, 주도성뿐만 아니라 자기주도적 학습능력, 전공적합성, 대인관계능력, 공동체의식 등에 대한 평가도 가능하다.

TIP.2　흔히 전교회장이나 학급 임원을 해야만 리더십을 보여줄 수 있다고 생각하지만, 모든 단체활동 중에 적극적으로 의견을 제시하거나 갈등을 해결하기 위해 노력한 경험도 리더십과 무관하지 않다.

TIP.3　자율활동을 기록할 때에는 모두가 참여하는 일괄적 활동에 대한 사실 위주의 내용은 지양하거나 마지막 부분에 기록하고, 날짜순보다는 학생에게 가장 중요한 순서로 기록해 주는 것이 좋다. 가독성을 위해 문단을 나눠주는 것도 좋다.

TIP.4　이전에는 성교육, 금연교육, 다문화교육 등의 활동이 자율활동으로 분류되어 모든 학생이 같은 강의를 듣고 단순한 느낀 점을 기록하는 정도에서 끝이 났다. 그러나 요즘에는 이러한 활동은 범교과적 내용으로 교과시간에 연계하여 활동하면서, 사후 심화활동으로 연결되는 경우가 많다. 따라서 실제 자율활동 시간에는 학교, 학년, 학급별 이색 활동을 기획하여 운영하는 사례가 많아졌다.

TIP.5　모든 학생이 참여하는 소풍이나 체육대회 같은 단체활동도 있지만 학생회, 학급 임원, 1인 1역할 등은 학생 본인의 자발적인 선택에 의해 참여가 가능하다. 학생마다 다양한 역할이 부여되도록 행사를 계획하는 것이 좋다.

TIP.6　교과수업 내용에 대한 궁금증이나 호기심을 '교과 주제탐구 프로젝트'라는 개별활동과 연계하여 스스로 해결하고, 이 과정에서 발휘된 탐구 역량 등을 기록할 수 있다.

TIP.7　학급 내 소그룹(소모임) 활동으로 교과 독서토론, 교과 스터디, 교과 멘토링 등을 활용하여 교과 연계성이 돋보이는 활동도 긍정적인 평가를 받을 수 있다.

TIP.8　독서활동, 탐구활동 등의 학내 활동이 드러난다면 학업 역량을, 학업 외적인 부분에서 충실히 활동했다면 학생의 개인적 특성과 학업 외 소양 부분에서 긍정적 평가가 가능하다.

 면접 질문 예시

Q . 활동에 주도적으로 참여한 경험이 있다면 무엇인가요?

Q . 공동체 활동에 가장 필요한 것이 무엇이라 생각하나요?

자연계열 추천 자율활동

LIST

학급 임원 활동, 학생자치회 활동, 리더십 프로그램, 안전교육,
과학의 날 행사, 텃밭 가꾸기, 생명존중교육, 자연계열 토론회 활동,
독서 나눔 토론 프로젝트(자연 분야) 활동, 과학 캠프 활동,
융복합 토론회 활동, 융합과학 아카데미 활동, 테마형 자연과학 기행 활동,
수학 캠프 활동, 자연과학 분야 독서토론 활동, 자연 분야 신문 발행,
주제탐구형 소집단 공동연구(농업, 물리, 대기과학,
생명과학, 수학, 원예, 의류, 화학 등), 프로젝트 학습(수리창의력,
환경개선, 아마존 살리기, 멸종위기동물보호), 창의과학 프로그램,
과학의 날 행사 참여 등

자연계열 맞춤형 자율활동 기재 예시

 01. 대기과학과

주 1회 시사 문제에 대한 의견을 기고하는 '시사 인사이드' 프로그램에서 자신의 진로와 관련된 주제인 '대기오염과 이산화 질소'를 주제로 자신의 의견을 제시함. 대기오염의 주범인 이산화 질소의 원인과 위험성을 알리고 이것이 파킨슨병과 관련되어 있다는 최근의 연구 결과물을 제시함. 이에 학급의 의학과 국가 정책 등에 관심 있는 다수의 친구들과 주제별 소모임을 조직하여 이산화 질소 노출을 줄이기 위해 개인이 할 수 있는 노력과 국가 정책 개선 방법, 파킨슨병과의 연관성 등에 대해 탐구 활동을 진행하였음. 또한 교내 게시판에 미세먼지 알림판을 제작할 것을 건의하여 매일 아침 미세먼지 농도를 게시하고 환기 시간과 교외 활동 가능 시간을 알리는 등의 활동을 자발적으로 진행함. 국내의 미세먼지 차단 마스크의 차단 정도와 관련 연구를 조사하여 교내 창업아이템 활동에 참가하는 등 적극성과 자기주도성이 뛰어난 학생임.

 02. 물리학과

과학의 날 행사에서 '아인슈타인' 부스를 맡아 양자역학에 대한 전문가 코너를 주도적으로 운영하였음. 활동을 위한 준비 중에 '하이젠베르크의 불확정성 원리'에 대해 추가적인 관심을 갖고 토요 주제별 소모임에 다시 참여하여 자율 탐구활동을 진행하였음. '교과 선택 설명회' 날에 물리 교과에 대한 멘토로 활동하며 물리학이라는 교과의 특성, 관련 분야 및 진로 등에 대해 재미있게 설명해 물리가 어렵고 점수 받기 힘든 교과라는 후배들의 편견을 해소하는 데 기여하였음. '학교 문제해결 아이디어' 활동에서 'LED 등이 학습에 미치는 영향'에 대한 내용을 발표하여 교내 도서관의 개인 자습실을 LED 등으로 교체하게 됨. 자신의 진로에 대해 확고한 의지를 바탕으로, 적극적으로 아이디어를 내고 활동에 참여하는 모습을 보임.

 03. 산림자원학과

계절별로 진행되는 '숲 생태 체험활동'에 성실히 참여하여 숲과 나무에 대한 관심을 키워나감. 숲 속 자원의 다양한 특성과 가치들에 대해 학습하고 지속가능한 발전과 숲의 보존의 필요성에 대한 인식을 확장함. 하나를 가르쳐주면 열을 이해하는 잠재력이 넘치는 학생으로, 끝없는 호기심을 해결하기 위해 전문서적을 구해 읽으면서 책 내용과 나무의 어려운 학명을 이해하기 위해 영어와 한자 공부까지 병행하는 열의를 보임. 소나무의 선충을 현미경으로 관찰하고 책 속 그림과 비교하며, 앎의 기쁨을 생활 속에서 누리는 모습을 보임. 산으로 가을 소풍을 갔을 때 친구들에게 나무의 잎을 통해 이름을 맞추거나 열매를 통해 암수를 구별하는 방법, 전 세계의 다양한 나라별 나무 이름과 종류에 대해 설명해주는 모습을 보고 숲 해설사들의 칭찬을 한 몸에 받음.

04. 생명과학과

'코로나 블루와 정신 건강'이라는 주제의 강연을 듣고 외부활동과 일조량이 우울증에 미치는 영향에 대한 궁금증이 생겨 사후활동 시간을 이용해 관련 내용을 추가 조사해보고, 이에 대한 결과를 정리한 내용이 교내 학보에 실림. 또한 코로나19로 인해 외부활동이 제한되어 있어 우울해하는 친구들의 정신 건강 극복을 위한 웃음 처방전으로 친구들과 재미있는 얼굴 체조 방법을 만들어 실시하였으며, 조종례 시간의 해피 바이러스 역할을 톡톡히 함. 마스크로 인해 피부 트러블이 심한 친구를 보고 얼굴에 닿지 않는 마스크를 고안해 보면서 시중에 파는 마스크를 직접 착용해보고 성분을 조사하는 등의 적극성을 보임. 비록 성공하지 못했지만, 매번 새로운 도전을 통해 다양한 경험을 접하고 긍정적으로 살아가는 모습이 다른 친구들에게 모범이 되는 학생임.

 05. 수의학과

교내 '사회문제 개선' 활동에서 동물을 좋아하는 학생들과 한 팀이 되어 캠페인활동을 기획하여 실시함. 인근 지역에 떠돌이 고양이가 많다는 점에 주목하여 디자인 싱킹 과정을 활용해 문제의 원인을 분석함. 이 과정 중에 떠돌이 고양이와 야생 고양이가 다르다는 점을 알게 되었고 이들을 구별하는 방법과 사회화 방법, 그리고 떠돌이 고양이를 돌보고 주인을 찾아줄 수 있는 방법들에 대해 조사하면서 동물보호소와 연락을 취해 조언을 구하기도 함. 이에 관련된 내용을 사람들이 알아보기 쉽게 포스터 형식으로 제작하여 떠돌이 고양이가 자주 출몰하는 지역에 부착하고, 카드뉴스를 제작해 지역 블로그에 게시하여 유기동물 관리 및 보호를 위해 노력함. 또한 미국동물학대방지협회가 제시한 떠돌이 고양이의 관리 및 보호 방법인 '포획-중성화수술-방사(TNR)'에 대해 의문을 갖고 관련 내용에 대해 조사하여 학급 스피치 시간을 이용해 발표하였음.

06. 수학과

학급 멘토-멘티 활동에서 수학 멘토를 맡아 매 단원이 끝날 때마다 관련 단원에 대한 핵심 요약본과 예시 문항들을 난이도별로 선별하여 학급에 공유하고, 질의응답 시간을 이용해 친구들의 눈높이에 맞추어 상세히 설명함. 하나의 문제에 접근하는 방법에 대해 하나 이상의 방식을 고민해보고 이를 소개하려 노력하는 점이 남다름. 방학 중 교내 수학캠프에 참여하여 '러셀의 역설'에 대한 주제탐구를 실시하고, 논리학 시간에 배웠던 게오르크 칸토어의 직관적 집합론의 개념과 연관하여 캠프에 참여한 친구들과 열띤 토론을 벌임. 자신의 이해정도와 발언 내용에 대해 수학 선생님과의 사전상담을 통해 검증을 받아 준비하는 치밀함을 보였으며, 끝까지 알고자 하는 지적 호기심을 발휘하여 부족한 부분을 해결하고자 하는 태도를 보여 줌.

07. 식물자원학과

교내 텃밭 가꾸기 활동에 담당자로 자원하여 모종을 심고 관리 및 수확하는 일에 적극적으로 참여함. 계절적 특성과 일조량을 고려하여 교내 텃밭에서 재배하기에 적합한 식물을 직접 조사하여 모종을 구입하는 열의와 치밀함을 보임. 또한 텃밭 가꾸기를 위한 학급회의 시간에 순열의 원리를 이용하여 모종을 심자는 재미있는 아이디어를 제시하였음. 각 모종의 특성에 맞게 관리 방법을 정리하여 학급 친구들에게 배포하였고, 물을 주는 시간과 적절한 물의 양을 스스로 학습하여 당번제를 이용해 텃밭 관리를 주도적으로 실시함. 이후 '미니 텃밭용 방울토마토 가꾸기의 모든 것'을 주제로 모종심기부터 병해충 관리, 저장법 등에 이르기까지의 관찰 일지와 실패담, 성공담이 첨부된 재미있는 활동결과물을 작성하여 제출하였음.

08. 식품공학과

푸드엔지니어링에 관심이 많은 학생으로 관심지역 체험활동으로 교내 급식소와 인근 학교의 급식시설을 선택하여 일일 탐방활동을 하고 체험일지를 작성함. 식품의 유통, 위생 관리, 보관 등 재료를 구매하고 준비 및 조리하는 전반에 걸친 급식 과정에 대해 조사함. 조리 과정에 발생하는 화학적, 물리적 변화와 남은 음식물을 처리하는 방법과 처리 비용 등 그간의 궁금증을 해소하는 시간을 가짐. 많은 인원의 식사를 소수의 조리사분들이 준비하는 과정에서 효율적인 동선과 준비과정의 필요성을 느낌. 또한 포장식품, 통조림식품, 냉동식품의 가공과 처리 방법을 비교하여 이 과정 중에 발생하는 영양소 파괴나 건강 문제에 대한 영향에 대해서 전문자료를 찾아가며 조사하는 열정을 보임. 이러한 일련의 과정을 포트폴리오에 모아 관리하였으며, 각종 조리기구와 위생 검사 도구 등에서 관심을 보임.

09. 식품영양학과

교내 '급식 식단 응모전'에 다양한 식단을 응모하여 자주 당선되는 학생이며, 획일적일 수밖에 없는 급식 문화에 많은 변화를 시도하여 본교의 '김셰프'로 불림. 또한 다양한 학생들이 존재하는 상황에 채식주의와 아토피 등의 질환을 겪고 있는 학생들을 위한 코너를 운영할 필요성을 건의하여 받아들여짐. 교내 '사업 아이템' 공모 활동에서 코로나19 이후의 식문화 변화, 1인 가구, 배달 음식 등의 트렌드에 관심을 갖고 밀키트, 비욘드푸드, 가정간편식 등에 대한 수요 증가 양상에 대해 실제 통계 자료를 체계적으로 조사하여, 건강과 간편함을 모두 고려한 '냠냠' 식품을 고안함. 하나의 메인 요리에 대해 고기, 생선, 콩고기 등의 종류를 달리하여 선택할 수 있고, 양념의 단계를 조절하여 소비자 만족을 극대화한 노력이 돋보임.

10. 우주과학과

1학기 동안 학급의 반장으로서 행사 때마다 학급 구성원의 의견을 조율하고 소외된 학생들을 배려하는 리더십을 보임. 학급 임원 자격으로 교내 리더십캠프에 참가하여 리더로서 필요한 자질을 함양하며, 한 학기 동안 있었던 학교 행사를 반성하는 활동에 적극적으로 참여하였음. 매월 말일에 진행되는 과학 캠프 활동에서 천체과학관에 방문하여 관측한 내용을 토대로 관찰일지를 작성함. 학급 활동 중 '관심분야 신문 기사 스크랩' 활동에서 최근의 인공위성과 우주선의 원리에 대한 정보를 모아 학습하면서 좋아하는 일에 열정을 보임. 융합과학 아카데미에 참가하여 선배들 사이에서도 기죽지 않고 자신의 의견을 말하며 우주에 대한 관심을 이어나감. 존경하는 인물로 한인 최초의 NASA 우주 비행사인 조니 킴을 꼽아 롤모델로 발표하였음. '강함이란 단순히 어려움을 참아내는 것이 아니라 상황에 적응하고 자신의 연약함을 인정하는 것'이라는 그의 말과 '아이들에게 꿈을 심어주기 위해 우주인이 되었다'는 말에 감명을 받아 자신도 누군가에게 힘이 되는 사람이 되겠다는 포부를 밝힘.

11. 의류학과

'지속가능한 개발 학급별 프로젝트'를 위해 학급회의의 사회자로 지목되어 리더십을 발휘하였음. 회의에 앞서, 친구들과 지속가능한 개발의 의미를 공유하고자 관련된 자료를 수집하여 편집한 자료를 배부하는 역량을 발휘함. 학급의 다양한 의견을 수용하여 '지속가능한 신문사'를 만들어 친구들이 원하는 분야에서 활동할 수 있도록 소그룹을 만들어 조를 편성함. 자신은 지속가능한 의류팀에 속하여, 아보카도 씨로 염색한 천연 의류와 유기농 목화를 이용한 데님 제품, 한복을 활용한 업사이클링 소품과 같은 지속가능한 친환경 제품들의 사례를 수집함. 이후 선배들이 졸업사진 촬영할 때에 한번 입고 마는 여러 의류와 소품들을 모아 업사이클링 및 리사이클링의 선별 과정을 거쳐, 교내 소품실에 보관하여 교내 연극제 사진 촬영과 같은 학교 행사 때 사용할 수 있도록 기획함. 마케팅에도 관심이 많아 스토리텔링을 활용한 홍보 전략을 기획하는 등 재능이 풍부한 학생임.

12. 의상학과

교내 '환경 캠페인활동'에 참여하여 영어 수업 시간에 배운 '업사이클링'을 아이디어로 행사 때마다 버려지는 폐현수막을 다양한 형태로 재탄생시켜 칭찬을 받음. 초기에는 단순히 가방이나 물품주머니 등에서 시작하여 교실 텔레비전 덮개, 사물함 덮개 등으로 발전하는 모습을 보임. 이후 '우리학교 히어로'로 선정된 급식소 조리사 분들께 선물로 드릴 물품으로 앞치마를 직접 제작하여 더욱 주목을 받음. 직접 바느질한 정성과 글자의 겹침을 이용한 독특한 문양이 멋스럽고 실용적 가치가 있다는 인정을 받음. 2박 3일 진행되는 체육대회용 학급 티셔츠 제작을 맡아 담임선생님과 학급 친구들 모두의 캐릭터를 아기자기하게 디자인함. 졸업 후 홈커밍데이에 입고 오고 싶은 옷으로 선정됨. 실제 사용하는 사람의 용도와 취향을 고려한 사용자 중심의 디자인과 아이디어가 돋보임.

13. 의생명과학과

심폐소생교육을 듣고 난 뒤 골든타임의 중요성에 대해 인지함. 이 기술이 가장 필요한 곳이 노인정이나 양로원 등이라 여기고, 위급할 때면 언제든 따라 할 수 있게 심폐소생술의 순서를 포스터 형식으로 제작하여 인근에 어르신들이 많이 계시는 곳에 나눠드림. 최근 출시된 코로나19 백신들의 예방 정도, 부작용 사례, 비용 등을 조사하고, 성별이나 나이대별로 특정 백신의 예방 정도에 차이가 발생하는 이유에 대해 호기심을 갖고 조사해봄. 교내 보건실의 약물 중 학생들이 가장 자주 찾는 약물과 1인당 약물 의존 정도가 궁금하여 보건 선생님에게 문의함. 이 과정 중에 나이와 몸무게 차이에 따라 약물의 복용량이 달라지는 이유와 어떤 것이 더 정확한 복용방법인지에 대해 제약사에 직접 문의해 보는 등 호기심이 많고 해결하려는 의지가 강함.

14. 지구물리학과

'통일국가프로젝트' 활동에서 국토부 차관으로 임명되어 훌륭한 리더십과 놀라운 창의력을 보여줌. 특히 북한이 가진 여러 광물 자원들의 보존 및 개발 계획을 세우고 세계적인 광물 보유국인 호주의 전략을 벤치마킹하여 우호적인 외교 정책을 펼침. 또한 비무장지대를 보호하고 세계문화유산으로 지정하는 등의 노력들을 가상의 시나리오로 만들어 찬사를 받음. 자료 분석 능력이 뛰어나며 팀원을 이끌고 소통하는 능력이 돋보이는 학생임. 이러한 활동들을 통해 통일의 긍정적인 측면을 부각할 수 있었으며, 이후 통일 교육 활동 시 전교생 투표에 의해 통일 연설문을 작성하여 발표할 수 있는 기회를 얻음. 이 외에도 남북한 재생 에너지 문제를 다루고, 아시안 하이웨이 건설 완공을 주제로 행사를 주도하는 재치와 상상력을 발휘하였음.

15. 지구환경과학과

지구의 환경, 자원의 보존, 토양의 특성에 관심이 많으며, 특히 인간이 만들어 내는 오염을 줄이기 위한 노력들을 생활 속에서 찾아가려 실천하려는 학생임. 컴퓨터활용능력이 우수하여 학급의 정보부장을 맡아 학급 컴퓨터를 관리하고 사소한 고장은 직접 해결하는 전문성을 보이며 맡은 바 역할을 성실히 수행하였음. '지구구하기(Save Our Planet)' 활동에서 지구온난화를 막기 위한 캠페인활동을 직접 기획하고 실행하였음. 절전, 에어컨 사용 규칙, 양치 컵 사용하기 등을 주 내용으로 하고 친구들의 호응을 얻기 위해 재미있는 UCC 영상을 제작하여 교내 공식 블로그에 게시함. 또한 전기를 모을 수 있는 방법들을 고민함. 농구할 때 신는 신발 바닥과 농구장 바닥에 전기를 모으는 방법을 생각하였고, 특히 농구용 신발 모형을 제작하여 과학 선생님의 많은 칭찬을 받음.

16. 천문우주학과

수학과 물리에 관심이 많아 교내 수학·과학 아카데미에 참가하여 수준 높은 강연을 듣고, 토론과 독후 활동에 적극적으로 참여함. 빅뱅우주론에 특별히 관심이 많아 듣게 된 강연에서 허블의 법칙과 아인슈타인의 우주 상수에 대해 밤샘 토론을 하고 꼬리 질문을 이어감. 이러한 활동들을 통해 과학사에 흥미를 갖고 과목을 선택하는 계기가 되었다고 함. 학급 신문 만들기 활동에서 중력에 대한 아리스토텔레스 모델의 이론적 오류에 대한 기사를 작성하여 이달의 신문왕으로 선정됨. 자연과학 테마 체험활동으로 우주 박물관을 선택하여 견학하고 소감문을 작성하여 제출하였음. 1742년 프랑스에서 시작한 항공 우주의 역사를 시작으로 1783년의 열기구 발명, 1999년 우리나라의 다목적 실용위성인 아리랑호 등에 이르기까지 연도별, 국가별 항공 우주의 발달에 대해 정리한 점이 두드러짐.

17. 통계학과

관심 있는 분야에 대해 전문가의 입장이 되어 강연할 수 있는 '세상을 바꾸는 나의 힘'에 참가하여 인문계열 학생과 팀을 이루어 '왜 수학적 사고가 필요한가?'를 주제로 무대에 섬. 전교생을 대상으로 정확한 의료분석을 할 때는 물론이고 소득의 불평등 측정과 같은 정확한 데이터를 추정할 수 있는 것이 바로 수학과 통계이며, 그렇기에 단순히 시험 성적만을 위한 공부가 되지 않아야 한다고 조언함. 학급 스터디모임에서 '수사모(수학을 사모하는 모임)'를 꾸려 생활 속에서 재미있게 수학을 적용하는 여러 방법들을 고민하고 토론하는 활동을 기획하여 주도함. 특히 학생들이 좋아하는 온라인 게임에서 아이템을 획득할 확률, 축구 게임에서 골을 넣을 가능성 등을 수학적으로 계산하여 테스트해보는 등의 재미있는 활동으로 꾸려나감.

18. 해양학과

교내 독서 발표 행사에서 '물의 자연사'를 읽고 해당 활동에 참여함. 비버, 프레리도그, 악어와 같은 동물 등이 연못, 하천, 바다의 흐름 등에 얼마나 많은 영향을 미치는지에 대해 깨닫고, 인간 중심적 사고의 위험성과 자연이 어떤 보복을 할지에 대해 경고함. 보통 사람들의 관심이 덜한 해양의 문제가 사실은 지구온난화와 밀접한 관계가 있음을 강조하기도 함. 미국, 멕시코만의 기름 유출 사고를 다룬 영화 '딥워터 호라이즌'을 감상하고 모든 인재는 미리 막을 수 있었음을 다시 한번 깨달음. 바다 밑 석유 자원을 시추하던 중 발생한 이 인재가 에너지 전환의 필요성을 말하고 있다는 느낌을 받았다는 내용으로 영화감상문을 작성함. 많은 사람들이 소홀히 하기 쉬운 해양 문제에 관해 꾸준한 관심을 보이고 있으며, 궁극적으로는 지구를 살리고 더불어 사는 삶의 중요성을 깨닫고 실천하려는 모습이 기특함.

💬 19. 화학과

'약물 오·남용 예방 교육'을 듣고 알코올이 기호식품이 아닌 중독성이 강한 약물이라는 사실에 호기심이 생겨 추가로 조사해 봄. 이 과정에서 음주와 숙취에 관여하는 알코올 분해효소와 아세트알데히드 분해효소가 사람마다 유전적으로 다르기 때문에 알코올 중독이 유전성이 높은 질환임을 알게 됨. 이를 바탕으로 학급 시간을 이용해 미래의 자녀를 위해 지나친 음주로 인한 중독이 일어나지 않도록 주의하자는 내용의 스피치를 발표함. 시험기간 중에 자주 이용하는 카페인 역시 향정신성 물질로 분류되어 있기에 과다 복용할 경우 건강에 악영향을 미칠 수 있음을 친구들에게 경고함. 과학실 청소를 담당하여 실험 약품의 주의사항을 꼼꼼히 조사하여 정리한 내용을 약품 용기에 부착하고 정확한 용도를 학습할 정도로 화학에 대한 관심이 남다른 학생임.

💬 20. 환경생명화학과

'지속가능한 개발 프로젝트'에서 환경을 주제로 참가함. 무심코 버려지는 폐기물이 환경에 어떤 영향을 미칠지 궁금하여 환경부의 대기오염, 수질오염, 토양오염, 환경소음 등의 통계자료를 참조하여 최근 십 년간의 추이를 비교함. 특히 항공기 소음, 타이어 소음, 층간 소음 등도 환경에 유해한 것으로 분류되어 측정 및 관리되고 있다는 사실을 알게 됨. 무엇보다 토양과 지하수 속의 농약성분 실태조사 결과에 관심을 보이며, 이 과정 중에 알게 된 살충제인 DDT가 사람의 인체에 미치는 영향과, 그 외 농업용 화학물질이 야생동물의 건강에 미치는 악영향에 대해 주목함. 이와 같은 내용들이 '침묵의 봄(레이첼 카슨)'에 처음 등장했다는 사실을 알고 책을 읽은 후 학급시간에 독후감을 작성하여 발표하였음.

2 동아리활동

 동아리활동은 크게 교과관련과 비교과관련 동아리활동으로 나눌 수 있다. 학생 각자의 목적과 동기를 반영하여 자발적으로 자유롭게 선택하는 것이 좋다. 자신의 소질과 적성을 계발할 수도 있고 심미적 감성을 함양할 수도 있기에, 어떤 것이 더 의미 있는지 경중을 따질만한 항목도 아니며 그렇게 평가되지도 않는다. 2024학년도 대입(졸업생 포함)부터 상급 학교 진학 시 자율동아리 실적을 제공하지 않으며, 학교교육계획에 의한 정규교육과정 이외의 청소년단체활동은 미기재(졸업생은 2024학년도 대입부터 상급 학교 미제공)한다.

학교생활기록부 영역	학업역량	진로역량	공동체역량
동아리활동	○	○	○

TIP 이렇게 기록하세요

📢 정규교육과정 내 동아리는 학년(학기)초에 구성하여 학년(학기)말까지 활동하는 것을 원칙으로 한다. 단, 부득이한 사유로 동아리를 변경한 경우, 학생이 활동한 내용을 동아리별로 모두 기록해야 한다.

📢 학생은 연간 1개 이상의 정규교육과정 내 동아리활동에 참여할 수 있다.

📢 동아리활동 영역은 자기평가, 학생상호평가, 교사 관찰 등의 방법으로 평가하여 참여도, 협력도, 열성도, 특별한 활동실적 등을 참고하여 실제적인 활동과 역할 위주로 입력한다.

📢 학교교육계획에 의한 학생의 자율동아리활동은 학기초에 구성(학기 중 구성된 자율동아리는 미입력)할 수 있으며, 학년 당 한 개만 입력한다. 자율동아리명을 입력하되, 필요시 동아리 소개를 30자 이내(동아리명과 공백 포함)로 입력할 수 있다.

📢 학교교육계획에 의한 정규교육과정 이외의 청소년단체활동은 청소년단체명만 입력(2021학년도 1학년부터 미기재)할 수 있다.

알아두면 쓸모있는 대입 잡학지식 ^{Information}

TIP.1 동아리활동을 통해 지원자의 관심분야와 흥미분야를 확인하고, 지원자의 전공(계열)적합성을 파악할 수 있다.

TIP.2 동아리활동 경험 중 문제해결능력, 생활태도, 도전정신, 열의 등 지원자의 특성을 확인한다. 즉, 동아리활동에서 지원전공에 대한 관심 및 역량과 더불어 활동에서 나타나는 역할과 과정이 모두 평가 대상이 될 수 있다.

TIP.3 입력 가능한 글자수를 고려하여, 객관적 활동내용과 학생 개인의 특성을 서술하는 부분을 적절히 배분하여 기록한다. 활동의 양보다는 질적인 깊이를 고려하고 전공과의 관련성, 학생의 장점 등이 잘 드러나는 부분 위주로 기록한다.

TIP.4 '학업 이외의 것도 소홀히 하지 않고 열정이 넘치는 학생', 그리고 '예체능 활동도 열심히 하는 학생'도 선발 과정에서 유의미하게 평가한다고 하니 반드시 교과에 관련된 동아리활동을 해야 좋은 평가를 받는 것은 아니다.

TIP.5 학교에서 학생이 원하는 교과가 개설되지 않은 경우 혹은 부족한 교과를 보완하거나 진로와 관련된 교과를 깊이 있게 탐구하기 위한 교과 동아리활동을 진행할 수도 있다.

TIP.6 탐구활동 경험이 중요해지긴 하였으나, 단순한 활동 경험의 유무로 학생을 평가하는 것은 아니다. 탐구활동이 어려운 환경이라면 주어진 여건 내에서 자신의 학업능력을 향상시키기 위해 노력한 부분을 평가한다.

TIP.7 '전공 관련 주제탐구 프로젝트'를 통해 전공 관련 핵심 교과의 후속활동이나 심화활동을 권하는 대학도 있다.

TIP.8 동아리에 가입한 동기와 특정 활동 주제를 선택한 이유 등을 기재해주는 것도 좋은 방법이며, 활동이 끝나면 반드시 자기평가나 동료평가, 소감문 등을 기록하게 한다. 면접에서는 해당 동아리활동에 얼마나 적극적으로 참여했는가에 대한 진위여부를 묻기도 한다.

면접 질문 예시

Q . 동아리활동 중 가장 의미 있었던 것은 무엇인가요?

Q . 해당 탐구주제를 선택한 이유는 무엇이며, 발생하는 어려움을 어떻게 극복하였나요?

Q . 방송부에 가입한 이유가 무엇이며, 가장 의미 있었던 활동은 무엇인가요?

Q . 여자 축구부에서 맡은 포지션은 무엇이며, 어떤 어려움이 있었나요?

자연계열 추천 동아리활동

LIST

천연자원연구반, 북한자원연구반, 화학실험반, 유전자연구반,
물리탐구반, 과학사탐구반, 과학실험반, 과학창의력반,
발명반, 과학신문잡지연구반, 요리연구반, 창업, 창직, 메이커, 방송반,
사회문제해결, 빅데이터, 적정기술, 영상제작, 드론동아리,
6차 산업, 과학융합, 수학탐구, 토론동아리(수학, 과학, 융합),
환경연구반, 미래기술연구반, 과학토론반 등

학과별 추천 동아리활동 및 활동 주제

농생물학과, 원예학과, 식물자원학과

우리꽃(나무)연구반, 식물자원연구반, 스마트팜연구반, 미래농업기술연구반, 친환경바이오융합연구반, 종자연구반, 토양연구반, 식물병리학연구반, 탐구주제 예시(비료연구, 식물바이러스, 곤충학, 교내 텃밭 가꾸기 등)

대기과학과

천체관측반, 기상/기후관측반, 과학사탐구반, 수학/물리토론반, 물리탐구반, 지구온난화대책연구반, 태풍연구반, 미세먼지연구반, 환경연구반, 해양연구반, 오존연구반, 탐구주제 예시(대기열역학, 대기광학, 에어로졸, 대기전자기학 등)

동물자원학과, 수의학과

동물주제토론반, 동물정책연구반, 동물질병연구반, 동물자원연구반, 동물학연구반, 수학반, 과학(생명과학, 화학 등)탐구반, 바이오생물연구반, 동물유전자연구반,동물용의약품연구반, 동물세포연구반, 동물행동연구반, 과학실험반, 탐구주제 예시(생태계와 환경, 동물 복지, 동물실험, 반려동물의 비만, 피부염, 전염병, 동물 안락사, 유기동물, 동물 재활 등)

물리학과, 화학과

과학토론반, 과학독서토론반, 과학실험반, 과학사연구반, 화학연구반, 탐구주제 예시(항균 물티슈 속 독성, 화장품의 방부제, 합성 플라스틱 생분해, 살충제 계란, 가습기 살균제, 신약 개발 등)

산림자원학과, 임학과

산림연구반, 지속가능발전연구반, 자원연구반, 광물자원연구반, 과학토론반, 환경연구반, 생태환경연구반, 산림바이오연구반, 산림환경보호반, 산림경영반, 탐구주제 예시(조림, 친환경, 산림휴양 등)

생명과학과, 생물학과

생명과학실험반, 생명과학토론반, 과학토론반, 생명윤리, 생명연구반(미생물과 세포 연구, 바이오 플라스틱, 유전자가위, 줄기세포), 백신연구반, 탐구주제 예시(바이오 에너지 산업, 나노기술과 의학 등)

수학과, 통계학과

수학탐구반, 수학문제풀이반, 생활수학연구반, 수학토론반(멘티홀 문제, SEIR 모형, 게임데이터로 승패 예측, 프로 야구 승률 예측, 베이즈 정리 등), 통계분석연구반, 탐구주제 예시(암호학, 공공 데이터, 금융 수학 등)

식품공학과, 식품생명공학과, 식품영양학과

식품조리반, 식품요리연구반, 청소년기영양연구반, 식품가공연구반, 미생물연구반, 바이오식품연구반, 식품의약연구반, 탐구주제 예시(식품품질연구, 발효, 배양육 등)

우주과학과, 천문우주학과

천체관측반, 과학사탐구반, 우주의학연구반, 수학/물리토론반, 물리탐구반, 항공우주연구반, 우주물리 반, 태양계연구반, 탐구주제 예시(인공위성, 화성 식민지, 천체물리 등)

의류학과, 의상학과

의상디자인반, 패션역사연구반, 섬유과학반, 디자인반, 업사이클링연구반, 생활과학반, 의류환경연구반

의생명과학과

의학영어논문읽기반, 다중미니인적성면접기출토론반, 과학실험반, 해부학, 의생명연구반, 의생명토론 부, 4차산업혁명의학연구반, 우주의학연구반, 원격의료, 뇌과학연구반, 재난의료연구반, 의료복지정책 연구반, 탐구주제 예시(살충제 계란, 가습기 살균제, 비만, 스트레스, 수면, 코로나19, 인공장기, 백신, 전 염병의 역사, 법곤충학 등)

지구환경과학과, 환경생명화학과

지속가능발전연구반, 생태계연구반, 미래환경연구반, 지구시스템과학반, 과학사연구반, 과학실험반, 과학토론반, 과학연구반, 과학과제탐구반, 지질과학탐구반, 환경오염연구반, 탐구주제 예시(수질 환경, 폐기물 처리 등)

해양학과, 지구해양학과

해양생태계연구반, 해양자원연구반, 해양쓰레기연구반, 해양바이오연구반, 과학사연구반, 과학실험반, 과학토론반, 과학연구반, 해양오염연구반, 해양과학연구반, 탐구주제 예시(플랑크론 생태계, 해양 세균 을 이용한 미세플라스틱 제거 등), 탐구주제 예시(수질 환경, 폐기물 처리 등)

자연계열 맞춤형 동아리활동 기재 예시

 01. 농생물학과

(식물연구반)(34시간) 4차 산업혁명과 스마트팜의 관계에 관심이 많아 농업진흥청과 연구소에 주기적으로 답사를 가는 등 관심분야에 대해 알고자 하는 열의가 넘침. '글로벌 종자 전쟁'이라는 이슈로 토론 활동을 제안하여 종자 전쟁의 중요성에 대한 인식을 높이는 데 기여함. 또한 산업 곤충의 생산과 유통에 필요한 기초 이론을 부원들과 스터디활동을 통해 익혀나감. 미래의 농산업에 꼭 필요한 요소들을 미리 꿰뚫어 보고 앞서나가는 선견지명을 지닌 우수한 학생임. 미세먼지 문제에 관심이 있어 공기정화식물에 대해 조사한 내용을 발표함. 식물이 자신을 보호하기 위해 내보내는 항균성 물질의 종류와 식물의 증산작용에 의한 정화 과정 등에 대해 막힘없이 설명하는 모습에 많은 학생들이 호응하였음.

 02. 대기과학과

(대기연구반)(34시간) 지구의 환경과 대기오염에 관심 있는 친구들과 동아리를 결성하여 지적 호기심과 탐구능력을 발휘하며 적극적으로 활동함. 날씨와 기후의 차이점에 대한 토론에서 날씨는 자주 변하는 것이고 기후는 안정적인 것이라 말하며, 오늘날의 기후가 안정적이지 못한 것에 대해 경각심을 가져야 한다는 발언을 계기로 지구온난화를 막기 위한 모둠별 활동을 주도함. 최근에 있었던 호주 산불의 원인이 기후 변화라는 기사를 읽고 해당 산불의 원인을 중심으로 2개월 동안 집중적으로 탐구함. 호주의 위성 관측 사진을 분석한 연구 결과를 바탕으로 교과선생님과 위성관측센터에 자문을 구하여 기후 변화와 산불의 관계를 밝히려 노력함. 또한 산불로 인한 에어로졸의 양, 대기 냉각 효과 등에 대해 학습한 결과를 정리하여 학기말에 진행되는 동아리 발표회에서 이를 발표하였음.

 03. 물리학과

(과학사탐구반)(34시간) 과학사를 통해 과학 전반의 역사를 이해하여 미래 과학의 발전을 도모하자는 의미로 과학에 관심 있는 친구들과 동아리를 조직함. 시기별 과학사 연구활동에서 계몽주의시대를 맡아 비주얼 싱킹으로 재미있고 이해하기 쉽게 표현함. 뉴턴, 데카르트, 파스칼, 오일러 등의 학자와 당시의 종교와 철학과의 관계까지 치밀하게 조사하였음. 이후 현대과학 분야에서 아인슈타인과 양자역학, 뵐러와 유기화학 등에 대해 깊은 관심을 보임. 평소 독서량이 많아 자료를 분석하고 요약 및 종합하는 능력이 다른 학생들에 비해 눈에 띄게 탁월함. 모둠별 주제탐구 시간에 유사과학을 주제로 사례를 조사하고 필요성에 대한 토론 활동에 참여함. 선풍기를 틀고 자면 저체온증으로 사망한다는 사례에 들며 선풍기의 작동원리가 저체온증과 무관하다는 것을 과학적으로 증명함.

04. 산림자원학과

(산림보호연구반)(34시간) '지구의 날'을 맞이하여 산림 보호를 위한 해외의 사례를 조사하던 중 인도네시아의 산불에 대해 접함. 이 산불이 우리가 매일 사용하는 팜유와 관계되어있으며, 팜유를 이용해 제품을 만드는 기업과 이를 사용하는 소비자 모두가 산림 파괴의 주범이었음을 알게 됨. 인간의 매일의 생활이 자연을 파괴하는 일임을 다시 한번 깨닫고 관련 내용을 카드뉴스와 포스터로 제작해 SNS에 게시하여 주변 사람들의 인식을 제고하기 위해 노력함. 이 과정 중에 산림 보호 구역을 관리하고 산림의 병해충을 예찰 및 방제하며 산불을 예방하고 진화하는 산림 보호법과 나무 의사에 대해 관심을 갖게 됨. 나무에 벌레가 침투하면 석탄산과 탄닌을 분비하여 벌레를 쫓는 것처럼 나무와 식물들도 사람과 같이 나름의 소통방식으로 자신을 보호한다는 사실을 알고, 자연이 보내는 신호를 연구하여 산림과 자연환경을 보호하는 일에 기여하겠다는 포부를 밝힘.

 05. 생명과학과

(생명과학실험반)(34시간) 수업 시간에 배운 내용으로 직접 실험을 설계하여 실행하며 동아리 반장으로서 리더십을 발휘하며 적극적으로 동아리를 이끌었음. 세포호흡과 무산소호흡, 플라스미드 DNA 제한효소처리 실험, 오징어 해부, 초파리 침색 염색체 관찰 등 조금이라도 호기심이 생기는 것은 직접 알아보고 실험하는 자세가 훌륭함. 우유의 부패 속도를 비교하는 실험을 통해 부패와 발효의 차이를 인식하고 물질대사 과정 전반에 대해 고찰함. 독립변수와 종속변수의 변화를 적절히 조절하여 다양한 값을 측정하고 처음 세운 가설과 비교함. 성공보다는 실패에 더 가치를 두며 예상한 값과 다를 경우에 오류의 원인을 찾는 일에 적극성을 보임. 직접 실험 재료를 조사하고 준비하며 동아리 부원들의 의견을 적극적으로 수용하는 조용한 카리스마가 넘침.

 06. 수의학과

(동물사랑반)(34시간) 동아리활동기획부장으로 1년간의 동아리활동 계획을 수립하여 주도적으로 운영하면서 소통과 경청의 리더십을 보여주었음. 버려지는 반려동물의 안락사 문제에 대한 토론 활동에서 반대 입장에 참여하여 논리적이고 설득력 있는 주장을 펼침. 특히 정부의 동물등록제를 보완하는 규정을 직접 만들어 제시하고 유기동물 보호기간 연장의 필요성 등에 대해 구체적 증거를 들어 설명함. 이후 동물 모양 배지를 제작하여 유기동물을 살리기 위한 캠페인활동을 주도함. 크라우드펀딩 활동을 기획하여 모은 수익을 유기견 센터의 사료비로 기부함. 동물들에게 자주 발생하는 피부염의 원인과 치료법 등에 대해 조사하면서 영어 자료까지 직접 번역해보려는 모습에서 자기주도성, 관심분야에 대한 열의, 영어 능력 등을 볼 수 있었음.

07. 수학과

(수학탐구반)(34시간) 과학을 공부하면서 과학의 기본이 수학임을 깨닫고, 수학에 관심 있는 친구들과 동아리를 결성함. 사회의 모든 현상을 수학적 정의로 규명하고 문제의식을 촉구할 수 있는 수단으로 수학이 사용될 수 있다는 사실에 흥미를 느낌. 생활 속 수학을 발견하는 활동을 기획하여, 친구들에게 수학 공부의 필요성과 유용성을 알려주기 위해 노력함. 과학수사를 위해 범인의 지문을 분석하는 코딩의 원리와 수학의 관계를 발견하고 직접 수식을 세워 봄. 급식소에서 줄을 설 때 항상 자신의 줄이 느리게 줄어든다고 불평하는 친구에게, 다른 줄이 빠르게 줄어드는 것이라 실제로 느린 줄에 섰음을 증명하며 '소드의 법칙'과 함께 설명해 줌. '평균의 종말(토드 로즈)'를 읽고, 편의상 사람들에게 도움을 주기 위해 평균값으로 정의 내린 일상의 원칙들이 오히려 인간을 낙인찍거나 비하의 원인이 될 수 있음을 깨닫고 평균의 함정에 빠지지 말아야겠다고 생각함.

 08. 식품영양학과

(먹거리연구반)(34시간) 몸에 좋은 미래의 먹거리연구반의 부반장으로 반장 못지않은 존재감을 보여주며 동아리를 활성화시키는 일에 앞장섬. 도시인구 증가와 애그플레이션의 영향이 인류의 먹거리에 미치는 영향에 대해 조사하여 발표함. 한국판 뉴딜과 관련한 애그테크의 발달을 강조하며 친환경수경재배에 남다른 관심을 보임. 이에 베이스 돔트레이에 허브 씨앗을 심어 직접 친환경수경재배를 시도해 봄. 이후 페트병을 활용하여 상추를 심어 수확물을 기부하는 활동을 기획하여 한 학기동안 진행함. 지역의 발전을 도모하고, 인간의 건강을 증진시키며, 환경에 해가 없는 우리 먹거리를 만들겠다는 목표에 도달하기 위해 도전하고 노력하는 모습이 타의 모범이 되는 훌륭한 학생임.

 09. 우주과학과

(우주과학탐구반)(34시간) 국제기구의 국제우주정거장에 참여하고 싶다며 동아리에 가입하여 2년간 꾸준히 활동을 이어가는 성실한 학생임. 우주에 스마트 시티를 건설하는 장기 프로젝트를 주도하였음. 특히 우주 식물 재배 부분을 맡아 각 행성들의 특징을 치밀하게 조사하여 행성별 재배 가능한 식물들을 추천하거나 인공식품을 제시하기도 함. 이를 위해 영화 '마션'에서 감자를 재배한 원리를 상세히 조사하여 발표하였으며, 이 과정에서 네덜란드 연구진들이 화성과 동일한 조건하에 식물을 재배한 연구 성과를 조사해 봄. 조별 연구 기간에는 다중평면 우주이론에 대해 알아보기 위해 전문서적과 학회의 발표를 참고하여 어려운 용어를 스스로 익히고 꼬리에 꼬리를 무는 조사를 이어나감. 포기하지 않는 근성을 보여주어 우주에서 살아남을 최후의 1인으로 꼽힘.

10. 의류학과

(디자인과학반)(34시간) 의류의 실용성과 친환경성에 관심이 많은 학생으로 특히 인체공학적 디자인과 섬유에 대한 관심이 남다름. 그 중 사람들의 각기 다른 신체를 고려하지 않고 디자인에 치중한 겉모습만 다른 획일적인 속옷에 불만을 갖고, 가격이 저렴하면서 커스터마이징할 수 있는 방법에 대해 조사하여 발표하였음. 또한 동물 학대를 반대하며 모피를 대체할 만한 섬유에 대해 알아보다가 프리마로프트에 대해 호기심을 갖고 집중 조사함. 이 섬유의 유일한 단점인 불에 취약한 점을 보완할 수 있는 방법으로 방화복의 특성과 연계할 수 있는 방안에 대해 고민함. 이 과정 중에 아라미드 섬유와 난연 소재를 혼방해 만든 융복합 방적사에 대해 관심을 보이며, 방염 성능이 강화된 소방관 방화복을 제작하여 그들의 안전을 지키는 일에 도움을 주고 싶다는 의지를 밝힘.

 11. 의생명과학과

(의생명과학반)(34시간) 이태석 신부를 존경하게 된 순간부터 의사의 꿈을 키우게 되었다는 학생으로, 의료 지원이 취약한 지역의 의료 복지에 관심이 많은 학생임. 코로나19로 인해 인도의 계급사회까지 무너졌다는 기사를 읽고 인류 역사를 바꾼 5대 전염병에 대해 조사해 봄. 도서 '텔로미어(마이클 포셀)'를 읽고 항노화와 텔로미어의 관계에 대해 조사하여 발표함. 의사라는 직업의 사명감과 윤리의식에 대한 신념이 뛰어난 학생으로 많은 친구들의 신망을 받고 있으며, 우수한 영어 실력으로 어려운 영어 자료를 찾아 읽는데 어려움이 없음. '하리하라의 바이오 사이언스(이은희)'를 읽고 유전병과 유전학에 대해 관심을 갖게 되었으며, 연구를 통해 생명을 구하는 일도 의미가 있다고 생각하여 의생명과학에 대한 진로를 구체화함.

 12. 지구해양학과

(해양연구반)(34시간) 해양생태계와 해양자원에 관심이 많아 해당 동아리에 가입하여 자기주도성과 훌륭한 파트너십을 발휘하였음. '알바트로스의 꿈'이라는 다큐멘터리에서 죽은 알바트로스의 뱃속이 플라스틱 쓰레기로 가득한 사진을 보고 해양 오염의 심각성을 알리는 캠페인활동을 기획함. 단순히 감정적인 호소에 집중하기보다는 해양 오염이 인간에게 미치는 해악과 생태계 균형의 파괴로 인한 영향 등에 대해 객관적인 자료를 제시하여 교내 학생들이 환경에 대해 다시 한번 생각하는 계기가 됨. 동아리 체험 행사 기간에 국립해양생물자원관을 견학한 뒤 불법 포획으로 인해 희생되는 해양 동물을 보호하는 일에 관심을 갖게 되었으며, 해양 생물을 활용한 신약 개발 연구와 바이오 디젤, 실크 섬유 추출과 같은 산업 분야에 대해 새롭게 알게 되면서 해양 생태계에 대한 관심을 확고히 하였음.

13. 통계학과

(통계사랑반)(34시간) 애매한 것을 싫어하고 확실한 것을 좋아하는 친구들과 수학탐구반을 조직하여 실생활에 적용되는 수학적 원리에 대해 조사하고 직접 계산하는 활동을 진행함. 몬티홀 문제를 직접 증명하고 애매한 결과를 토론하며 수학선생님의 피드백을 통해 해결 과정을 검증받음. 파스칼이 페르마와 주고받은 서신 중 도박에 관련된 문제를 직접 풀어본 후, 동전 던지기와 같은 도박에서 앞이나 뒤가 나올 확률을 예측하는 것은 거의 불가능하며 확률 이론이라는 것이 사람의 직관과 일치하지 않을 수 있기에 우연과 확률을 정확히 구별할 수 있어야 한다고 발표함. 정해진 방법이 아닌 새로운 방식으로 사고하는 창의력과 수학적 사고력이 우수함. 특히 친구들이 자주 하는 게임에서 원하는 아이템이 나오는 확률을 직접 계산하고 의료진단에 자주 쓰이는 베이즈 정리에 대해 스스로 학습하는 등 우수한 학업 역량이 남다른 학생임.

 14. 화학과

(과학탐구반)(34시간) 수업시간에 미세플라스틱으로 인한 환경오염에 대해 배우고 난분해성 플라스틱을 대체할 수 있는 친환경 소재에 대해 탐구하는 활동을 주도적으로 이어나감. 생분해가 가능한 친환경적 성분들과 물리·화학적 기술에 대한 자료조사를 통해 환경 문제를 극복하려는 의지를 엿볼 수 있었으며, 자료를 조사하고 분석하는 탁월한 능력이 돋보였음. 특히 나노셀룰로스에 관심을 보이며, 이를 이용한 친환경 도시를 가상으로 디자인하는 놀라운 상상력을 보여줌. 신문 기사에서 나노셀룰로스의 일종인 셀룰로스 나노결정체에서 환경오염을 유발하는 황산이 다량 배출되었다는 기사를 읽고 관련 내용에 대해 추가 탐구하면서, 비용이 저렴하고 환경친화적인 물질을 개발하여 인류와 지구의 건강을 지키는 일에 참여하고 싶다고 다짐함.

 15. 환경생명화학과

(지속가능한개발반)(34시간) 우리 모두의 공동 재산인 환경을 소중히 관리하여 후손에게 물려주자는 취지로 해당 동아리에 가입하여 활동함. 토양, 비료, 농약, 생화학, 응용미생물, 식품가공 분야로 나누어 모둠별 심화 탐구를 제안함. 농약연구조에 속하여 토양 속 농약 성분과 먹거리에서 검출되는 잔류 농약에 대한 통계자료를 수집하고, 이것이 야기할 수 있는 다양한 문제점에 대해 조사하였음. 활동을 통해 대기오염으로 인한 환경오염이 빗물에 용해되어 다시 토양을 오염시킨다는 단순한 사실을 망각했음을 깨닫고, 환경을 살리는 것은 모두의 연대와 화합이 필요한 중대한 일임을 알리기 위해 캠페인활동을 기획함. 토양을 복원하는 일에는 시간이 오래 걸리므로 앞으로의 예방도 중요하다고 판단함. 토양 오염 문제를 개선하기 위해 농약과 화학비료사용 문제 개선, 토양 유실 예방, 사막화 방지 등에 대해 더 연구하고 싶다고 생각함.

3 봉사활동

봉사활동은 무보수성, 자발성, 공익성, 비영리성, 비정파성, 비종파성의 원칙하에 자발적으로 개인이나 사회에 기여하고 나누는 활동이다. 공감능력, 배려심, 나눔 등을 실천하는 것에서, 환경을 사랑하고 사회문제를 해결하는 활동에 이르기까지 모두 봉사활동에 포함된다. 2024학년도 대입(졸업생 포함)부터 상급 학교 진학 시 '학교' 봉사활동 실적은 제공하나, '개인' 봉사활동 실적은 제공하지 않는다.

학교생활기록부 영역	학업역량	진로역량	공동체역량
봉사활동		○	○

TIP 이렇게 기록하세요

📢 봉사활동 실적은 학교교육계획에 의해 실시한 봉사활동만 입력 가능하며, 학생 개인계획에 의해 실시한 봉사활동은 학교장이 승인한 경우만 입력한다.

📢 학생의 징계, 학교폭력 관련 조치사항 등에 의한 학교에서의 봉사, 사회봉사, 출석정지 기간의 봉사활동, 범죄에 연루된 사회봉사, 미인정 결석 중 실시한 봉사활동은 봉사활동 실적으로 입력하지 않는다.

📢 동일 기관에서 같은 내용으로 봉사활동을 지속적으로 한 경우에는 학기말 또는 학년말에 합산하여 시간 단위로 입력할 수 있다. (합산하여 1시간이 안 되는 경우는 버린다.)

📢 봉사활동 시간은 1일 8시간 이내로 인정하는 것이 원칙이며, 평일 수업시간이 7교시인 경우 1시간, 6교시인 경우 2시간, 4교시인 경우 4시간, 휴업일인 경우 8시간 이내로 인정한다.

📢 헌혈은 1일 최대 봉사활동 인정 가능 시간(8시간)의 제한을 받지 아니하고, 1회당 4시간으로 연 3회의 범위 내에서 실적으로 인정한다.

📢 봉사활동 시간은 다른 창의적 체험활동 영역의 시간과 중복하여 인정할 수 없다.

알아두면 **쓸**모있는 **대입 잡**학지식

TIP.1 학교교육계획하에 교사가 관찰한 봉사활동은 필요한 경우 '행동특성 및 종합의견'란에 기재 가능하므로, 학생이 봉사활동을 시작한 동기와 활동 특이사항 등을 기록한다.

TIP.2 지속적이고 자발적인 봉사활동이 평가에 영향을 미친다.

TIP.3 개인 봉사활동 미반영으로 인해, 학급이나 모둠 단위로 교과에서 배운 내용을 나누고 사회나 지역의 문제점을 찾아 개선하는 프로젝트형 봉사활동을 많이 하는 추세이다.

면접 질문 예시

Q. 봉사활동에 참여한 이유는 무엇이고 어떤 역할을 맡았나요?

Q. 활동 중 어려웠던 점과, 활동을 통해 배운 점은 무엇인가요?

Q. 학생이 생각하는 봉사활동의 의미는 무엇일까요?

자연계열 맞춤형 봉사활동

LIST

학급별 프로젝트 봉사, 교내 과학의 날 행사 도우미 및 부스운영,
요양원 위문, 장애 친구 돕기, 친환경 생활 캠페인,
시각장애인용 e북 워드 봉사, 청각장애인용 자막 달기, 복지시설 위문,
소외 계층 대상 재능 기부, 자원 재활용(업사이클링, 리사이클링),
학교폭력 예방 캠페인, 쓰레기 분리수거 도우미, 에너지 절전 도우미,
급식 도우미, 사서 도우미, 교내외 환경정화 활동, 통합반 도우미,
학습 멘토링활동, 학교 행사 지원활동, 청소년 복지시설 봉사활동,
선플 달기 등

학과별 추천 봉사활동 및 활동 주제

농생물학과, 원예학과, 식물자원학과

교내 미니 숲 조성, 씨앗과 나무 키우기, 우리 식물 알리기, 교내 텃밭 가꾸기, 다문화 이해 활동, 학급별 프로젝트, 교내 과학의 날 행사 도우미 및 부스운영, 요양원 위문, 장애 친구 돕기, 친환경 생활 캠페인, 복지시설 위문, 소외 계층 대상 재능 기부, 자원 재활용, 쓰레기 분리수거 도우미, 에너지 도우미, 급식 도우미, 사서 도우미, 교내외 환경정화 활동, 통합반 도우미, 학습 멘토링활동, 학교 행사 지원활동, 청소년 복지시설 봉사활동, 선플 달기

대기과학과

지구온난화 대책 연구 및 캠페인, 미세먼지 연구 및 알리미, 대기오염 연구 및 모니터링, 해양 쓰레기 대책 조성 활동, 오존 연구, 청소년유해환경 감시단, 사회문제해결 활동, 플로깅 활동, 기후 위기 대응, 학급별 프로젝트, 교내 과학의 날 행사 도우미 및 부스운영, 요양원 위문, 장애 친구 돕기, 친환경 생활 캠페인, 자원 재활용, 쓰레기 분리수거 도우미, 에너지 도우미, 사서 도우미, 교내외 환경정화 활동, 통합반 도우미, 학습 멘토링활동

동물자원학과, 수의학과

동물 정책 연구, 유기동물 캠페인, 수학/과학 멘토링, 복지시설 위문, 인공육/배양육 연구 활동, 학급별 프로젝트, 교내 과학의 날 행사 도우미 및 부스운영, 요양원 위문, 장애 친구 돕기, 친환경 생활 캠페인, 시각장애인용 e북 워드 봉사, 청각장애인용 자막 달기, 복지시설 위문, 소외 계층 대상 재능 기부, 자원 재활용, 학교폭력 예방 캠페인, 쓰레기 분리수거 도우미, 사서 도우미, 교내외 환경정화 활동, 통합반 도우미, 학습 멘토링활동, 학교 행사 지원활동, 청소년 복지시설 봉사활동, 선플 달기

물리학과, 화학과

물리/화학 멘토링활동, 유해 약물 실태조사 및 모니터링, 과학 실험 도우미, 일회용품 제한 캠페인, 생활 속 유해 물질 조사, 학급별 프로젝트, 교내 과학의 날 행사 도우미 및 부스운영, 요양원 위문, 친환경 생활 캠페인, 소외 계층 대상 재능 기부, 자원 재활용, 학교폭력 예방 캠페인, 쓰레기 분리수거 도우미, 에너지 도우미, 급식 도우미, 사서 도우미, 교내외 환경정화 활동, 통합반 도우미, 학습 멘토링활동, 학교 행사 지원활동, 청소년 복지시설 봉사활동

산림자원학과, 임학과

지속가능한 발전 연구반 자원 연구 활동, 북한 연구, 교내 텃밭 가꾸기, 친환경 에너지 절약 캠페인, 자연보호 캠페인, 학급별 프로젝트, 교내 과학의 날 행사 도우미 및 부스운영, 친환경 생활 캠페인, 시각장애인용 e북 워드 봉사, 청각장애인용 자막 달기, 복지시설 위문, 자원 재활용, 쓰레기 분리수거 도우미, 에너지 도우미, 급식 도우미, 사서 도우미, 교내외 환경정화 활동, 학습 멘토링활동, 학교 행사 지원활동, 청소년 복지시설 봉사활동, 선플 달기

생명과학과, 생물학과

과학실험 도우미, 학습 멘토링활동, 생명 존중 캠페인, 자살 예방 캠페인, 학교폭력예방 캠페인, 학급별 프로젝트, 교내 과학의 날 행사 도우미 및 부스운영, 요양원 위문, 장애 친구 돕기, 친환경 생활 캠페인, 시각장애인용 e북 워드 봉사, 청각장애인용 자막 달기, 복지시설 위문, 소외 계층 대상 재능 기부, 자원 재활용, 쓰레기 분리수거 도우미, 에너지 도우미, 급식 도우미, 사서 도우미, 교내외 환경정화 활동, 청소년 복지시설 봉사활동, 선플 달기

수학과, 통계학과

학습 멘토링활동, 수학 도우미, 통합반 도우미, 학급별 프로젝트, 교내 과학의 날 행사 도우미 및 부스운영, 요양원 위문, 장애 친구 돕기, 친환경 생활 캠페인, 시각장애인용 e북 워드 봉사, 청각장애인용 자막 달기, 복지시설 위문, 소외 계층 대상 재능 기부, 자원 재활용, 학교폭력 예방 캠페인, 쓰레기 분리수거 도우미, 에너지 도우미, 급식 도우미, 사서 도우미, 학교 행사 지원활동, 청소년 복지시설 봉사활동, 선플 달기

식품공학과, 식품생명공학과, 식품영양학과

급식 도우미, 빈곤 캠페인, 어르신 도시락 배달, 아침밥 먹기 운동, 잔반 줄이기 캠페인, 학급별 프로젝트, 교내 과학의 날 행사 도우미 및 부스운영, 요양원 위문, 장애 친구 돕기, 친환경 생활 캠페인, 시각장애인용 e북 워드 봉사, 청각장애인용 자막 달기, 복지시설 위문, 소외 계층 대상 재능 기부, 자원 재활용, 학교폭력 예방 캠페인, 쓰레기 분리수거 도우미, 에너지 도우미, 급식 도우미, 사서 도우미, 교내외 환경정화 활동, 통합반 도우미, 학습 멘토링활동, 청소년 복지시설 봉사활동, 선플 달기

우주과학과, 천문우주학과

과학시간 도우미, 도서관 사서 도우미, 학급별 프로젝트, 교내 과학의 날 행사 도우미 및 부스운영, 요양원 위문, 친환경 생활 캠페인, 시각장애인용 e북 워드 봉사, 청각장애인용 자막 달기, 복지시설 위문, 소외 계층 대상 재능 기부, 자원 재활용, 학교폭력 예방 캠페인, 쓰레기 분리수거 도우미, 에너지 도우미, 교내외 환경정화 활동, 통합반 도우미, 학습 멘토링활동, 학교 행사 지원활동, 청소년 복지시설 봉사활동, 선플 달기

의류학과, 의상학과

벽화 그리기, 바닥의 껌 제거 및 디자인화, 업사이클링, 학급별 프로젝트, 교내 과학의 날 행사 도우미 및 부스운영, 요양원 위문, 장애 친구 돕기, 친환경 생활 캠페인, 시각장애인용 e북 워드 봉사, 청각장애인용 자막 달기, 복지시설 위문, 소외 계층 대상 재능 기부, 자원 재활용, 학교폭력 예방 캠페인, 쓰레기 분리수거 도우미, 에너지 도우미, 급식 도우미, 사서 도우미, 교내외 환경정화 활동, 통합반 도우미, 학교 행사 지원활동, 청소년 복지시설 봉사활동, 선플 달기

의생명과학과

영어/과학/수학 멘토링, 체온 측정 도우미, 전래 동화 번역, 교통 약자용 지도 제작, 시각장애인용 점자 제작, 손세정제 만들어 나누기, 학급별 프로젝트, 교내 과학의 날 행사 도우미 및 부스운영, 요양원 위문, 장애 친구 돕기, 친환경 생활 캠페인, 시각장애인용 e북 워드 봉사, 청각장애인용 자막 달기, 복지시설 위문, 소외 계층 대상 재능 기부, 자원 재활용, 학교폭력 예방 캠페인, 쓰레기 분리수거 도우미, 에너지 도우미, 급식 도우미, 사서 도우미, 교내외 환경정화 활동, 통합반 도우미, 학습 멘토링활동, 학교 행사 지원활동, 청소년 복지시설 봉사활동, 선플 달기

지구환경과학과, 환경생명화학과

지역사회 문제해결 활동, 에너지 도우미, 교내 환경 캠페인, 유해물질 조사 및 감시단, 분리수거 활동 및 캠페인, 학급별 프로젝트, 교내 과학의 날 행사 도우미 및 부스 운영, 요양원 위문, 장애 친구 돕기, 친환경 생활 캠페인, 시각장애인용 e북 워드 봉사, 청각장애인용 자막 달기, 복지시설 위문, 소외 계층 대상 재능 기부, 자원 재활용, 학교폭력 예방 캠페인, 에너지 도우미, 급식 도우미, 사서 도우미, 교내외 환경정화 활동, 통합반 도우미, 학습 멘토링활동, 학교 행사 지원활동, 청소년 복지시설 봉사활동, 선플 달기

해양학과, 지구해양학과

해양생태계 보호 캠페인, 해양 세균 연구, 학급별 프로젝트, 교내 과학의 날 행사 도우미 및 부스운영, 요양원 위문, 친환경 생활 캠페인, 시각장애인용 e북 워드 봉사, 청각장애인용 자막 달기, 복지시설 위문, 소외 계층 대상 재능 기부, 자원 재활용, 학교폭력 예방 캠페인, 쓰레기 분리수거 도우미, 에너지 도우미, 급식 도우미, 사서 도우미, 교내외 환경정화 활동, 통합반 도우미, 학습 멘토링활동, 학교 행사 지원활동, 청소년 복지시설 봉사활동, 선플 달기

4 진로활동

진로활동은 진로뿐 아니라 진학과 직업, 그리고 인생 전반에 걸쳐 필요한 것을 배우고 찾아가는 모든 활동을 포함한다. 진로를 결정한 학생이든 아직 결정하지 못한 학생이든 새로운 길을 개척하고 도전하는 모든 것들이 진로활동에 해당한다. 2024학년도 대입(졸업생 포함)부터 상급 학교 진학 시 영재·발명교육 실적은 제공하지 않는다.

핵심평가요소

학교생활기록부 영역	학업역량	진로역량	공동체역량
진로활동	○	○	○

TIP 이렇게 기록하세요

📢 학생의 진로희망(희망분야 또는 희망직업)은 '특기사항' 내의 '희망분야'란에 입력하며, 이와 관련된 내용은 상급 학교 진학 시 전형자료로 제공하지 않는다.

· 관심분야나 희망직업은 커리어넷(www.career.go.kr) 직업정보의 직업분류를 참고함.
· 기재 누락과 구분하기 위해 학생이 진로희망을 정하지 못한 경우에도 입력하며, '진로탐색 중임', '현재 진로희망 없음' 등으로 입력할 수 있다.

📢 '특기사항'란의 단순한 나열식 입력은 지양하며, 실제적인 활동과 역할 위주로 입력한다. 진로 희망분야와 각종 진로검사 및 진로상담결과, 관심분야 및 진로희망과 관련된 학생의 활동내용 등 학생의 진로 특성이 드러나는 사항을 담임교사가 입력한다.

📢 진로활동 특기사항은 활동 장소가 국내일 경우에 한하여 입력하며 구체적 입력 가능한 활동은 아래와 같다.

• 학교교육계획에 의해 학교가 주최하고 주관한 체험활동
• 타 고등학교에서 주최하고 주관한 체험활동 중 학교장이 승인한 체험활동
• 타 고등학교에서 주최하고 주관한 국내 체험활동 중 학교장이 승인한 체험활동
• 교육관련기관에서 주최하고 주관하여 실시한 국내체험활동 중 학교장이 승인한 체험활동

📢 특기사항의 활동실적(내용)의 구체적인 특정 대학명, 기관명(기구, 단체, 조직 등 포함), 상호명, 강사명은 입력하지 않는다.

알아두면 쓸모있는 대입 잡학지식

TIP.1 진로활동란은 자신의 관심과 진로에 맞는 활동으로 채워나갈 수도 있으나, 새로운 분야를 개척하고 다양한 탐색을 시도하는 모든 활동을 포함할 수 있어 학교생활기록의 다른 항목들에 비해 전반적이고 종합적인 내용을 아우를 수 있는 항목이다.

TIP.2 활동에 단순 참여한 사실을 기록하기보다는 활동 참여 동기, 활동과정에서 자기주도성 발휘 사례, 활동결과에 대한 개인적 성찰 등이 드러나는 입체적인 기록을 남기는 것이 대입에 유리하다.

TIP.3 대학에서는 학교생활기록부의 타 영역과 연계하여 학생의 지원동기 및 진로탐색에 대한 의지 등을 판단하는 자료로 활용한다.

TIP.4 1, 2학년 때에 진로를 찾지 못한 경우에는 다양한 활동과 경험을 통해 학년이 올라갈수록 자신의 적성과 소질, 관심 등을 찾아가는 모습을 보여주는 것이 좋다.

TIP.5 진로희망사항이 대입전형자료로 제공되지 않기에 진로가 뚜렷하다면 좀 더 깊이 있는 활동을 통해 전공적합성을 드러낼 수 있도록 하고, 아직 진로가 뚜렷하지 않거나 중간에 변경된 경우에는 진로를 찾기 위한 노력, 진로가 변경된 계기 등을 기재해주는 것이 좋다.

TIP.6 '융합주제탐구 프로젝트' 등을 통해 교과의 융합을 시도하고, 그 성과를 구체화하여 기재해주는 것도 특별한 진로활동의 방법이 될 수 있다.

면접 질문 예시

Q . 진로를 결정한 직접적인 계기는 무엇인가요?

Q . 진로를 탐색하기 위해 노력한 점은 어떤 것이 있나요?

Q . 대학 진학 후 어떠한 방식으로 진로를 확장할 계획인가요?

Q . 해당 전공에 필요한 자질이 무엇이라 생각하나요?

Q . 진로를 변경한 계기가 무엇인가요?

자연계열 맞춤형 진로활동

LIST

진로심리검사, 희망전공 탐색, 대학 정보탐색, 진학 설계,
직업 정보탐색, 직업인 인터뷰, 진로 독서활동, 직업인 초청 특강,
롤모델 탐구활동, 직업체험활동, 진로포트폴리오 작성활동,
대학생 멘토링활동, 전공체험의 날 등

학과별 추천 진로활동 및 활동 주제

농생물학과, 원예학과, 식물자원학과

대학 학과(농업, 농생물, 원예, 식물자원 관련 학과) 탐방활동, 진로탐색 주간 관심 주제 발표, 직업인 인터뷰 활동, 직업(농업, 농생물, 원예, 식물자원 관련 직업) 체험활동, 농업/농생물/원예/식물자원 기관 및 기업 탐방(농촌진흥청, 국립식량과학원, 농림수산식품부, 한국식물원연구소, 국립종자원, 화훼시장 등), 직업인 초청 특강, 나의 꿈 발표하기 활동, 진로포트폴리오 만들기 활동, 진로심리검사 활동, 직업체험활동, 전공 체험의 날 활동, 진로 로드맵 작성, 롤모델 발표 등

대기과학과

대학 학과(대기과학 관련 학과) 탐방활동, 진로탐색 주간 관심 주제 발표, 직업인 인터뷰 활동, 직업(대기과학 관련 직업) 체험활동, 대기과학 기관 및 기업 탐방(기상청, 천문대, 천체관측관, 한국환경공단, 국립기상과학원 등), 직업인(대기과학 분야 직업) 초청 특강, 나의 꿈 발표하기 활동, 진로포트폴리오 만들기 활동, 진로심리검사 활동, 직업체험활동, 전공 체험의 날 활동, 진로 로드맵 작성, 롤모델 발표

동물자원학과, 수의학과

대학 학과(동물, 수의학 관련 학과) 탐방활동, 진로탐색 주간 관심 주제 발표, 직업인 인터뷰 활동, 직업(동물, 수의학 관련 직업) 체험활동, 동물자원/수의학 관련 기관 및 기업 탐방(동물원, 유기 동물보호 센터, 동물병원, 야생 동물 구조 센터, 한국동물약품협회 등), 직업인(동물, 수의학 분야 직업) 초청 특강, 나의 꿈 발표하기 활동, 진로포트폴리오 만들기 활동, 진로심리검사 활동, 직업체험활동, 전공 체험의 날 활동, 진로 로드맵 작성, 롤모델 발표

물리학과, 화학과

대학 학과(물리, 화학 관련 학과) 탐방활동, 진로탐색 주간 관심 주제 발표, 직업인 인터뷰 활동, 직업(물리, 화학 관련 직업) 체험활동, 물리/화학 관련 기관 및 기업 탐방(과학기술연구원, 화장품 공장, 물리/화학 관련 연구소, 한국물리학회, 한국화학회, 한국에너지기술연구원 등), 직업인(물리, 화학 분야 직업) 초청 특강, 나의 꿈 발표하기 활동, 진로포트폴리오 만들기 활동, 진로심리검사 활동, 직업체험활동, 전공 체험의 날 활동, 진로 로드맵 작성, 롤모델 발표

산림자원학과, 임학과

대학 학과(산림자원, 임학 관련 학과) 탐방활동, 진로탐색 주간 관심 주제 발표, 직업인 인터뷰 활동, 직업 (산림자원, 임학 관련 직업) 체험활동, 산림자원/임학 관련 기관 및 기업 탐방(국립산림과학원, 산림청, 국립공원사무소 등), 직업인(산림자원, 임학 분야 직업) 초청 특강, 나의 꿈 발표하기 활동, 진로포트폴리오 만들기 활동, 진로심리검사 활동, 직업체험활동, 전공 체험의 날 활동, 진로 로드맵 작성, 롤모델 발표

생명과학과, 생물학과

대학 학과(생명과학 관련 학과) 탐방활동, 진로탐색 주간 관심 주제 발표, 직업인 인터뷰 활동, 직업(생명과학 관련 직업) 체험활동, 생명과학 관련 기관 및 기업 탐방(국립농업과학원, 국립식량과학원, 한국생물학연구원, 동물원, 식물원, 한국생명공학연구원 등), 직업인 초청 특강, 나의 꿈 발표하기 활동, 진로포트폴리오 만들기 활동, 진로심리검사 활동, 직업체험활동, 전공 체험의 날 활동, 진로 로드맵 작성, 롤모델 발표

수학과, 통계학과

대학 학과(수학, 통계학 관련 학과) 탐방활동, 진로탐색 주간 관심 주제 발표, 직업인 인터뷰 활동, 직업(수학, 통계학 관련 직업) 체험활동, 수학/통계학 관련 기관 및 기업 탐방(통계청, 수리과학 연구원, 한국데이터산업진흥원, 과학관 등), 직업인 초청 특강, 나의 꿈 발표하기 활동, 진로포트폴리오 만들기 활동, 진로심리검사 활동, 직업체험활동, 전공 체험의 날 활동, 진로 로드맵 작성, 롤모델 발표

식품공학과, 식품생명공학과, 식품영양학과

대학 학과(식품 관련 학과) 탐방활동, 진로탐색 주간 관심 주제 발표, 직업인 인터뷰 활동, 직업(식품 관련 직업) 체험활동, 식품 관련 기관 및 기업 탐방(보건복지부, 농촌진흥청, 음식회사, 식약처 등), 직업인 초청 특강, 나의 꿈 발표하기 활동, 진로포트폴리오 만들기 활동, 진로심리검사 활동, 직업체험활동, 전공 체험의 날 활동, 진로 로드맵 작성, 롤모델 발표

우주과학과, 천문우주학과

대학 학과(우주과학 관련 학과) 탐방활동, 진로탐색 주간 관심 주제 발표, 직업인 인터뷰 활동, 직업(우주과학 관련 직업) 체험활동, 우주과학 관련 기관 및 기업 탐방(우주체험센터, 우주박물관, 천체박물관, 천체관측관 등), 직업인 초청 특강, 나의 꿈 발표하기 활동, 진로포트폴리오 만들기 활동, 진로심리검사 활동, 직업체험활동, 전공 체험의 날 활동, 진로 로드맵 작성, 롤모델 발표

의류학과, 의상학과

대학 학과(의류 및 의상 관련 학과) 탐방활동, 진로탐색 주간 관심 주제 발표, 직업인 인터뷰 활동, 직업(의류 및 의상 관련 직업)체험활동, 의류 및 의상 관련 기관 및 기업 탐방(의류산업 공장, 의류회사, 패션쇼 등), 직업인 초청 특강, 나의 꿈 발표하기 활동, 진로포트폴리오 만들기 활동, 진로심리검사 활동, 직업체험활동, 전공 체험의 날 활동, 진로 로드맵 작성, 롤모델 발표

의생명과학과

대학 학과(의생명과학 관련 학과) 탐방활동, 진로탐색 주간 관심 주제 발표, 직업인 인터뷰 활동, 직업(의생명과학 관련 직업) 체험활동, 의생명과학 관련 기관 및 기업 탐방(병원, 요양원 등), 직업인 초청 특강, 나의 꿈 발표하기 활동, 진로포트폴리오 만들기 활동, 진로심리검사 활동, 직업체험활동, 전공 체험의 날 활동, 진로 로드맵 작성, 롤모델 발표

지구환경과학과, 환경생명화학과

대학 학과(환경 관련 학과) 탐방활동, 진로탐색 주간 관심 주제 발표, 직업인 인터뷰 활동, 직업(환경 관련 직업)체험활동, 환경 관련 기관 및 기업 탐방(환경 공단, 국립환경과학원, 한국수자원공사, 한국광물자원공사, 환경세미나, 환경보호단체활동, 환경 관련 회사 등), 직업인 초청 특강, 나의 꿈 발표하기 활동, 진로포트폴리오 만들기 활동, 진로심리검사 활동, 직업체험활동, 전공 체험의 날 활동, 진로 로드맵 작성, 롤모델 발표

해양학과, 지구해양학과

대학 학과(해양 관련 학과) 탐방활동, 진로탐색 주간 관심 주제 발표, 직업인 인터뷰 활동, 직업(해양 관련 직업)체험활동, 해양 관련 기관 및 기업 탐방(아쿠아리움, 국립수산과학원, 한국해양수산연구원, 국립수산과학원, 국립해양박물관 등), 직업인 초청 특강, 나의 꿈 발표하기 활동, 진로포트폴리오 만들기 활동, 진로심리검사 활동, 직업체험활동, 전공 체험의 날 활동, 진로 로드맵 작성, 롤모델 발표

자연계열 맞춤형 진로활동 기재 예시

 01. 농업생명학과

'관심 학과 체험의 날'에 농업 생명 분야를 선택하여 특강을 듣고 질의응답 시간을 이용하여 평소에 궁금했던 점에 대해 알아가는 시간을 가짐. 화학과 생명과학에 소질과 적성이 풍부하며, 미래의 식량자원 확보에 대한 관심이 지대함. 진로 시간의 '나의 비전 프로젝트' 활동에서 스마트팜을 이용하여 우주에서도 먹을 수 있는 식량을 개발하고, 더불어 제3국가와 같은 지역의 기아 문제를 해결하고 싶다는 자신의 포부를 발표하여 많은 박수를 받음. '왜 세계의 절반은 굶주리는가(장 지글러)'를 3회독 할 정도로 기아 문제에 관심이 많으며, 일회성이나 이벤트성의 기부가 아닌 기아발생국의 내부 문제와 전 세계의 식량 생산의 불균형에 대한 근본적인 해결책을 모두 고려해야 한다고 판단함. 유엔식량조사관이 되어 실질적인 도움을 주고 싶다는 의사를 밝힘. 집중력과 지구력이 뛰어나며, 문제상황을 극복하고 해결하는 능력이 돋보이는 학생으로 관련 분야에서의 활약이 기대가 됨.

 02. 농생물학과

'진로탐색의 주간'에 한국판 뉴딜과 녹색혁명에 대해 조사한 결과물을 작성하고 자신의 진로와 연관 지어 깊이 있게 성찰하는 시간을 가짐. 녹색혁명이 추구하고자 하는 본연의 목적을 상실하고 돈벌이 수단으로 전락하고 있는 현실과 우리나라의 식량 자급률이 25%에 불과하다는 사실을 인식하고 농업생명학자가 되어 이러한 현실을 개선하기 위해 노력하겠다는 의지를 다짐. 80년대 이후, 밀과 옥수수 등의 수입으로 인해 낮아진 우리나라의 식량자급률의 사례와 쌀, 보리, 콩 등을 각각 비교·분석하여, 국민 경제의 안정을 도모하기 위한 농업 발전과 식량자급률 유지에 대해 구체적으로 제시한 점이 매우 인상적이었음. 활동을 통해 농민들의 생계 문제가 장기적인 식량 문제와 직결되어 있음을 깨달음. 진로가치관검사에서 공익, 희생 등이 높은 수치로 나왔으며, 진정으로 나라의 안위와 미래를 걱정하는 모습에서 성숙한 인격을 느낄 수 있었음.

 03. 동물자원학과

'졸업생 멘토링 특강' 시간에 동물자원학과를 선택하여 학과에 대한 소개와 졸업 후 진로에 대한 정보를 받음. 아쿠아리스트로 재직 중인 선배와 1:1 면담을 신청하여 직업 선택의 계기, 보람 있었던 순간, 자격 취득 방법 등에 대해 질의하는 모습에서 진로를 위한 체계적 준비성과 동물에 대한 애정을 느낄 수 있었음. '3개년 진로 로드맵'을 작성하는 활동에서 동물과 관련된 진학을 준비하는 과정을 계획하여 발표하고, 동물자원의 의미가 무엇인지 묻는 친구의 질문에 경제적, 사회적, 문화적 측면에서 설명할 정도로 해박한 지식을 갖고 있는 학생임. 대학에서 동물에 관한 학업을 위해 생명과학, 화학, 수학, 영어를 잘 해야 한다는 생각으로 해당 교과를 선택하여 학습에 매진하고 있으며, 동아리활동에서 동물의 영양과 생리에 대해 스터디활동을 하면서 자신의 진로를 위해 꾸준히 노력하는 열정적인 학생임.

04. 대기과학과

학생들이 자신의 진로에 대한 전문가가 되어 자신의 지식을 뽐낼 수 있는 '내가 바로 전문가' 코너에서 대기과학 분야의 전문가로 참여하여 학생들을 대상으로 발표함. 특히 천문우주와 대기과학의 차이점, 날씨를 예상하는 과정과 일기예보가 정확하지 않은 이유 등에 대해 상세히 설명하여 대기에 대한 학생의 관심과 전문성을 확인할 수 있는 시간이었음. 학기 초에는 천문우주에 더 많은 관심이 있었으나, 총 5차례의 진로상담과 진로검사, 학과 탐방 등을 통해 대기과학 분야에 진학하기로 결심하고 대기과학에 대한 진로를 위해 더 집중하는 모습을 보임. 대기과학자의 특강을 듣고 기후 위기가 인간의 생활뿐 아니라 민족의 이동, 테러, 전쟁 등의 사회문제에도 영향을 미칠 수 있음을 알게 됨. 기후 위기에서 벗어나기 위해 인류가 나아가야 할 방향이 '연대'임을 깨닫고, 공동체 활동 속에서 공공선과 연대의식을 발휘하려 노력하는 모습을 보임.

 ## 05. 물리학과

본교에서 꼬리에 꼬리를 무는 호기심과 배움에 대한 욕망이 가장 큰 학생으로 꼽힘. 국어와 영어 수업 시간 중에 나온 과학 내용, 특히 물리에 관련된 소재에 대해 이 학생이 대부분의 배경지식을 설명해 줄 정도로 아는 것이 많은 학생임. 다중지능검사(2023.04.14.) 실시 결과 논리수학지능과 공간지각지능이 높은 것으로 나타남. 반도체 연구원의 특강을 통해 물리 수업시간에 배운 반도체 개념과 관련하여 사고하고 고체 물리학에 대한 관심을 키우게 됨. 이후 전기적 특성과 열용량에 대한 이론을 학습하고 진로 시간에 발표하였음. 열용량과 비열의 차이에 대해 묻는 친구의 질문에 사례와 함께 친절히 답해주는 모습에서 좋아하는 분야에 대한 열정과 전문성을 엿볼 수 있었음.

 ## 06. 산림자원학과

고등학교 졸업 후 10년간의 계획을 발표하는 '내가 가는 길' 프로젝트 시간에 가장 구체적이고 현실적인 계획을 세운 학생으로 선정되어 발표하는 시간을 가짐. 조림과 산림을 경영하는 일에 관심이 많으며, 통일이 되면 가장 먼저 하고 싶은 일로 비무장지대의 산림을 세계 최고의 생태계 보존 지역으로 만드는 일이라는 포부를 밝힘. 나무 의사의 진로 특강을 듣고, 사후 활동시간에 나무 의사의 특성과 전망, 주요 하는 일 등에 대해 인터뷰를 진행하여 학교 신문에 게시함. 우리 꽃과 나무의 사진을 찍어 엽서 및 달력으로 제작하는 동아리활동과 교실 내 환경 문제에 관심을 갖고 지속가능한 발전과 연관된 일에 꾸준히 참여함. '사라져 가는 것들의 안부를 묻다(윤신영)'를 읽고 멸종 위기의 동물을 보호하기 위한 캠페인활동에도 적극적으로 참여하는 학생으로 사고의 폭이 넓고 추진력과 실행 능력이 뛰어난 학생임.

07. 생명과학과

자신의 진로를 탐색하고 확장하는 데 적극적인 학생이며, 생명과학이나 의학에 관련된 강의와 세미나 등에 자주 참석하여 최신 경향을 놓치지 않기 위해 노력하는 모습이 돋보임. 세계 뇌 주간 행사에 참여하여 아세틸콜린과 도파민의 균형 붕괴로 파킨슨병이 발생한다는 사실과 도파민 주입을 통해 치료가 가능하다는 내용의 강연을 들음. 생명과학부 교수님의 특강에서 현대의학의 목적은 바이러스의 사멸이 아닌 증식의 억제라는 점에서 영감을 받아 자신이 나아가야 할 길을 재정립함. 진로 체험의 날에 의학대학과 생명과학연구소를 탐방하여 멘토링과 실험활동에 참여하고, 의학 분야에 진학한 이들 중 기초 과학분야로 진출하는 사람이 많다는 사실을 듣고 자신의 진로에 대해 진지하게 고민하는 시간을 가짐. 이후 3차례의 상담을 통해 생명과학의 깊이 있는 연구를 통해 인류의 건강과 행복을 증진하는 데 이바지하겠다는 결론을 내리게 됨.

 08. 생물학과

총 6차시로 진행된 '진로탐색활동' 시간에 적극적으로 참여하여 영어 수업 시간에 접한 바이오마커에 대해 호기심을 갖고 이를 구체적으로 알아보는 시간을 가짐. 췌장암 조기 진단 센서를 만든 잭 안드라카의 이야기를 담은 도서 '세상을 바꾼 십대, 잭 안드라카 이야기(잭 안드라카)'를 읽고, 수많은 시도 끝에 마침내 췌장암의 단백질 메소텔린 지표를 찾아내는 모습에서 집념과 끈기의 중요성을 인식함. 실패가 주는 교훈이란 새로운 가능성임을 깨닫게 되었으며, 시련을 극복한 그의 적극적이고 긍정적인 의지를 본받아 자신보다 더 어려운 처지의 사람을 위해 살겠다는 다짐을 발표하였음. 교실의 공기정화식물 주변의 미세먼지 농도가 교실 밖보다 낮은 원리를 알고 싶어 탐구한 결과 잎에 흡수된 오염물질이 토양미생물의 영양원으로 사용될 수 있고 독성을 완화시킬 수 있다는 사실을 알게 되면서 오염 물질 연구를 통해 인류가 살아갈 환경을 개선하고 싶다고 밝힘.

 09. 수의학과

'마이 드림 프로젝트' 시간을 이용해 수의학에 진학하고 싶은 이유와 준비 과정, 수의사가 되는 방법 및 수의학 졸업 후 진로에 대해 조사하여 발표함. 이후 진로 주제 발표 시간을 이용해 반려동물의 임상 수의사가 되고 싶다는 자신의 포부와 함께 동물의 혀 밑 점막에 항원을 투여하여 면역력을 높여주는 면역 치료와 피부병에 대해 조사한 내용을 선별하여 발표하였음. '반려견 증상 상식 사전(김보윤)'을 참조하여, 당뇨병, 슬개골 탈구, 쿠싱증후군과 같은 반려견에게 가장 흔한 질병 10가지를 요약한 미니북을 제작. 자료의 가치를 파악하여 핵심 내용을 조사하고 정리하는 능력이 탁월함. 평소 생명과학에 관심과 소질이 많고 공감능력이 뛰어나 인간관계가 좋으며, 생명의 소중함을 강조하는 캠페인활동에도 자주 참여하는 학생임.

10. 수학과

학급의 수학멘토로 활발히 활동하면서 수학자로서의 꿈을 키워가는 학생임. 쉬는 시간이나 수업 시간 중 수학에 어려움이 있는 친구들에게 눈높이 설명을 잘해주는 친구로 꼽힘. 수학이라는 어렵게 보이는 학문이 실제로우리 생활에 유용하게 사용되고 있음을 알리는 데 관심이 많음. 진로 시간에 '나의 꿈 발표하기' 활동에서 의사결정 단계에서 행렬을 이용해 대안을 찾을 수 있고 인공신경망이 동물의 신경세포를 모방하여 수학적으로 얻어낸 알고리즘임을 발표함. 이러한 수학적 원리를 이용해 좀 더 살기 좋은 세상을 만드는 사람이 되고 싶다는포부를 밝힘. 기업가 정신 활동에서 알파고의 몬테카를로 트리 탐색 알고리즘을 학습하고 이를 활용한 마케팅아이템을 제시하여 인정을 받음.

 11. 식물자원학과

도서 '식물이라는 우주(안희경)'를 읽고 식물에 관심을 갖게 됨. 호기심이 많고 관찰력이 뛰어나 밤사이에 일어난 식물의 성장과 꽃잎의 방향 등의 변화에 민감하게 반응함. 수학 시간에 배운 다항식을 이용해 잎넓이지수를구해보고, 빛을 받는 잎의 위치와 방향을 달리하여 변화를 관찰함. 진로탐색 주간을 맞아 식물자원 연구와 종자 보존의 필요성에 대해 조사한 내용을 파워포인트로 제작하여 발표함. 직접 원하는 코스를 짜서 탐방하는 '진로 체험의 날'에 식충식물전시회와 식물원을 계획하여 방문함. 식물세포의 DNA를 추출하는 과정을 실험관찰하고 DNA 염기를 그려 봄. 교내에 식물을 관찰할 수 있는 환경이 많지 않아 교실 안의 작은 공간을 마련하여다육식물을 키우고 생육 과정에 대해 관찰하고 학습하는 등 관심 있는 분야에 대한 끊임없는 열정을 쏟는 모습이 인상적임.

 12. 식품공학과

'학생 일일 강연가'로 선정되어 식품영양과 식품공학의 차이점과 식품공학연구원이라는 자신의 꿈에 대한 내용을 전교생을 대상으로 강연함. 진로체험 주간에 식품연구소를 선택하여 소비자 조사와 시식, 신제품 테스트 등을 체험하고 소감문을 작성함. 정기간행물을 자주 접하며 식품의 트렌드와 관련 정보를 지속적으로 접하고있음. '진로 주제탐구' 시간에 GMO와 미생물 배양 연구에 대해 조사하면서 식품 공학을 통해 인간의 먹거리를해결하고 싶다는 생각을 하게 됨. 한국의 전통음식을 세계화하거나, 유통기한이 짧은 음식들을 수출할 수 있는방법들에 대해 고민하면서 화학II 과목을 선택하여 자신의 진로를 위해 야무지게 준비하는 모습에서 학생의 무한한 발전가능성을 느낄 수 있었음.

13. 의상학과

진로 시간에 배운 디자인 싱킹 과정이 디자이너의 사고방식임을 알게 된 후, 의상에 대해 생각할 때 '누가', '왜', '어떤 용도로 입게 될지'와 같은 사용자 중심으로 생각을 하려 노력함. '나의 진로 이야기' 시간에 패션과 사회 현상을 연관 지어 설명하고 한국의 전통 복식사에 대한 관심을 드러냄. 최근 세계 최대 유료 동영상 사이트에서 방영된 한국 드라마 '킹덤'으로 인해 한국의 '갓'이 세계적으로 유행하고 있음을 보고, 한복의 세계화를 꿈꾸며 서양 문화와 마케팅 분야에 대한 진로탐색활동을 실시함. '진로선택 활동' 시간에 의류를 디자인할 때 쓰이는 전개도인 패턴 메이킹을 선택하고 다양한 종류의 패턴을 익혔으며, 친환경 의류 소재에 대해 고민하는 모습을 보임. 정기적으로 패션 잡지를 구독하며, 패션 에디터에 대해 알아보는 등 스스로 의류와 의상에 대한 진로를 탐색하는 모습이 칭찬할 만함.

14. 의생명과학과

학생들이 직접 기획하여 떠나는 '진로 체험의 날' 시간에 탄생에서 죽음까지의 과정을 기획하여 임종 체험과 ICR 마우스를 활용한 장기해부, 화학적 방법을 활용한 당뇨병 진단검사 활동, DNA 칩을 이용한 질병 검사활동 등을 체험하면서 생명의 존엄성과 환자의 마음을 헤아려보는 시간을 가짐. '4차 산업혁명과 나의 진로' 시간에 원격의료, 스마트 헬스케어, 인공지능 의사 등에 대한 자신의 의견을 밝힘. 이 과정에서 DNA 시퀀싱과 맞춤형 치료에 많은 관심을 갖게 됨. 모의면접 시간에 '실력 있는 의사와 인간적인 의사' 중 선택하라는 물음에 생명을 다루는 의사라는 직업에서 가장 중요한 것이 실력이지만 그에 못지않게 환자의 입장을 헤아려 인간이 삶과 죽음 앞에서 평등함을 인식하고 이를 실천할 수 있는 의사가 되겠다는 답변을 함. 어느 한쪽에 치우친 답변을 하는 대부분의 학생들과는 다른 모습이 매우 인상적임. 향후 실력을 갖춘 인간적인 의사가 될 수 있다는 기대가 되는 학생임.

15. 의생명과학과

'최신 뉴스 속 나의 진로' 시간에 코로나19 관련 기사를 읽고 '사이토카인 폭풍'에 호기심이 생겨 이에 대해 조사함. 면역세포의 위험 신호 물질인 사이토카인이 갑자기 과다 분비되어 바이러스 및 정상조직을 공격하는 경우 면역계가 활성화된 사람이 오히려 바이러스에 더욱 취약할 수 있음을 알게 되었으며. 이에 주변 친구들에게 방역수칙을 철저히 지켜 자신과 다른 이의 건강을 스스로 보호하자는 내용을 전달함. 금연 예방 교육을 듣고 담배의 벤젠으로 인한 간접흡연의 원리에 대해 알게 됨. 이후 추가탐색 활동시간에 공명 구조를 가진 벤젠이 인체에 미치는 심각한 영향을 조사하여 발표함. 심폐소생술 교육을 듣고 심장 펌프설과 흉강 펌프설의 원리에 대해 그림으로 그려 설명함. 또한 심폐소생협회의 가이드라인이 제시한 AED의 사용 범위와 기본 원리에 대해서도 추가 탐구를 진행하는 등 배운 내용을 그냥 지나치지 않고 조사하고 연구하며 고민하는 모습들을 보며 발전가능성과 높은 잠재력을 엿볼 수 있었음.

16. 지구환경과학과

'푸른 지구의 날' 행사를 위한 홍보대사로 임명되어 환경 보호의 필요성과 영역에 대해 전교생을 대상으로 설명하는 시간을 가짐. 많은 학생들이 지구의 환경과 기후위기에 더 많은 관심과 경각심을 가질 수 있도록, 환경과 기후, 지구온난화 등에 관련된 골든벨 퀴즈 코너를 직접 기획하여 운영함. 환경 보호와 이상 기후에 대한 높은 인식과 개선 의지를 느낄 수 있었음. 그린피스를 후원하며 고래 보호, 탈핵 등에 대한 관심을 지속적으로 표함. '지속가능한 발전'을 주제로 한 프로젝트 활동에서 저탄소 생활을 위한 생활 속 실천 방법으로 과대 포장 금지, 플러그 뽑기, 에어컨 적정 온도 설정 등을 제시하며 캠페인활동을 진행함. 창업 활동 중 음료수에 함께 제시되는 빨대 포장지를 없앨 수 있는 방법과 친환경 빨대 제작 등을 중심으로 아이디어를 제시하고 아이템을 개발하는 일을 주도함.

 17. 천문우주학과

천문우주학자의 '빅뱅 이론'에 대한 진로 특강을 듣고 난 후 천문학에 대해 관심이 생김. '영화 속 진로탐색' 시간에 '인터스텔라'를 선택하여 블랙홀, 웜홀, 양자 중력, 상대성이론에 대해 추가적으로 학습하기 위해 친구들과 소모임을 결성하여 스터디활동을 진행함. '모든 사람을 위한 빅뱅 우주론 강의(이석영)'를 읽고 플랑크 우주 망원경과 허블을 대체할 제임스 웹 우주 망원경에 대해 심화 탐구하면서 그동안 관측할 수 없었던 멀리 떨어진 은하, 성운 등을 볼 수 있다는 사실에 흥분함. 관련 분야의 책을 다독하고 강연을 찾아들으며 자신의 진로를 구체화하는 모습이 인상적임. 통찰력과 사고력이 돋보이고, 자신이 이해한 부분을 쉬운 말로 풀어 설명하는 능력이 뛰어나 친구들이 헷갈려하는 우주 관련 개념을 설명해주는 모습을 자주 목격할 수 있었음.

 18. 통계학과

일상생활이 모두 통계로 이루어져 있다는 통계학자의 특강을 듣고 통계학에 관심을 갖기 시작함. 진로상담 시간에 마케팅, 광고 이론의 분석과 같은 인문, 사회 분야에서도 통계가 필수라는 사실을 알고 통계라는 학문에 더욱 매료되었다고 밝힘. '관심분야 심화 탐색 활동'에 참여하여 자율주행 속 확률과 통계의 원리에 대해 탐구하고 매시간 활동 일지에 작성함. 트롤리 딜레마 상황에 대한 토론에 참여하여 누구를 살려야 할 것인가에 대해 벤담의 양적 공리주의적 입장을 제시함. 과학의 발달에 따른 트롤리 딜레마와 같은 난제에 부딪혔을 때는 수학적 수치뿐 아니라 윤리와 철학적 사고의 필요성을 느낌. 이에 인문학적 사고를 함양하기 위해 인문학 도서를 읽고 토론하는 동아리에 가입하여 활동하는 노력이 기특한 학생임.

19. 화학과

홀랜드 진로탐색검사(2023.05.13.) 결과 탐구형에서 높은 일치 수준을 보였으며, 스스로 자료를 탐색하거나 실험을 통해 원인을 발견하며 문제를 해결하는 과정에 흥미를 갖고 관심 주제에 대한 탐색을 즐기는 학생임. 관심분야 탐구 시간에 약의 개발 과정을 통시적으로 살펴보고 현재의 단순 화학합성 약이 아닌 새로운 기술이 도입된 약이 개발되고 있음을 알게 됨. 신약개발연구원이 되어 금전적인 이유로 필요한 약을 공급받지 못하는 일이 없도록 공공선에 기여하겠다는 의지를 발표함. 절박한 심정으로 개 구충제를 복용하는 사례를 통해 환자의 마음을 헤아리는 모습을 보였으며, 난치병을 치료할 수 있는 약을 개발하고 싶다는 의지를 더욱 굳건히 함. 단순히 '무엇'이 되겠다가 아닌 '어떻게' 살아야겠다는 소신이 또래에 비해 성숙한 모습을 보임.

20. 해양학과

'전공 체험의 날'에 해양학과를 선택하여 강의를 들은 후, 미리 준비한 질문을 하고 진로를 탐색하는 시간을 가짐. 온라인 학과 체험 시간에 해양학과의 해양실습 과정을 시청하면서 바닷물의 특성을 조사하는 과정을 학습함. 진로시간에 인간이 해양에 미치는 영향에 대해 조사하고 먹이사슬을 통해 다시 인간에게 돌아가는 과정을 강조하며 환경보호의 필요성을 강조하는 발표를 진행함. 교내의 기후참정권을 위한 다양한 캠페인활동을 주도하여 경제, 공정, 환경 등에 관심 있는 친구들과 정책을 제시하는 활동을 지속적으로 진행함. 또한 해양보호구역 지정을 위한 활동으로 오션디펜더에 참여하고 해양환경에 해를 끼치는 세안제, 자외선 차단제와 같은 생활용품 리스트를 조사하여 교내 게시판에 부착하는 등 지속적인 해양환경에 대한 관심을 실천으로 보여주는 기특한 학생임.

교과학습발달상황

세부능력 및 특기사항 포함

과학습발달상황은 학생부종합전형에서 가장 중요한 부분을 차지하고 있으며, 교과 성적과 세부능력 및 특기사항을 포함하고 있어 정량적 평가와 정성적 평가가 모두 가능한 항목이기도 하다. 또한 학업 역량, 전공적합성, 인성, 발전가능성을 모두 보여줄 수 있는 학교생활기록부의 꽃이라 할 수 있다. 2024학년도 대입(졸업생 포함)부터 상급 학교 진학 시 영재·발명교육 실적은 제공하지 않는다.

핵심평가요소

학교생활기록부 영역	학업역량	진로역량	공동체역량
교과학습발달상황	○	○	○

1 2015 개정교육과정 교과별 학업성적 처리 방식

구분			원점수/과목평균 (표준편차)			성취 (수강자수)		석차 등급	비고
			원점수	과목 평균	표준 편차	성취도	수강 자수		
보통교과	공통과목		○	○	○	5단계	○	○	· (성취도 3단계) 과학탐구실험 ※ 과학탐구실험은 석차 등급 미산출
	일반 선택 과목	기초/탐구 /생활·교양	○	○	○	5단계	○	○	· 교양교과(군) 제외
		체육·예술	–	–	–	3단계	–	–	· 수강자수 입력하지 않음
	진로선택과목 ※기초/탐구/ 생활·교양 / 체육·예술		○	○	— 성취도 별분포 비율 입력	3단계	○		· 진로선택으로 편성된 '전문교과 Ⅰ· Ⅱ' 포함 · 교양교과(군) 제외 · '석차등급' 및 '표준편차' 삭제, '성취도별분포비율' 입력
	교양교과(군)		–	–	–	P	–	P	
	전문교과 Ⅰ		○	○	○	5단계	○	○	· (성취도 3단계) 융합과학 탐구, 과학 과제연구, 물리학 실험, 화학 실험, 생명과학 실험, 지구과학 실험, 사회탐구방법, 사회과제 연구
	전문교과 Ⅱ		○	○	○	5단계	○	–	· 석차등급은 산출하지 않음
	보통교과 및 전문교과 Ⅰ 중 수강자수 13명 이하인 과목		○	○	○	교과(군) 별 3단계 또는 5단계	○	'·' 또는 'O등급'	· 보통교과 공통과목 과학탐구실험, 진로선택과목(진로선택으로 편성된 전문교과 포함), 체육·예술 교과(군)의 일반선택과목, 교양교과(군)의 과목 제외
	학교 간 통합 선택교과 (공동교육과정) 과목		○	○	○	교과(군) 별 3단계 또는 5단계	○	–	· 보통교과 진로선택과목(진로선택으로 편성된 전문교과 포함), 체육·예술 교과(군)의 일반선택과목, 교양교과(군)의 과목 제외

1 3단계(A~C) 평정 과목의 경우 원점수에 따라 평정한다.
　　(A: 80점 이상, B: 60점 이상~80점 미만, C: 60점 미만)

2 수행평가만으로 평가가 가능한 교과는 아래와 같다.

> • 실험, 탐구, 연구를 중심으로 하는 과목:

> 보통교과 공통과목의 과학탐구실험, 보통교과 진로선택의 수학과제 탐구, 사회문제탐구, 전문교과 Ⅰ의 물리학 실험, 화학 실험, 생명과학 실험, 지구과학 실험, 융합과학 탐구, 과학과제 연구, 사회탐구방법, 사회과제 연구 등

> • 전문교과 Ⅱ 및 체육·예술(계열) 교과(군)의 실기를 중심으로 하는 과목 등 특수한 경우

3 진로선택과목의 성적표기 방법은 다음과 같다.

과목	단위수	원점수/과목평균	성취도(수강자수)	성취수준 학생비율
고전 읽기	4	90/65	A (340)	A(30.0%) B(43.2%) C(26.8%)

2 성취도 기준성취율

5단계		3단계	
성취율	성취도	성취율	성취도
90% 이상	A	80% 이상 ~ 100%	A
80% 이상 ~ 90% 미만	B	60% 이상 ~ 80% 미만	B
70% 이상 ~ 80% 미만	C	60% 미만	C
60% 이상 ~ 70% 미만	D		
60% 미만	E		

교과별 평정 방식 *2015 개정교육과정

적용 교과목		비고
교과 영역	과목	
• 기초(국어, 수학, 영어, 한국사)	• 공통과목, 일반선택	
• 탐구(사회(역사/도덕 포함), 과학)	• 공통과목(과학탐구실험 제외), 일반선택	
• 생활(기술·가정/제2외국어/한문)	• 일반선택	
• 전문교과 I (과학 계열, 체육 계열, 예술 계열, 외국어 계열, 국제 계열)	• 융합과학 탐구, 과학과제 연구, 물리학 실험, 화학 실험, 생명과학 실험, 지구과학 실험, 사회탐구방법, 사회과제 연구 제외	A,B,C,D,E
• 전문교과 II, III	• 전체 과목	
• 체육·예술	• 일반선택, 진로선택	
• 기초, 탐구, 생활	• 진로선택, 공통과목(과학탐구실험)	
• 전문교과 I (과학 계열, 국제 계열)	• 융합과학 탐구, 과학과제 연구, 물리학 실험, 화학 실험, 생명과학 실험, 지구과학 실험, 사회 탐구 방법, 사회과제 연구 제외	A,B,C
• 교양(철학, 논리학 등)	• 전체 과목	P

1 수강자수와 등급별 누적비율을 곱하여 반올림한 값을 그 구간까지의 누적인원으로 한다.

2 등급별 인원을 정하여 해당석차의 학생에게 등급을 부여한다.

[예시 자료(수강자수 178명인 경우)]

구분	1등급	2등급	3등급	4등급	5등급	6등급	7등급	8등급	9등급
누적비율	4%	11%	23%	40%	60%	77%	89%	96%	100%
누적인원	7.12	19.58	40.94	71.2	106.8	137.06	158.42	170.88	178
반올림값	7	20	41	71	107	137	158	171	178
등급인원	7	13	21	30	36	30	21	13	7

📢 '세부능력 및 특기사항'란에는 모든 학생에 대해 입력한다.

📢 '세부능력 및 특기사항'란에는 과목별 성취기준에 따른 성취수준의 특성 및 학습활동 참여도 등을 교사가 교과학습 평가 및 수업과정에서 수시·상시로 기록한 내용을 중심으로 문장으로 입력한다. 다만, 체육·예술 교과(군) 및 전문교과II의 실무과목은 다음과 같이 입력한다.

- 체육·예술 교과(군): 성취수준의 특성, 실기능력, 교과적성, 학습활동 참여도 및 태도 등
- 전문교과II의 실무과목: 능력단위별 학습활동 참여도 및 태도 등
- 학점제를 적용받는 산업수요 맞춤형 고등학교에 편성된 전문교과II 실무과목: 최소성취수준에 도달하지 못한 학생을 대상으로 실시한 보충학습의 과목명, 이수기간, 이수시간 등

📢 정규교육과정의 교과 성취기준에 따라 수업 중 연구보고서(소논문) 작성이 가능한 과목은 특기할 만한 사항이 있는 과목 및 학생에 대하여 연구보고서(소논문) 실적(제목, 연구 주제 및 참여인원, 소요시간)을 제외하고 '세부능력 및 특기사항'을 기재할 수 있다.

< 연구보고서(소논문) 작성 가능 과목 >
- 수학과제 탐구, 사회문제 탐구, 융합과학 탐구, 과학과제 연구, 사회과제 연구

📢 방과후학교 활동은 기재하지 않는다.

📢 '세부능력 및 특기사항'란은 학생참여형 수업 및 수업과 연계된 수행평가 등에서 관찰한 내용을 입력한다.

✎ **교과학습발달상황의 '세부능력 및 특기사항'란 입력 불가 항목**

- 각종 공인어학시험(학교생활기록부 작성 시 유의사항 참조) 참여 사실과 그 성적 및 수상실적
- 교과·비교과 관련 교외대회 참여 사실과 그 성적 및 수상실적
  (학교장의 참가 허락을 받아 참여한 각종 교외대회에서의 수상실적도 기재 불가)
- 교외 기관·단체(장)등에게 수상한 교외상(표창장, 감사장, 공로상 등도 기재 불가)
- 교내·외 인증시험 참여 사실이나 그 성적
- 모의고사·전국연합학력평가 성적(원점수, 석차, 석차등급, 백분위 등 성적 관련 내용 일체) 및 관련 교내 수상실적
- 논문을 학회지 등에 투고 또는 등재하거나 학회 등에서 발표한 사실
- 도서출간 사실, 지식재산권(특허, 실용신안, 상표, 디자인) 출원 또는 등록 사실
- 교내대회 참여 사실과 그 성적 및 수상실적
- 이외 '학교생활기록부 작성 시 유의사항'에서 기재 금지한 사항 일체
- K-MOOC, MOOC, KOCW

· 자율탐구활동으로 작성한 연구보고서(소논문) 관련사항 일체는 기재할 수 없으며, 탐구보고서 등으로 편법적 기재 금지
· 대회와 관련하여, 대회의 명칭을 단순행사로 변경하여 입력하는 행위 불가('세부능력 및 특기사항'을 포함하여 '수상경력' 이외 학교생활기록부 어떠한 항목에도 변경 입력 불가)

개인별 세부능력 및 특기사항 작성시 유의사항

항 목	내용
한국학교	한국학교의 성적 산출 방식이 국내학교와 다른 경우
학력인정 대안학교	학력인정 대안학교의 성적 산출 방식이 전입교와 다른 경우
전·입학, 귀국 등에 따른 미이수 교과목 보충 학습 과정	전·입학, 귀국 등에 따라 공통과목을 이수하지 못하여 온·오프라인의 방법으로 '보충 학습 과정'을 실시했는데 당해 학기에 관련 과목이 개설되지 않은 경우
영재교육	당해 학기에 관련 과목이 개설되어 있지 않은 경우
발명교육	당해 학기에 기술·가정, 과학 교과 모두 개설되지 않은 경우
학교 외 학습경험 인정에 따른 과목 이수	당해 학기에 관련 과목이 개설되어 있지 않은 경우
수업량 유연화에 따른 학교 자율적 교육활동	특정 과목의 세부능력 및 특기사항으로 한정하기 어려운 경우
교육감이 지정한 교육기관의 방송·정보통신매체를 활용한 수업(온라인 수업)	교육감이 지정한 교육기관의 방송·정보통신매체를 활용한 수업을 수강하였으나 당해 학기에 관련 과목이 개설되어 있지 않은 경우(성적의 일부 또는 전부가 산출되지 않은 과목에 한하여 이수내용 기재)

알아두면 **쓸**모있는 대입 **잡**학지식 Information

TIP.1 교과학습발상황의 '세부능력 및 특기사항'을 토대로 학생의 학업 역량, 전공적합성. 발전가능성, 인성, 창의성 등을 평가할 수 있다. 이 중 가장 높은 비중을 차지하는 것이 학업 역량과 전공적합성이다.

평가항목	학업 역량	전공적합성	발전가능성	인성	창의성
평가빈도(%)	42.7%	45.5%	36.1%	18.8%	16.3%

TIP.2 학생부교과전형에서는 학업성취도가 지원자의 학업 역량을 평가하는 주요 지표이지만, 학생부종합전형에서는 등급, 원점수, 이수과목, 수강자수, 평균, 표준편차 등을 종합적으로 평가한다. 또한 종합적인 학업성취도와 학년별 성적의 변화 등을 고려하여 발전가능성 여부를 판단한다.

핵심역량	입학사정관의 학생부 주요 참고 영역			
	1순위	2순위	3순위	4순위
전공적합성	교과 성적	창체동아리	교과세특	수상경력
자기주도성	창체동아리	종합의견	교과세특	교과 성적
성실성	출결상황	종합의견	교과세특	교과 성적
발전가능성	종합의견	교과 성적	창체동아리	교과세특
도전정신	창체동아리	종합의견	수상경력	교과세특
창의성	창체동아리	봉사실적	교과세특	수상경력
공동체의식	종합의견	봉사실적	창체봉사	창체동아리
리더십	종합의견	창체동아리	창체자율	창체봉사

*학교생활기록부 핵심역량 평가 참고 항목 -2018 숭실대 연구자료

TIP.3 학생부종합전형은 교과 성적만으로 합격 여부를 결정하지 않기 때문에, 교과 성적이 낮다고 해서 불합격하거나, 높다고 해서 합격을 보장해주지는 않는다. 그러나 학생의 진로와 관심분야를 위해 꾸준히 노력하고 학업에 대한 의지가 충만하여 관련 전공에 적합성을 갖추고 있는 학생이라면 해당 분야의 교과 성적이 우수할 것으로 판단한다. 따라서 가능한 높은 교과 성적을 갖도록 조언한다.

TIP.4 학생 수 감소와 선택과목제로 인해 높은 등급을 받기 어려운 것은 전국의 모든 학생이 가진 고민이다. 그러나 교과 성적을 단순히 등급으로만 평가하지 않고 원점수, 평균, 표준편차, 이수자 수 등을 종합적으로 평가하며, 전공을 위해 어떤 과목을 이수하였는지, 교과시간에 어떤 자세로 임하였는지 등도 중요한 영향을 미칠 수 있다.

TIP.5 모든 교과목의 성적이 고르게 우수한 것이 가장 이상적이긴 하나, 전공 관련 교과목(인문계열의 경우 국어와 영어, 자연계열의 경우 수학, 과학)의 성취도가 상대적으로 중요할 수 있다.

TIP.6 대학의 평가자들은 과목별 세부능력 및 특기사항을 통해 자기주도적 배움을 확장하고 토론, 실험과제 수행, 집단 학습 등과 같은 다양한 학습 경험, 창의성, 자기주도성 등을 파악하고자 한다. 교과 관련 독서, 토론, 글쓰기, 탐구·연구 활동, 실험 등 다양한 학습 경험에 대해 교사가 관찰한 기록 역시 학생의 학업에 대한 의지와 태도를 평가하는데 영향을 미친다.

TIP.7 최근 학생부종합전형에서 좋은 성과를 거둔 학생들의 핵심 키워드는 '자발성', '자기주도적 노력', '심화확장', '성장'이다. 학생의 역량도 중요하지만 교사의 기록 성향 및 기재 방식도 당락에 영향을 미칠 수밖에 없다. 대학에서 학생들을 평가할 때 우수한 학생으로 판단하는 기재 유형은 아래와 같다.

[사정관들이 말하는 지원자 간의 변별을 나타낼 수 있는 기재 유형]

· 교사의 주관적 평가나 성취수준 언급보다 객관적 관찰, 반응, 결과 등의 기재, 활동의 결과 이후 성장과정을 가늠할 수 있는 내용 기재
· 학생이 자발적으로 희망하는 전공 관련 내용을 심화학습하고 발표하는 사례
· 호기심을 가지고 심화 탐구하고 이후 다른 사례와 응용하여 결과를 도출한 사례
· 대학 지원 학과에서 필요로 하는 기본교과역량을 파악할 수 있는 기재
· 학습수준에 대한 기재보다 학생 개인의 주도적 노력과 심화·확장하는 탐구 사례

[사정관들이 학교에 바라는 점]

· 수업시간에 배운 교과 내용 기재보다는 학생 관찰 내용 위주의 기재
· 감성적인 문장, 불필요한 미사여구 기재 최소화
· 과목별 성취수준/석차등급 등 객관적 점수를 고려한 내용 기재
· 교과세특 기재를 과도하게 대학 진로와 연결시키는 글쓰기 지양
· 동일 내용 반복 기재, 긍정적인 평가 위주 지양을 통한 학생 개인별 차이 확인
· 과도하게 어려운 기재보다는 학생의 핵심역량을 파악할 수 있는 종합적 글쓰기
· 주요 교과 대비 비주요 교과의 세특 기재 충실화 필요
· 학생 셀프 학생부 금지 등 고교 차원의 독자적 신뢰성 확보 노력

*학생부종합전형의 학생부 평가 방안 연구-건국대, 중앙대, 한양대

TIP.8 2015 개정교육과정의 가장 큰 핵심 사항 중의 하나가 학생의 진로와 적성에 따른 과목 선택권의 확대이다. 이러한 취지를 살려 학생들이 각자의 목적과 진로에 맞는 교과목을 선택하여 관련 학습역량을 쌓아 상급 학교 과정에서 수학하였는가를 평가한다.

TIP.9 교과학습발달상황의 학업성취도와 과목별 세부능력 및 특기사항을 통해 학생이 대학과정을 수학할 능력이 갖춰져 있는지, 진로 성취를 위한 학습의지와 태도는 어느 정도인지, 전공에 대한 관심과 노력은 얼마나 했는지 등을 파악할 수 있다. 희망하는 교과가 개설되지 않은 경우에는 독서나 창의적 체험활동을 통해 진로와 관련된 역량과 지식을 쌓도록 지도한다.

TIP.10 학생부종합전형에서 교과학습발달상황의 중요성은 아무리 강조해도 지나치지 않다. 특히 교과학습발달상황의 교과 성적은 수년째 학생부종합전형에서 학생 선발 시 대학의 평가자들이 가장 많이 활용한 자료로 꼽히고 있음을 아래 연구 결과를 통해서도 알 수 있다.

구분	순위			
	전체	2년 미만	2년-5년 미만	5년 이상
수상경력	6	5	6	6
진로활동	4	3	4	5
자율활동	7	6	7	8
동아리활동	2	2	2	2
봉사활동	8	7	8	7
교과학습발달상황 (교과 성적)	1	1	1	1
독서활동상황	5	8	5	4
행동특성 및 종합의견	3	4	3	3

*정명기 외 2인, AHP를 통한 학생부종합전형 평가자의 전형자료 활용 경향성 분석, 교육정치학연구, 제26권 제3호, 2019 자료에서 발췌

TIP.11 입학사정관들이 과목별 세부능력 및 특기사항에 기재된 내용 중 평가에 활용하는 항목은 아래와 같다.

문항	평균
학생 제출 과제물 내용	3.76
교과서 내용 기반의 응용 탐구 활동	3.75
교과수업 외 개인별 심화학습 활동	3.67
교과목 외 학교/학교별 탐구 프로젝트 내용	3.63
교과목 성격과 직접 관련 없는 진로 관련 탐구	3.22
교과별 교육과정을 넘어서는 이론과 개념	3.12

*학생부종합전형의 학생부 평가 방안 연구-건국대, 중앙대, 한양대

TIP.12 교과학습발달상황에 대한 면접 질문은 꼬리질문으로 이어나가는 경우가 많다.

TIP.13 경희대의 경우, 소인수 선택과목, 심화선택과목, 공동교육과정 등을 이수한 경우, 교과목의 단순 이수 여부와 교과 성적만을 정량적으로 평가하기보다는 이수한 과목의 내용, 수준, 이수과목의 경향성 등을 확인해 정성평가를 진행한다.

TIP.14 고려대의 경우, 교과학습발달상황에 나타난 지원자의 전체 교과 성취수준을 통해 입학사정관은 지원자의 학업 역량과 전공적합성, 자기계발의지 등을 파악한다.

TIP.15 동국대의 경우 교과학습발달상황은 학업성취도를 통해 기초 학업 역량, 전공 수학 능력 등의 역량 평가가 진행되며, 어떤 교과를 선택하여 들었는지를 통해 전공에 대한 관심도 및 경험도를 평가하는 데에 활용한다. 비주요교과를 통해 학생의 성실성, 학업태도 등에 대해 평가한다.

TIP.16 서울대의 경우, 학습 및 탐구 활동을 수행하기 위해 독서 경험을 강조한다. 기재된 교재나 수업 내용(토론, 발표, 실험 등), 그 안에서 보인 학생의 노력, 과제 수행 내용 등을 통해 학생이 수업에서 학습한 내용과 수준을 파악하여, 단순히 교과 성적 수치로 볼 수 없는 학생의 역량을 살펴볼 수 있다. 예컨대 과학 교과 이론 수업에서는 비슷한 수준이라고 여겨지던 학생이 실험 수업에서 실험 설계 능력, 문제 해결능력 등의 우수성이 드러나는 경우, 수학 교과 중에서 유독 통계 부분에 강점을 보이는 경우 등 수치화된 성적으로 드러나지 않는 학생의 우수성을 평가한다.

TIP.17 연세대의 경우, 학업의 성취 수준과 노력을 바탕으로 학업 역량을 가늠하여 학업 수월성 및 전공 기초 소양을 확인한다. 교과수업은 학교생활의 성실성을 바탕으로 하기 때문에 주요 과목만의 우수한 성적보다는 균형 잡힌 교과 성적과 활동을 강조한다.

TIP.18 충북대의 경우, 과정중심평가로 진행되는 수행평가를 통해 교과나 진로에 대한 흥미, 관심뿐만 아니라 전공과 관련된 탐구 역량을 확인한다. 또한 독서를 활용하여 지적 호기심이나 매체 활용능력, 정보처리 역량 등을 평가하기도 한다.

면접 질문 예시

Q. 수강자수가 적어 좋은 교과 성적을 받기 어려운 과목임에도 불구하고 해당교과를 선택한 이유는 무엇인가요?

Q. 물리학II가 개설되어 있는데 수강하지 않은 이유는 무엇인가요?

Q. 수학을 좋아하는데 수학성적이 낮은 이유가 무엇이라 생각하나요?

Q. 탐구활동을 위해 참고한 도서는 무엇인가요?

Q. 삼각함수의 덧셈정리는 어떤 개념을 학습하기 위한 준비단계라고 생각하나요?

Q. 수학을 공부하는 이유가 무엇이라 생각하나요?

Q. 영어를 활용했던 가장 인상 깊은 과제 수행이나 프로젝트는 무엇인가요?

자연계열 맞춤형 세부능력 및 특기사항 기재 예시

성취기준   📌 [10국01-03]

논제에 따라 쟁점별로 논증을 구성하여 토론에 참여한다.

'반려동물보유세'에 대한 토론 수업에 참여하여 자신의 의견을 논리정연하게 제시함. 유기 동물이 증가함에 따라 관련 비용도 증가하고 있어, 세금을 부여하여 반려동물에 대한 책임감을 강화해야 한다고 주장함. 문제의 심각성과 필요성을 근거로 토론에 적극적으로 참여함으로써 능동적이고 효과적인 소통능력을 보임. 특히 독일의 사례를 제시하며 자신의 주장에 대한 근거를 바탕으로 반대 입장의 친구들을 설득하는 합리적 사고를 발휘하는 모습이 인상적임. 토론 수업이 끝난 뒤에 친구들의 의견을 취합하여 '반려동물보유세'에 대한 찬성과 반대 의견을 보고서로 정리하고 해결 방안을 도출함. 특히 반려동물의 범위를 설정하여 등록제에 대한 아이디어를 제시하고 실질적인 보완방안을 발표하는 등 발전적인 모습을 보임.

관련학과   동물자원학과, 수의학과, 축산학과   핵심키워드   반려동물보유세

성취기준   📌 [10국05-04]

문학의 수용과 생산활동을 통해 다양한 사회·문화적 가치를 이해하고 평가한다.

문학작품 속에 나타난 과학이론에 대해 관찰하는 것을 즐기고 당시의 사회적 배경과 연결하여 생각하는 태도가 우수함. '프랑켄슈타인(메리 셸리)'을 읽고 갈바니의 동물전기 이론과 18세기 화학자 험프리 데이비의 강연을 듣는 모습이 묘사된 부분을 흥미롭게 관찰하여 갈바니즘에 대해 심화 탐구하겠다고 결심하는 계기가 됨. 소설에서는 생명의 창조자와 과학기술로 만들어낸 생명체가 함께 죽음으로서 끝을 내지만 과학기술의 유용성과 규제 방안이 마련된다면 인간과 과학의 동반성장이 가능할 것이라고 미래 지향적인 감상문을 제출함. 후속 활동으로 갈바니즘이 볼타전지를 발명한 물리학자 볼타에게 두 종류의 금속의 접촉에 의해 전기가 발생한다는 반론에 직접적인 영향을 주었음을 알게 되어, 갈바니와 볼타의 논쟁과 볼타전지 실험 내용을 비주얼 싱킹으로 정리하여 학급 블로그에 공유함.

관련학과   물리학과, 생명과학과, 수의학과, 의생명과학과   핵심키워드   갈바니즘

화법과 작문   [단원명] **화법의 원리**

성취기준   📌 [12화작02-03]

상대측 입론과 반론의 논리적 타당성에 대해 반대 신문하며 토론한다.

평소 환경문제에 관심이 많아 '탈원전 정책'에 대한 토론 수업에 적극적으로 참여함. 탈원전 정책을 찬성하는 입장에서 원전 사고의 가능성과 방사능의 유해성, 신재생 에너지의 효율성 측면에서 객관적 자료를 근거로 논리정연하게 자신의 의견을 제시함. 신재생 에너지를 반대하는 입장의 주요 내용인 원전 업계에 종사하는 사람들의 일자리 문제에 대한 주장의 논리적 허점을 지적함. 신재생 에너지로 인한 그린 뉴딜정책의 시행으로 일자리 창출 효과에 대한 반론을 제시함. 특히 토론 수업을 하기 전, 탈원전 정책에 대한 사례를 분석하여 급우들과 정보를 공유해 역동적인 토론이 이루어 질 수 있도록 기여함. 객관적 상황분석을 통해 적극적으로 토론에 참여하는 태도와 급우들과 함께 생각을 교환하는 개방적인 의사소통능력이 뛰어난 학생임.

관련학과   대기과학과, 물리학과, 지구물리학과, 지구환경과학과   **핵심키워드**   신재생 에너지

화법과 작문   [단원명] **작문의 원리**

성취기준   📌 [12화작03-03]

탐구 과제를 조사하여 절차와 결과가 잘 드러나게 보고하는 글을 쓴다.

국제 환경 단체의 북극 스발바르제도 바다의 산성화 방지 노력에 대한 자료를 감명 깊게 탐독함. 후속 활동으로 바다 산성화로 인한 해양 생태계 위기를 정리하고, PPT 자료를 제작하여 발표함. 특히 바다 산성화의 원인에 대한 교사의 질문에 논리적으로 답을 하려 노력하는 모습이 인상적임. 대기 중 이산화 탄소의 농도가 빠르게 증가함에 따라 바다의 산성화가 급속도로 진행되고 있으며, 카리브해 산호초의 백화현상 및 바다 달팽이의 변형 등 해양 생태계 위기 사례를 구체적으로 제시함. 바다 산성화의 원인과 과정, 피해사례 등을 친구들이 이해하기 쉽게 설명함. 국내외 저널과 도서를 검색하여 심도 있는 정보를 탐색하고, 종합적으로 분석하는 능력이 뛰어나 수준 높은 보고서를 제출함.

관련학과   대기과학과, 지구해양학과, 해양학과   **핵심키워드**   바다 산성화

[단원명]
독서의 분야

성취기준   📌 [12독서03-03]

과학·기술 분야의 글을 읽으며 제재에 담긴 지식과 정보의 객관성, 논거의 입증 과정과 타당성, 과학적 원리의 응용과 한계 등을 비판적으로 이해한다.

'과학이란 무엇인가(리처드 파인만)'를 탐독하고, 과학의 의미에 대해 고찰하는 기회를 가짐. 과학적 사고 과정에서 중요한 것은 예외를 인정하는 불확실성에 대한 개방적 태도라고 감상문을 작성한 뒤에, 과학의 가치와 중요성에 대한 토의활동에 참여함. 모둠원들과 함께 과학의 의미에 대해 롤링 페이퍼를 작성하고, 인상 깊었던 문장들을 해석하며 서로의 생각을 공유함. 이에 그치지 않고 과학의 유용성과 과학의 영역에 대한 도덕적 가치와 판단의 문제에 대해 사색하여 서평을 작성함. 책의 중점내용과 자신의 의도를 잘 정리한 명쾌한 서평으로 모둠원 이외의 친구들이 책에 대해 관심이 생겼다는 호응을 이끌어냄. 독서활동을 통해 수준 높은 성찰 능력과 의사소통능력을 보여주었고 책의 내용에 대해 고민하고 토의활동에 적극적으로 참여하여 지식을 확장하는 과정이 눈에 띄는 학생임.

관련학과   전 자연계열   핵심키워드   과학의 가치

[단원명]
독서의 분야

성취기준   📌 [12독서03-03]

과학·기술 분야의 글을 읽으며 제재에 담긴 지식과 정보의 객관성, 논거의 입증 과정과 타당성, 과학적 원리의 응용과 한계 등을 비판적으로 이해한다.

'인수공통 모든 전염병의 열쇠(데이비드 콰먼)'를 읽고, 인수공통전염병의 원인과 사례를 이해하고 탐구함. 꾸준한 읽기를 수행하여 글의 문맥을 이해하고 책의 내용과 인류를 위협한 바이러스에 대한 객관적 자료 준비를 위해 인수공통전염병에 대한 보고서를 작성함. 동물을 매개로 사스, 메르스, 코로나바이러스에 이르기까지 인류를 위협하는 인수공통 바이러스에 대해 전 인류가 그 심각성을 깨달아야 한다고 강조함. 인간의 환경 파괴로 동물의 서식지가 감소됨에 따라 동물의 병원체가 인간을 공격했음을 반성하고, 이러한 통찰을 직접 실천하기 위해 '모든 것은 우리에게 달려 있다.'를 주제로 캠페인을 진행함. 자연과 인간의 공생을 위해 설득력 있는 문구로 피켓을 제작하여 친구들의 관심을 이끌고 사회문제에 적극적으로 참여하겠다는 의지를 확고히 함.

관련학과   동물자원학과, 산림자원학과, 생명과학과, 생물학과, 수의학과,   핵심키워드   인수공통전염병
             의생명과학과, 축산학과

언어와 매체
[단원명]
언어와 매체의 본질

성취기준   📌 [12언매01-04]

현대 사회의 소통 현상과 관련하여 매체 언어의 특성을 이해한다.

매체 언어 사용에 대해 과거와 현재, 미래 예측 순으로 사회현상을 반영하여 보고서를 작성함. 최근 코로나19로 인해 언택트, 온택트 등 새로운 매체 언어가 등장하였고, 비슷한 의미를 가진 단어들을 구분하는 기준이 모호하다는 점을 강조함. 자료를 탐색하는 과정에서 매체 언어 사용에 대한 통계자료가 부족하다는 것을 깨달음. 이에 집단의 여러 가지 현상에 대한 자료를 보기 쉽게 수치로 나타낸 통계의 중요성에 대해 관심이 생겼다고 발표하며, 통계 분석 기법과 데이터 마이닝 기법의 공통점과 차이점에 대한 내용을 워크북에 정리함. 데이터 마이닝이 자료의 수집과 분석을 통해 정보와 지식을 얻는 점에서 통계학적 의의가 있으며, 통계 분석 기법과 결합하여 빅데이터에도 적용될 수 있다고 제시함. 데이터 마이닝에 대한 심화학습을 하던 중, 언어 매체를 구성하는 텍스트 마이닝에 호기심을 느껴 SNS 속 텍스트 마이닝이 실제 사용된 사례를 파워포인트로 제작하여 발표함.

관련학과   수학과, 통계학과   핵심키워드   데이터 마이닝

국어 교과군

언어와 매체
[단원명]
매체 언어의 탐구와 활용

성취기준   📌 [12언매03-03]

목적, 수용자, 매체의 특성을 고려하여 다양한 매체 자료를 생산한다.

수업 중 매체 자료 만들기 활동에 적극적으로 참여하여 마이야르 반응의 조건과 원리에 대해 보고서를 작성하고 발표함. 발표 도중 화학식이 등장하자 다소 침체된 학급 분위기를 바꾸기 위해 유명 셰프의 동작을 흉내 내며 고기를 구울 때 나타나는 마이야르 반응에 대한 설명을 하여 급우들의 흥미를 자아냄. 이에 대한 후속 활동으로 마이야르 반응에 대한 UCC를 제작함. 자신이 직접 스테이크를 굽는 영상을 유명 셰프의 영상과 비교할 수 있도록 편집하여 창의적인 영상을 완성함. 급우들의 과학적 이해를 돕기 위해 마이야르 반응이 환원당과 아미노산의 반응으로 감칠맛을 내는 중요한 화학반응이며 커피, 구운 빵, 된장 등의 제조과정에서도 나타난다는 것을 추가로 설명함. 수준 있는 영상편집 능력과 정보 활용 능력을 보여주었고, 뛰어난 의사소통능력으로 자신의 의견을 흥미롭게 전달함.

관련학과   식품공학과, 식품생명공학과, 식품영양학과, 화학과   핵심키워드   마이야르 반응

성취기준   📌 [12문학02-04]

작품을 공감적, 비판적, 창의적으로 수용하고 그 결과를 바탕으로 상호 소통한다.

문학 작품 속에 묘사된 사회적 배경의 모습과 해부 장면을 흥미롭게 관찰하는 등 작품을 감상하는 태도가 인상적인 학생임. '표본실의 청개구리(염상섭)'를 읽고 감상문을 작성하는 수업에서 '김이 모락모락 나는 청개구리의 오장을 끌어내어'의 오류에 대해 정리함. 청개구리는 변온동물이기 때문에 실험실 온도와 체온이 같았을 것이며, 따라서 더운 김이 모락모락 나지 않았을 것이라고 밝힘. 반론으로 식민지 시대에 살아가는 주인공의 번민을 극대화하기 위한 표현이며, 문학적 상상력의 범주에 속한다는 급우의 의견에 문학적 상상력이라 해도 과학적 사실은 밝힐 필요가 있다고 강조함. 나아가 문학작품을 감상하며 글을 주체적으로 평가할 수 있는 것도 비판적 사고에 들어갈 수 있다고 자신의 의견을 논리적으로 제시함.

관련학과   동물자원학과, 생물학과, 수의학과, 축산학과   핵심키워드   냉혈동물

국어 교과군
문학
[단원명]
문학의 수용과 생산

성취기준   📌 [12문학02-04]

작품을 공감적, 비판적, 창의적으로 수용하고 그 결과를 바탕으로 상호 소통한다.

세계 다양한 지역의 문학작품을 읽으며 각 문화권의 문체와 표현에 대해 분석하는 것에 흥미가 있는, 융합적 사고력이 뛰어난 학생임. '연금술사(파울로 코엘료)'를 탐독하고 자신의 꿈을 위해 모험을 떠나는 주인공의 여정을 연금술사라는 제목을 지은 작가의 의도에 대해 탐색함. 연금술이 2,000여 년 동안 지속되어 근대 화학이 발달할 수 있는 밑거름이 되었던 사실과 보물을 찾는 여정에서 우주의 소리를 이해하고 자신의 깊은 내면을 깨닫게 되는 과정을 비유했다는 것에 대해 감명을 받아 독서 감상문을 제출함. 나아가 문학작품 속의 주인공 산티아고의 모험과 연금술의 발달 과정을 비주얼 싱킹으로 묘사하여 독창적인 포트폴리오를 완성하고 발표함. 문학적 상상력과 과학적 사실을 비교하여 급우들의 호응을 이끌어냄.

관련학과   물리학과, 지구물리학과, 화학과   핵심키워드   연금술

[단원명]
정보의 해석과 조직

성취기준 📌 [12실국02-01]

필요한 정보를 수집하여 핵심 내용을 이해한다.

지구 환경 위기를 극복할 대안으로 신재생 에너지의 중요성을 깨닫고, 신재생 에너지와 관련된 유망 직업에 대해 보고서를 제출함. 신재생 에너지 전문가, 온실가스 인증 심사원, 기후변화 전문가의 업무 내용, 적성과 흥미, 미래 전망 등에 대해 조사하고 직업별로 진로 로드맵을 작성하여 고등학교 졸업 후 진로 경로 구축 방법에 대해 구체적으로 탐색함. 나아가 급우들을 대상으로 관심 있는 미래 유망 직업에 대해 설문 조사를 실시하고, 진로정보 사이트 정보를 활용하여 각 직업에 대한 진로 경로를 정리하여 학급에 게시함. 평소 정보 활용을 위해 방문하는 사이트를 공유하며, 미래 전문 직업인으로 성장할 급우들에게 도움을 주기 위해 진로 경로 구축 방법에 대한 정보를 공유하였다고 소감을 밝히는 등 배려심이 돋보이는 학생임.

관련학과 대기과학과, 물리학과, 지구물리학과, 지구환경과학과   핵심키워드 신재생 에너지

[단원명]
설득과 협력적 문제해결

성취기준 📌 [12실국03-01]

타당한 근거를 들어 자신의 주장을 설득력 있게 표현한다.

한국 문화의 우수성을 알리기 위해 전통문화를 재해석하는 패션디자이너를 목표로 패션과 관련된 서적과 인터넷 자료를 꾸준히 탐색함. 특정 문화에서 영감을 얻은 인터넷 자료를 검색하던 중에 정신이상 환자를 연상하게 하는 패션쇼, 욱일기 문양을 이용한 옷, 동양인의 가는 눈을 비하한 패션 업계 사례 등에 대한 기사를 접함. 이후 예술적 표현의 자유와 문화상대주의적 관점에 대한 토론을 기획하고 친구들에게 검색한 내용을 토론 전 준비 자료로 정리하여 공유함. 토론을 진행하는 과정에서 다소 격양된 표현들이 거론되자, 의견이 다르더라도 서로 간의 예절과 공감적 대화법의 중요성에 대해 강조하며 사회자 역할을 자처함. 특히 문화상대주의적 입장에서 공감능력을 발휘하는 모습이 인상적임. 나아가 급우들의 의견을 정리하고 학급 SNS에 공유하여 토론 활동을 통한 발전적인 의사소통 문화 형성에 기여함.

관련학과 의류학과, 의상학과   핵심키워드 패션산업의 사회적 논란

성취기준   📌 [12심국01-02]

대상과 목적을 고려하여 정보를 체계적으로 조직한다.

수업 시간에 'MSG에 대한 오해'를 주제로 한 비평문을 작성함. 신뢰를 주는 비평을 완성하기 위해 과학서적을 탐독하며 방과후에 남아 교사에게 추가 질문을 하는 모습에 감명을 받음. 비평문에서 음식에 대한 오해와 진실을 규명하기 위해 MSG가 사탕수수를 발효하여 만든 글루탐산이라는 아미노산임을 밝힘. 또한 MSG의 무해성을 증명하기 위해 생성원리와 영양학적 가치를 정리하고 자연식품에도 글루탐산은 포함되어 있다는 사실을 강조함. 이를 바탕으로 조미료 회사들의 광고 경쟁과 언론으로 MSG의 유해성이 부각되었을 뿐, 과학적 근거 없는 오해임을 규명하여 신뢰를 주는 비평문을 완성함. 논리적, 비판적 사고가 뛰어나고 열의가 있는 학생으로 비평문 작성에 그치지 않고 'MSG의 오해'에 대해 카드뉴스를 추가로 제작하고 발표하여 급우들의 호응을 이끌어 냄.

관련학과   식품공학과, 식품생명공학과, 식품영양학과, 화학과   핵심키워드   MSG

성취기준   📌 [12심국01-02]

대상과 목적을 고려하여 정보를 체계적으로 조직한다.

한류열풍에 대한 자부심을 바탕으로 연예인들의 의상에 대한 자료를 찾던 중에 국내 연예인이 해외 유명 연예인의 의상을 표절한 사실을 발견함. 이에 반성하며 인터넷 자료를 활용해 '연예인의 의상 표절 논란'에 대한 보고서를 작성함. 국내외 연예인들의 의상 표절 논란과 도용 사례를 구체적으로 탐색하고, 의상 표절의 문제점과 무분별한 모방에 대한 비평을 사실과 의견을 제시하여 논리적이고 구체적으로 작성함. 특히 정보를 분석하고 선별하는 능력이 뛰어나 급우들이 흥미롭게 탐색할 수 있는 자료를 수집함. 표절에 대한 경각심을 강조하기 위해 국내 표절 사례와 해외 표절 사례 등으로 구분하여 사진 자료를 첨부하고, 한류열풍이 지속되기 위해서는 한국의 고유한 문화를 반영한 예술성과 개성 있는 의상이 필요하다고 발표함. 나아가 모둠활동을 통해 표절에 대한 모둠원들의 한 줄 생각에 대해 정리하며 윤리적으로 고찰하는 기회를 가짐.

관련학과   의류학과, 의상학과   핵심키워드   표절

국어 교과군
고전 읽기

[단원명]
고전의 수용

성취기준 — [12고전02-01]

인문·예술, 사회·문화, 과학·기술, 문학 등 다양한 분야의 고전을 균형 있게 읽는다.

모둠원들과 함께 과학 고전 '코스모스(칼 세이건)'를 읽고, 인류가 끊임없이 우주에 대해 호기심을 갖는 이유와 저자가 전하고자 하는 메시지에 대해 고찰함. 인류의 호기심과 연구에 대한 끝없는 욕망의 근원과 과학의 발달 과정에 대한 안내가 과학적 통찰과 철학적 사유를 가능하게 했다는 의견을 제시함. 후속 탐구활동으로 급우들을 대상으로 책에 소개된 사진에 대한 흥미 여부에 대해 설문 조사를 하고 그 결과를 바탕으로 카드뉴스를 제작하고 발표하여, 급우들로부터 과학 상식을 쌓는 데 도움을 주어 고맙다는 호응을 이끌어냄. 나아가 지구의 미래를 위해 과학기술의 오용을 막고 인류가 우주를 사랑해야 하는 이유에 대해 생각할 수 있는 질문들을 급우들에게 제시하며 독서활동을 마무리함.

관련학과 우주과학과, 천문우주과학과

핵심키워드 코스모스

국어 교과군
고전 국어

[단원명]
고전의 수용

성취기준 — [12고전02-03]

현대 사회의 맥락을 고려하여 고전을 재해석하고 고전의 가치를 주체적으로 평가한다.

'슈뢰딩거의 고양이를 찾아서(존 그리빈)'를 읽고 과학적 사고와 유용성에 대해 고찰함. 양자역학의 불완전함을 증명하기 위한 슈뢰딩거의 실험이 오히려 양자역학을 이해하는 데 대표적인 실험이 된 사례를 통해, 현상에 대한 의심과 도전으로 절대적 진리라 믿었던 것들에 대해 끊임없이 도전하는 과학자들의 통찰에 감탄하여 보고서를 작성함. 천재 물리학자들의 통찰과 연구를 바탕으로 양자역학의 발전과정에 대해 이해하려 노력함. 양자역학을 완전히 이해하기는 어렵지만, 책을 읽으며 기존의 시각과는 완전히 다른 현상에 대해 경험할 수 있었음을 진솔하게 정리함. 독서를 통해 자연스럽게 과학적 사고를 하며 과학이론에 대해 통찰하는 모습을 보이는 학생으로 자연과학 분야에 기여하는 과학자로 성장할 것이라 기대됨.

관련학과 전 자연계열

핵심키워드 과학적 사고

사회 교과군
한국사 [단원명] 고대국가의 발전

성취기준 📌 [10한사02-04]

고대 문화와 예술의 특징을 살펴보고, 고대 국가들이 주변 나라들과 다양하게 교류한 내용을 탐구한다.

평소 천문학에 관심이 있어 천상열차분야지도에 대한 제작 배경과 제작 원리에 대해 조사하여 발표함. 천상열차분야지도가 고구려의 천문도 탁본을 바탕으로 조선 건국의 정당성을 증명하기 위해 제작되었음을 알고 호기심을 느껴 탐구하기로 결심하였음을 제시함. 점 크기로 별의 밝기를 표현한 부분이 별 밝기의 현대 천문학 등급과 일치함을 근거로, 조선시대 천문학적 기술이 집약된 천문도임을 증명함. 나아가 한국의 천문학사에 대한 심화 탐구활동을 위해 일본 기토라 고분에서 발견된 천문도가 별의 밝기에 따라 크기를 차별한 한반도 천문학의 특징이 나타난 점, 천랑성과 같은 별이 일본지역에서 보기 힘든 북위 38~39도에 지방에서 본 밤하늘인 점 등을 통해 고구려의 영향을 받았음을 고증을 바탕으로 증명함. 하나의 역사적 가치를 다른 나라의 역사적 사실과 연결하여 분석하고, 그 과정에서 호기심이 생기는 내용을 역사적 근거에 따라 증명한 후 자신의 의견을 제시하는 뛰어난 탐구 능력을 보여줌.

관련학과 우주과학과, 천문우주학과   핵심키워드 천문도

사회 교과군
한국사 [단원명] 조선의 성립과 발전

성취기준 📌 [10한사04-04]

새로운 사상과 종교의 등장을 사회 변동 상황과 관련지어 파악하고, 국학과 과학기술 및 서민 문화의 발달을 사례를 중심으로 살펴본다.

정약전의 '자산어보'를 학습한 후에 해양식물의 다양성과 보존에 대해 호기심이 생겨 모둠활동을 기획함. 특히 정조원년 적조현상에 대한 기록을 바탕으로 유해 해양생물로 인한 적조현상을 주도적으로 탐구함. 역사적 사실만을 조사하겠다는 팀원들에게 역사적 기록을 통해 현대 사회문제에 대한 해결 방안을 유추할 수 있다고 설득함. 특히 적조현상의 원인이 되는 유해 해양생물의 발생 원인과 그 피해사례를 조선왕조실록과 연계하여 파워포인트로 제작하고 스토리텔링 기법을 적용하여 발표함. 또한 조선왕조실록에 기록된 적조현상의 발생 기간과 지역 등이 현재 7월~9월 남해안 지역에 집중적으로 나타나는 점 등을 예로 들어 과거에도 현재와 비슷한 시기와 지역에 적조현상이 발생하였음을 시사하여 적조현상 예측 시스템의 필요성에 대해 설득력 있게 발표함. 평소에도 친구들의 질문에 친절하게 답을 해주는 배려심 있는 학생으로 모둠활동을 통해 뛰어난 협업능력을 발휘함.

관련학과 지구물리학과, 지구해양학과, 지구환경과학과, 해양학과   핵심키워드 적조현상

통합사회

[단원명]
인간, 사회, 환경과 행복

성취기준   📌 [10통사01-01]

시간적, 공간적, 사회적, 윤리적 관점의 특징을 이해하고, 이를 바탕으로 인간, 사회, 환경의 탐구에 통합적 관점이 요청되는 이유를 파악한다.

적극적으로 수업에 참여하는 학생으로 프로젝트 참여 과정에서 우수한 비판적 사고력을 보여줌. 사회현상의 통합적 관점의 중요성에 대해 학습한 후에, 비거니즘을 통합적 관점에서 분석하고 프로젝트를 진행함. 모둠 구성에 있어 소외된 급우와 함께 구성하고 해당 학생이 다른 급우들과 프로젝트를 진행할 수 있도록 프로젝트에 대한 사전 설명회를 기획함. 자신의 소비에 사회적 가치와 윤리적 의미를 부여하는 비거니즘의 시대적 배경 및 동물복지와 지구 환경을 위한 사회적 관점과 윤리적 당위성을 통합적으로 분석하여 조사함. 모둠원들에게 개별 역할을 부여하고, 각자의 의견을 통합하는 과정에서 개방적 태도로 상대방의 의견을 수렴하는 자세가 돋보임. 프로젝트 종료 후에도 축산업으로 인한 온실가스 문제에 대한 경각심을 갖기 위해 환경 캠페인을 주도하는 등 실천력과 문제해결능력이 우수한 학생이라 판단됨.

관련학과 동물자원학과, 생물학과, 생명과학과, 식품생명공학과, 식품공학과, 식품영양학과, 지구환경과학과   **핵심키워드** 비거니즘

통합사회

[단원명]
자연환경과 인간

성취기준   📌 [10통사02-03]

환경 문제해결을 위한 정부, 시민사회, 기업 등의 다양한 노력을 조사하고, 개인적 차원의 실천 방안을 모색한다.

역발상의 대가라고 할 만큼 창의적 아이디어가 돋보이는 학생임. 환경문제 해결을 위한 토의활동 중에 우리나라는 국제기준에 따라 바이오매스를 재생에너지로 인정하고 있지만, 바이오매스의 개발로 대기오염과 벌목이 증가하여 환경을 훼손하는 등 문제점이 있다는 것을 비판함. 나아가 무분별한 신재생 에너지 개발로 산림이 훼손되면서 홍수와 산사태, 포항 지진 등 자연재해 발생 위험이 커졌다는 것을 강조함. 비판적 사고능력이 뛰어나고 논리정연하게 자신의 의견과 근거를 제시함. 심화 탐구활동으로 생태모방기술을 조사하여 급우들과 2차 토의를 추가로 진행함. 조류 깃털의 구조색 현상을 모방하여 개발한 반사형 디스플레이를 예시로 들어, 자연과 인간의 조화로운 공존을 위한 해결 방안에 대해 급우들과 고찰하는 기회를 가짐. 사회적 문제에 대해 다양한 관점에서 자신의 의견을 제시할 뿐만 아니라 해결 방안을 탐색하는 것으로 보아 문제해결능력이 뛰어난 학생임을 알 수 있음. 교사의 칭찬에 대해 친구들의 다양한 의견 수렴을 통해 자신의 창의적 발상이 나올 수 있다고 답하는 겸손한 자세와 협력적 태도를 갖춤.

관련학과 농생물학과, 산림자원학과, 생물학과, 식물자원학과, 지구환경과학과   **핵심키워드** 생태모방기술

사회 교과군

동아시아사
[단원명]
동아시아 역사의 시작

성취기준 📌 [12동사01-02]

동아시아의 다양한 자연환경을 배경으로 나타난 삶의 모습을 농경과 목축을 중심으로 파악한다.

유라시아 전역을 석권한 최대 육상제국인 몽골의 역사에 대해 관심을 갖고 탐구함. 특히 유목 생활을 하는 몽골의 자연환경과 기후의 특징을 정리하여, 벼농사 지역인 우리나라의 자연환경과 생활 특징을 비교·분석함. 또한 몽골의 유목 생활에서 가장 중요한 오축의 쓰임이 흉노가 몽골지역을 최초로 통치하기 시작한 기원전 3세기 때부터 시작되었다는 것에 영감을 받아, 급우들과 함께 몽골의 유목적 전통을 심화 학습하기로 계획함. 몽골이 오축의 활용으로 유목 생활을 영위하였고 세계 최고의 기마군단을 양성하여 농경 국가들을 정복한 몽골의 세계사적 의미에 대해서 수준 높은 보고서를 완성함. 동아시아사를 연구하는 과정에서 개별 국가의 특징을 이해하는 데 그치지 않고 다른 국가에 영향을 준 사례를 역사적 사실에 근거하여 탐구하는 융합적인 역사적 사고력을 발휘함.

관련학과 동물자원학과, 수의학과, 축산학과　　　핵심키워드 몽골의 농경과 목축

사회 교과군
동아시아사
[단원명]
동아시아 사회변동과 문화교류

성취기준 📌 [12동사01-02]

동아시아의 다양한 자연환경을 배경으로 나타난 삶의 모습을 농경과 목축을 중심으로 파악한다.

수업 시간에 남다른 발표력으로 급우들에게 역사 속에서 활용된 과학적 지식에 대해 쉽게 설명하는 의사소통능력이 돋보이는 학생임. 16세기 중엽 일본의 은이 동아시아 교역에서 주요 교환 수단으로 사용되었다는 사실과 연계하여 일본의 은광 개발에 대해 조사함. 조선의 연은분리법이 일본에 전래 된 이후에 일본의 은본위제가 세계 은 거래량에 크게 기여한 점에 착안하여 역사 자료를 탐색함. '연산군일기'에 연은분리법을 시연한 장면을 바탕으로 급우들과 함께 연산군, 김감불, 김검동 등의 역할을 분배하여 역할극을 진행하면서 중국의 회취법과의 비교를 통해 연은분리법의 원리와 우수성에 대해 강조함. 재치와 번뜩이는 아이디어로 역사적 장면을 재구성하여 학생들로부터 큰 호응을 이끌어냄.

관련학과 지구물리학과, 지구환경과학과, 화학과　　　핵심키워드 은의 유통

세계사

[단원명]
인류의 출현과 문명의 발생

성취기준 📌 [12세사01-03]

여러 지역에서 탄생한 문명의 내용을 조사하여 공통점과 차이점을 설명한다.

'현대 사회 속 고대 문명 흔적 찾기' 프로젝트에 참여하여 기하학의 발달 배경과 활용에 대해 발표함. 특히 고대 이집트의 벽화 그림을 활용해 프레지를 제작하여 프로젝트의 완성도를 높임. 나일강의 범람으로 매해 땅을 측량하여 세금을 거두었다는 사례와 함께 기하학의 발달 배경과 어원에 대해 조리 있게 설명함. 역사적 발전 과정의 탐색을 통해 학습 과정의 즐거움을 깨닫고, 기하에 다소 거부감이 있는 급우들에게 수학은 실생활에 필요한 과목이며 인류 발전에 기여한 학문이라는 점을 강조함. 급우들의 수학에 대한 흥미를 돋우기 위해 세계사 과목과 융합된 주제에 대해 탐구하기를 즐기는 학생으로 이집트의 실용적인 기하학이 그리스에 전달되어 순수기하학으로 발전되었음을 설명함. 프로젝트 활동이 끝난 후에도 다양한 수학의 발달에 대한 배경지식을 정리하여 급우들과 함께 학습하고, 친구들의 발표에 경청하고 호응하며 용기를 줌.

관련학과) 수학과   핵심키워드) 기하학

사회 교과군
세계사

[단원명]
유럽 아프리카 지역의 역사

성취기준 📌 [12세사04-03]

신항로 개척이 가져온 유럽의 흥기와 절대 왕정의 등장에 대해 탐구하여 유럽 사회의 변화된 모습을 파악한다.

독서를 통한 철학적 사고와 지식의 확장으로 성장 과정이 눈에 띄는 학생임. 유발 하라리의 '사피엔스'를 읽고 유럽이 인류 역사의 비약적 발전을 가능하게 한 과학혁명을 주도할 수 있었던 이유에 대해 고찰함. 유럽이 자신들의 무지를 인정하여 새로운 지식에 대한 열망으로 과학혁명의 동기를 부여했다는 사실을 증명하기 위해 당시 중국과 유럽의 기술력과 환경, 문화의 차이를 비교 분석하여 발표함. 또한 과학이 인류의 발전에 기여한 점에 대한 토론을 기획하여, 과학이 자연에 대한 인간의 호기심에서 비롯되었으며 인류의 복지를 위해 발전하였음을 강조함. 나아가 모둠원들과 함께 급우들을 대상으로 사피엔스에 대한 한 줄 감상평을 조사하여 게시판에 부착하고 후속 활동으로 과학이 인류의 공존과 번영을 위해 나아가야 할 방향에 대해 고민하는 등 수준 높은 철학적 사유와 토론의 참여로 과학의 세계사적 의미에 대해 고찰함.

관련학과) 전 자연계열   핵심키워드) 사피엔스

성취기준 📌 [12경제01-01]

사람들의 경제생활에서 희소성이 존재함을 인식하고 합리적 선택의 필요성을 이해한다.

희소성의 상황에서 합리적인 선택을 주제로 한 모둠 수업에서 주도적인 역할을 함. 모둠원들이 주제 선정에 있어 합의점을 찾지 못하자 한정된 시간을 효율적으로 사용하기 위해서는 선택과 집중이 필요하다면서 설득함. 특히 자원의 재활용에 대한 아이디어를 제시하여 모의 학습이 원활하게 진행될 수 있도록 노력함. 패션업계의 환경보호를 위한 업사이클링에 대해 관심을 갖고, 패션산업으로 인해 발생되는 대량의 탄소배출이 제조공정의 초기 단계에 일어난다는 것에 착안함. 제품을 오래 사용할수록 환경보호에 도움을 줄 수 있다는 것을 깨닫고 폴리우레탄 폼의 성질을 활용하여 센서를 부착한 고기능성 스포츠웨어를 디자인하고 지속가능한 패션의 중요성에 대해 발표함. 추가 학습으로 화학 선생님께 폴리우레탄 폼을 활용한 고기능 운동화 제작의 가능성에 대해 문의하는 등 호기심에서 그치지 않는 치밀한 탐구 능력과 끈기가 돋보임.

관련학과 | 의류학과, 의상학과, 화학과

핵심키워드 | 폴리우레탄 폼

성취기준 📌 [12경제01-03]

경제 문제를 해결하는 다양한 방식의 장단점을 비교하고, 시장경제의 기본 원리와 이를 뒷받침하는 사회제도를 파악한다.

꾸준히 경제 신문을 탐독하여 경제 상식이 풍부하고 열정적으로 수업에 참여함. 특히 환경문제에 관심이 있어 환경과 경제의 상관관계에 대해 호기심을 가짐. 국제기구에 대한 신문 활용 수업 시간에 기후변화로 인해 경제·금융 위기를 초래하는 그린스완에 대해 탐색함. 기후정보사이트에서 '2020년 이상기후 보고서'에 대해 탐독하고 겨울철 이상고온으로 인한 혐오곤충 증가와 매미나방으로 인한 식엽 피해 현황에 대해 파워포인트를 제작하여 발표함. 추가 학습으로 친구들과 모둠을 형성하여 기후 위기가 감염병에 미치는 영향을 보고서로 작성하고, 나아가 감염병으로 인해 취약계층이 받는 위기에 대해 고찰하여 분석함. 다양한 사회 및 경제 분야의 지식을 바탕으로 친구들에게 학습 멘토링을 지원하여 나눔을 실천하는 학생임.

관련학과 | 농생물학과, 대기과학과, 산림자원학과, 생명과학과, 생물학과, 식물자원학과, 원예학과, 의생명과학과, 임학과, 지구환경과학과, 환경생명화학과

핵심키워드 | 그린스완

정치와 법 ▶ [단원명] **정치과정과 참여**

성취기준 📌 [12정법03-03]

정당, 이익집단과 시민단체, 언론의 의의와 기능을 이해하고, 이를 통한 시민 참여의 구체적인 방법과 한계를 분석한다.

다양한 정치 주체와 역할을 이해하고 시민 참여의 구체적인 방법에 대해 탐색함. 외국과 우리나라의 사례를 비교·분석하여 시민 참여를 주제로 한 협력학습에 참여함. 헌법으로 동물권을 인정한 독일에서 시민들의 참여로 '티어하임(동물의 집)'을 운영하고 동물을 엄격한 입양 절차를 통해 입양할 수 있음에 감명받아, 서울시의 동물공존도시 계획에 대해 조사하여 동물과 사람의 공존 방안에 대해 고찰하여 발표함. 심화 탐구학습으로 우리나라는 동물권에 대한 인식이 부족하다고 판단하고 시민들의 동물보호 정책 참여를 확대하기 위한 법제 마련과 유기 동물 입양 시스템 구축의 필요성에 대한 보고서를 제출함. 시민의 역할에 대해 심도 있게 고찰하여 실생활에 적용할 수 있는 구체적 해결 방안을 제시하는 등 비판적 분석능력을 발휘함.

관련학과 ▶ 동물자원학과, 수의학과, 축산학과

핵심키워드 ▶ 동물공존도시

정치와 법 ▶ [단원명] **정치과정과 참여**

성취기준 📌 [12정법03-03]

정당, 이익집단과 시민단체, 언론의 의의와 기능을 이해하고, 이를 통한 시민 참여의 구체적인 방법과 한계를 분석한다.

토론 수업을 위해 신문 스크랩을 하는 과정에서 GMO 완전표시제에 대해 정부와 과학계, 시민들의 의견이 대립되는 사실을 인지함. GMO 완전표시제에 대한 시민단체의 입장과 정부 및 과학계의 입장을 비교하고 분석하여 보고서를 작성함. 이후 진행된 토론에서 찬성의 입장을 선택하여 대두와 옥수수의 경우 전량 기름과 전분 및 당으로 가공되어 GMO가 남아있지 않는 상태이므로 표시를 할 필요가 없으며, 건강을 해친다는 과학적 근거가 없음을 강조함. 또한 미국과 유럽에서 GMO 농산물이 건강을 해칠 염려가 없다는 것을 이미 인증받은 바 있음을 보고서로 제시하여 의견에 대한 근거를 뒷받침함. 토론 수업이 끝난 후에도 균형 잡힌 시각에서 찬성과 반대 입장의 의견을 조율하여 검토하는 등의 합리적 문제해결능력을 발휘함.

관련학과 ▶ 농생물학과, 생명과학과, 생물학과, 식품공학과, 식품생명공학과, 식품영양학과, 환경생명화학과

핵심키워드 ▶ GMO 완전표시제

사회문화

[단원명]
사회·문화 현상의 탐구

성취기준 📌 [12사문01-01]

사회·문화 현상이 갖는 특성을 분석하고 다양한 관점을 적용하여 사회·문화 현상을 설명한다.

사회문화적 특징에 따른 인간의 사회적 행위와 모습들에 대해 호기심을 갖고 관찰하는 탐구력이 발달한 학생임. 수행평가를 위해 '악마는 프라다를 입는다'를 감상하고 영화에서 나타난 패션산업의 역할에 대해 토의함. 갈등론의 입장에서 패션산업이 명품을 향유할 수 있는 사람들과 그렇지 못한 사람들과의 갈등을 부추길 수도 있다는 주된 의견에 대해 인정하면서도, 패션의 순기능과 기능론적 관점에 대해 분석할 필요도 있다고 설명함. 하나의 패션트렌드를 완성하기 위해서는 기획, 디자인, 마케팅 등 각 역할의 유기적 관계 형성이 중요함을 강조함. 또한 사회적 배경을 반영하여 사람들의 마음을 위로해 주는 패션트렌드에 대해 추가로 조사함. 자신의 의견과 반대되는 갈등론의 사례를 이해하기 위해 실제 논란이 되었던 의류 사업 대표의 남성혐오 의혹과 같은 남성과 여성의 갈등에 대해 분석하는 등 다양한 관점에서 사회적 현상을 실제 사례에 적용하여 급우들의 지지를 받음.

관련학과 ▶ 의류학과, 의상학과　　　　　　　　　핵심키워드 ▶ 기능론, 갈등론

사회 교과군

사회문화

[단원명]
사회·문화 현상의 탐구

성취기준 📌 [12사문01-01]

사회·문화 현상이 갖는 특성을 분석하고 다양한 관점을 적용하여 사회·문화 현상을 설명한다.

사회·문화 현상을 탐구하는 양적 연구 방법과 질적 연구 방법에 대해 비교·분석하고 각각의 장점과 한계점에 대해 발표함. 모둠원들과 함께 두 방법 모두 상호보완적으로 활용해야 할 것에 대해 토의하던 중에 대부분의 모둠원들이 사회·문화 현상은 인간 행동 및 의지가 반영된 것이므로 일반화하기 어렵고, 심층적이고 깊이 있는 연구가 필요하여 질적 연구 방법이 더 중요하다는 주장에 대한 반론을 제기함. 양적 연구 방법 과정에서 사용되는 통계는 추상적인 사회현상을 분석하고 숫자로 표현하여 이해를 돕는 중요한 연구 방법이라고 의견을 제시함. 또한 해외 각국 통계청이 한국의 코로나19 통계 대응 전략을 인정하고 관련 사항에 대한 정보를 요구한 사실을 사례로 들면서 통계학의 가치와 의의에 대해 설명함. 다소 직관에 의지하여 주장을 펼치는 모둠원들에 비해 의견을 뒷받침하는 자료를 근거로 제시하며 객관성 있게 설득하는 과정이 인상적임.

관련학과 ▶ 수학과, 통계학과　　　　　　　　　핵심키워드 ▶ 양적 연구 방법

사회문제 탐구 | 사회문제 사례연구

성취기준 📌 [12사탐06-03]

선정한 사회문제를 바라보는 다양한 관점을 파악하고, 토의를 통해 해결 방안을 도출한다.

평소 사회문제를 탐색하는데 있어 공정과 정의의 문제에 대해 관심이 있으며 공정과 정의의 의미에 대해 정리하는 등 수준 있는 탐구 능력을 보이는 학생임. 지구온난화 현상으로 인한 폭염이 독거노인 및 농업에 종사하는 고령층을 위협한다는 사실에 대해 고찰함. 이산화탄소의 배출량은 부유층에 의해 더 많이 발생하는데, 사회적 약자인 고령층이 피해를 보는 상황에 대해 의문을 가지고 탐구를 진행함. 고령층의 피해사례를 거주환경 요인과 산업구조의 요인으로 분류하여 계층 내 사회적 불평등 심화 현상에 대하여 분석함. 특히 경제적 측면뿐 아니라 환경적 측면에서도 불평등이 초래할 수 있다는 사실에 놀라움을 금치 못했다고 소감을 밝힘. 사회를 이루는 요소들은 유기적으로 연결되어있기 때문에 특정 사회문제가 다른 사회현상에 영향을 줄 수 있음을 강조함. 사회문제를 거시적 관점에서 분석하고 다양한 사회현상과 연계하여 분석하는 탐구 능력이 우수함.

관련학과 대기과학과, 지구물리학과, 지구환경과학과 　　　핵심키워드 지구온난화, 빈부격차

사회문제 탐구 | 사회문제 사례연구

성취기준 📌 [12사탐06-04]

토의를 통해 도출된 사회문제해결 방안을 직접 실천해보고, 사회문제 탐구 및 해결 과정에 대한 보고서를 작성하여 발표한다.

비판적 분석력을 바탕으로 완성도 높은 사회탐구 보고서를 작성하고 발표함. 환경정보 사이트 자료를 분석하여 800만 톤의 플라스틱 쓰레기가 바다에 버려지며 결국 먹이사슬에 인해 인간의 생존을 위협할 것임을 강조함. 교내 100명의 학생들을 표본으로 체크리스트를 제작하여 생활 속 플라스틱 사용 실태에 대해 조사하고, 그 결과를 바탕으로 청소년들이 일회용 컵과 빨대뿐만 아니라 화장품 용기 등 환경 호르몬에 노출되어 있음을 경고함. 유럽 리투아니아 플라스틱 재활용 정책과 영국과 미국의 곤충을 활용한 사례를 바탕으로, 우리나라도 남해안의 다양한 해조류를 활용한 해양 식물계 바이오매스를 개발할 것을 발표함. 특히 생분해성 플라스틱 사용의 국산화가 시급하다고 강조함. 사회문제에 대해 조사하는 과정에서 구체적인 탐구가 될 수 있도록 설문 조사를 실시하고, 반성적 글쓰기를 통해 실생활에 적용할 수 있는 보고서를 발표하여 급우들의 호응을 이끌어냄.

관련학과 대기과학과, 지구물리학과, 지구해양학과, 지구환경과학　핵심키워드 플라스틱 쓰레기
과, 해양학과

한국지리

[단원명]
지형 환경과 인간 생활

성취기준 📌 [12한지02-01]

한반도의 형성 과정을 이해하고, 이를 중심으로 우리나라 산지지형의 특징을 설명한다.

한반도 지형의 대부분은 고생대 이전에 형성되었고, 판 경계면에서 떨어져 있어 안전지대에 포함되지만 2017년에 발생한 규모 5.4의 포항 지진에 대해 의문을 가짐. 신생대 제3기 지층의 포항분지에서 발생한 지진이 자연발생이 아닌 포항 지열발전소의 실증연구에 의한 촉발 지진이며, 지열층을 통해 주입한 물의 압력에 의해 포항 지진 단층이 자극되었음을 조사하여 발표함. 또한 포항 지진 이후에 저강도의 잦은 지진이 발생하여 지형의 액상화를 초래할 수 있다는 것을 강조하여 급우들에게 환경에 대한 경각심을 일깨워 줌. 이러한 과정을 증명하기 위해 한반도 형성과정에 대해 정리하며 국토와 자연환경에 대한 지리적 사고력을 함양함. 나아가 무리한 개발 등으로 자연재해가 발생할 수 있다는 것에 반성하며, 개발과 보전에 대한 균형적 관점의 필요성을 절실히 깨달았다고 발표함.

관련학과 물리학과, 지구물리학과, 지구환경과학과 **핵심키워드** 지진

사회 교과군

한국지리

[단원명]
우리나라 지역의 이해

성취기준 📌 [12한지07-02]

북한의 자연환경 및 인문환경 특성, 북한 개방 지역과 남북 교류의 현황을 파악하고 통일 국토의 미래상을 설계한다.

스스로를 평화주의자라고 말하며 지속가능한 발전을 위해서는 남북한이 함께 노력해야 할 것을 강조함. 설악산, 제주도, 광릉 숲 등 우리나라의 생물권 보전지역에 대해 파워포인트 자료를 제작하여 발표함. 동독과 서독의 경계를 이루던 그뤼네스반트가 독일 통일 이후 생태 관광지로 지정된 사례를 제시하며, 한반도 통일 이후 비무장지대를 생물권 보전지역으로 선정하여 다양한 생물의 종을 보존하고 공동연구를 추진해야 한다고 강조함. 발표 후에 친구들이 한반도의 지리적 환경에 대해 같이 조사하자는 제안에 흔쾌히 동의하여 제주도의 생물보존지역의 내용을 보강함. 또한 북한 주민을 대상으로 여행 계획을 세워 급우들을 북한 주민이라 설정하여 발표의 재미를 더 함. 북한어에 대해 소개하며 급우들에게 북한어로 호응해 줄 것을 요청하는 등 순발력과 소통능력을 발휘하여 성공적으로 발표를 마무리함.

관련학과 물리학과, 지구물리학과, 지구환경과학과 **핵심키워드** 남북한 공동협력

세계지리 [단원명] 세계의 자연환경과 인간 생활

성취기준 📌 [12세지02-01]

기후 요인과 기후 요소에 대한 기본 이해를 바탕으로 열대 기후의 주요 특징과 요인을 분석한다.

진로에 대한 이해가 높은 학생으로 수업 중에 호기심을 느낀 내용을 자신의 진로 목표인 종자 연구원과 연계하여 학습함. 카사바 신품종개량으로 나이지리아의 식량난을 해결한 한상기 박사의 '작물의 고향'을 탐독함. 바빌로프의 재래식물 8대 발원지에 서부 아프리카를 포함하여 9대 발원지로 정리한 한상기 박사의 연구 결과에 감탄하여, 세계 지도에 9대 기원센터를 구분하여 발표하고 학급 게시판에 게시함. 나아가 급우들에게 한국인으로서 자부심과 미래 식량난을 대비하여 작물과 종자의 중요성에 대해 강조함. 후속 탐구활동으로 지구온난화 등의 환경문제로 인해 심화된 열대 기후 국가들의 불평등 문제에 대해 탐구함. 풍부한 독서량과 뛰어난 배경 지식으로 탐구 역량이 뛰어나고 다소 어려운 학술용어를 정리하여 친구들의 이해를 돕는 이타심이 돋보이는 학생임.

관련학과 농생물학과, 생물학과, 식물자원학과, 식품생명공학과, 식품공학과, 식품영양학과, 환경생명화학과

핵심키워드 작물의 고향

사회 교과군

세계지리 [단원명] 세계의 인문환경과 인문 경관

성취기준 📌 [12세지03-05]

세계 주요 에너지 자원의 특성과 분포 특징을 조사하고, 에너지 생산 및 그 수요의 지역적 차이에 따른 국제적 이동 양상을 분석한다.

식량 자원과 에너지 자원 분포의 지역적 편재성과 국제 이동에 대한 자료를 제작하고, 환경위기로 인한 식량난과 에너지 부족에 대비하여 신산업분야의 연구에 대한 보고서를 정리함. 나아가 환경 파괴로 동물들의 서식지에 인간이 침범하면서 발생하는 인수공통전염병에 대한 프로젝트를 모둠원과 함께 진행함. 공장식 사육장의 증가로 농가와 야생 조류 등이 뒤섞임에 따라 인수공통전염병이 증가하였고, 가축과 사람의 국제 이동의 증가로 코로나19와 같은 팬데믹 상황이 다시 나타날 수 있음을 경고함. 모둠원들과 함께 전염병에 대비한 구체적인 합의점을 모색하기 위해 2개월 동안 '인수공통 모든 전염병의 열쇠(데이비드 콤멘)'를 탐독하고, 6차례 회의를 진행하는 등 프로젝트 완성을 위한 끈기를 보여줌. 가축의 환경과 생태 정보의 데이터베이스를 전 세계적으로 표준화하고, 사물인터넷과 인공지능을 이용하여 동물의 건강 상태를 실시간 확인할 수 있는 시스템을 마련해야 한다고 해결 방안을 제시함. 프로젝트를 수행하면서 집중력을 보이며 탐구 능력을 발휘하였고, 자신과 다른 의견을 수렴하는 개방적 태도를 보여 발전이 기대되는 우수한 학생임.

관련학과 동물자원학과, 생명과학과, 수의학과, 의생명과학과, 축산학과, 통계학과

핵심키워드 인수공통전염병

사회 교과군
여행지리
▶ [단원명]
인류의 성찰과 공존을 위한 여행

성취기준　　📌 [12여지04-03]

생태, 첨단기술, 문화 창조 등으로 미래를 지향하는 지역을 사례로 인류의 미래를 탐색하고 실현할 수 있는 방안을 모색한다.

여행의 의미에 대해 토의하는 활동에서, 여행을 통해 나눔과 협력의 사회 가치를 실현하기를 희망하여 환경보호에 도움을 주는 여행 상품을 개발함. 자연의 경관을 즐기는 자연관광과 자연의 가치와 보존의 필요성에 대한 교육을 포함하는 생태관광을 구분해야 한다고 강조함. 국토의 25%가 국립공원으로 지정된 코스타리카의 여행 상품을 개발하여 생태관광 포트폴리오를 제작함. 또한 바다거북과 같은 멸종위기 생물 관찰에 대한 모둠의 발표에 대해 반대 입장을 표현하고 가상현실 또는 증강현실을 활용하여 미래지향적인 여행 상품 개발의 필요성에 대한 아이디어를 제시함. 친구들과 함께 이야기를 나누며 상상력을 발휘하는 과정에서 준비한 자료들에 대한 실현 가능성을 검토하는 배려심을 발휘하여 모둠원들의 자신감을 북돋아 주는데 역할을 함.

관련학과　농생물학과, 산림자원학과, 생물학과, 식물자원학과, 원예학과, 지구환경과학과

핵심키워드　생태관광

사회 교과군
여행지리
▶ [단원명]
인류의 성찰과 공존을 위한 여행

성취기준　　📌 [12여지04-03]

생태, 첨단기술, 문화 창조 등으로 미래를 지향하는 지역을 사례로 인류의 미래를 탐색하고 실현할 수 있는 방안을 모색한다.

교과활동에 성실하고 적극적으로 참여하는 학생으로, 교사의 질문에 대답하고 소통하여 학급의 역동적인 학습 분위기 형성에 기여함. 온라인 영상을 통해 정보통신기술을 활용하여 삶의 질을 높이는 스마트 시티를 탐색함. 국내의 스마트 시티 현황에 대한 자료 수집을 위해 천안과 부산의 미래형 스마트 시티 조성 계획에 대해 집중적으로 조사함. 이를 바탕으로 미래형 관광 상품으로 천안과 부산을 연결하는 여행 상품을 개발하여 스마트팜, 제로 에너지 특화단지, 드론존 등을 잇는 스마트 관광 상품에 대한 홍보지를 제작하여 급우들에게 홍보함. 진로탐색과 과제 수행에 있어 미래사회와 연계하여 보고서를 작성하는 능력이 뛰어나고 여행 상품에 대해 홍보하는 과정에서 율동을 추가하는 등 미래 역량과 의사소통능력이 돋보이는 학생임.

관련학과　농생물학과, 산림자원학과, 생물학과, 식물자원학과, 원예학과, 지구환경과학과

핵심키워드　스마트 시티

생활과 윤리 · [단원명] 과학과 윤리

성취기준 📌 [12생윤04-01]

과학기술 연구에 대한 다양한 관점을 조사하여 비교·설명할 수 있으며 이를 과학기술의 사회적 책임 문제에 적용하여 비판 또는 정당화할 수 있다.

'과학(기술)이 윤리에게' 프로젝트 시간에 과학기술의 발달 속도를 윤리 규범이 따라가지 못하는 윤리적 공백에 대해 고찰하고 토론에 적극적으로 참여함. 유전자 편집기술이 크리스퍼 유전자가위로 인해 암, 치매와 같은 난치병을 극복하고 신약 개발, 예방의학 등에 기여한 점이 생명의료 윤리의 측면에서 해석했을 때, 환자 입장에는 선의의 행위에 해당될 수 있다며 부정적인 시각으로만 봐서는 안 된다는 상대론적 윤리설의 입장을 보임. 그러나 과학기술의 발달로 인간의 존엄성 및 사회 불평등 심화 등의 부정적 폐해가 있는 것은 분명하다는 친구들의 의견에 동의함. 더욱 깊이 있는 토론과 탐구활동을 위해 친구들과 함께 윤리적 공백을 해결하기 위한 방안은 결국 책임윤리에 있으며, 당위적 제재와 접근으로 과학기술이 인류를 역공격하는 것을 예방할 수 있다고 논리정연하게 정리함. 과학과 윤리의 관계를 대립적 관계가 아닌 인간의 삶과 공존할 수 있다는 균형적 접근을 통해 능동적이고 합리적으로 해결하고자 하는 윤리의식이 돋보임.

관련학과 전 자연계열　　　　　　　핵심키워드 책임윤리

생활과 윤리 · [단원명] 문화와 윤리

성취기준 📌 [12생윤05-02]

의식주 생활과 관련된 윤리적 문제들을 제시하고, 이를 윤리적 관점에서 비판할 수 있으며 윤리적 소비 실천의 필요성을 설명할 수 있다.

평소 패션에 관심이 많아 관련 잡지를 탐독하던 중, 패션업계의 환경 캠페인에 대한 기사를 흥미 있게 읽고 호기심이 생겨 심도 있게 탐구함. 해외 의류 브랜드가 국제환경 단체와 협업하여 셔츠에 멸종위기 동물 10종의 심볼을 담아 디자인을 한 사례에 영감을 받아 멸종위기 동물 10종과 의류업계의 환경 캠페인 사례를 카드뉴스로 제작하여 발표함. 이를 통해 패션업계와 연결된 제조업자들이 모피와 가죽 등을 얻기 위해 동물을 학대한 사례로 부정적이었던 시각이 바뀌었다는 친구들의 피드백을 듣고, 국내의 환경과 패션이 협업한 사례를 심화 탐구하기로 결심함. 자연과 환경에서 영감을 얻은 국내 의류 브랜드의 프로젝트 라인을 분석하여 자연 친화적 소재 활용과 자연을 연상케 하는 색감과 디자인, 페트병을 수거해 만든 에코 소재 의류 등 최근 패션업계의 환경 캠페인 사례를 조사하여 착한 소비를 지향하는 소비문화의 변화에 대해 파워포인트를 제작하여 발표함. 자연과 환경의 공존, 생명에 대한 경외심 등을 위한 노력은 미래 세대를 위한 당연한 책무라고 제시하며 높은 윤리의식과 실천에 대한 의지를 보임.

관련학과 의상학과, 의류학과　　　　　　　핵심키워드 멸종위기 동물

사회 교과군
윤리와 사상 ▶ [단원명] 서양윤리사상

성취기준 📌 [12윤사03-06]

의무론과 칸트의 정언명령, 결과론과 공리주의의 특징을 비교하여 각각의 윤리사상이 갖는 장점과 문제점을 파악할 수 있다.

'서양철학 이해하기' 프로젝트 시간에 칸트 철학을 선택하는 열정과 도전정신을 보여줌. 수학과 물리학적 지식이 선험적 종합판단임을 증명하기 위해 선험적 명제와 후험적 명제, 그리고 분석적 명제와 종합적 명제를 정리하여 각각 비교·분석하고 그 과정을 비주얼 싱킹으로 정리함. 이를 바탕으로 수학과 물리학을 인식하는 인식체계가 필연적으로 참이며, 지식을 포함하는 선험적 명제임을 증명함. 모둠원들과 함께 칸트 용어 사전, 비주얼 싱킹 등 다양한 자료를 제작하여 학생들의 눈높이에 맞게 설명함. 특히 인식체계의 혁명을 가져온 코페르니쿠스적 전환 부분에서는 학생들의 탄성을 자아냄. 모둠원들과의 소통과 화합으로, 다른 학생들이 선택하기를 꺼려하는 칸트 사상에 대해 심화 탐구하여 우수한 결과물을 제출함.

관련학과) 물리학과, 수학과   핵심키워드) 선험적 종합판단

사회 교과군
윤리와 사상 ▶ [단원명] 서양윤리사상

성취기준 📌 [12윤사03-07]

현대의 실존주의, 실용주의가 주장하는 윤리적 입장들을 이해하고, 우리의 도덕적 삶에 기여하는 바를 설명할 수 있다.

과학자들의 사회 참여에 대한 토론에 참여하여 지식인으로서 과학자들의 사회참여는 반드시 필요하다는 주장을 논리적으로 제시함. 과학자들이 본연의 업무인 연구에 충실해야 한다는 의견에 반론하며, 전문 지식인으로서 사회가 직면한 현실 문제를 해결해야 하는 책무가 있음을 강조함. 각기 대립되는 의견에 다소 격앙되어 토론이 원활히 진행되지 않자, 사회자를 도와 의견이 서로 다를 수 있음을 주지하고 5분 쉬는 시간을 제안하여 의견을 정리하는 기회를 가짐. 일본의 노벨 물리학 수상자 마스카와 도시히데가 일본의 군대보유금지와 교전권 불인정의 내용을 담은 헌법 전문9조를 지키는 9조회 일원임을 앙가주망 사례로 제시함. 또한 토론에 참여하며 과학자들의 앙가주망 사례가 극히 드물었다는 것에 놀랐다고 소감을 밝힘. 후속 활동으로 과학자의 사회적 참여를 주장한 미국의 유전학자 존 벡위드의 '과학과 사회운동 사이에서'를 탐독하며 고찰하는 기회를 가짐.

관련학과) 전 자연계열   핵심키워드) 앙가주망

고전과 윤리   [단원명] 자신과의 관계

성취기준   📌 [고윤01-01]

도덕적 주체로 살아가기 위해서 '뜻 세움'이 중요함을 알고 자신이 세운 뜻을 실현하기 위한 구체적인 계획을 수립하여 이를 실천하기 위한 방법을 제시할 수 있다.

율곡 이이의 '격몽요결'을 읽고, 학문에 정진해야 하는 이유와 자신의 진로에 대해 고민하는 기회를 가짐. 독서 감상문을 정리하며 율곡 이이가 학문은 일상생활 속에서 마땅히 해야 하며 이를 통해 선을 실천하고 도를 향하며 성인이 되는 길이라 강조한 부분에 감명을 받음. 학문을 시작하는 초등과정 교재로 학문을 해야 하는 이유와 자세에 대해 상세히 설명하고, 구용과 같은 용어에 대해서 추가 설명을 하는 점에서 율곡 이이의 자상함을 알 수 있었다고 작성함. 나아가 화장품 연구원을 희망하는 자신의 진로 목표에 대해 뜻을 세우기 위해 진지하게 고찰하고, 독도의 토종 식물을 기반으로 한 화장품 소재 연구를 통해 토종 식물의 우수성을 널리 알리고 싶다는 포부를 밝힘. 특히 토종 '식물정유은행'에 대한 기사를 접하고, 토종 식물의 향을 수집해 뷰티 산업의 발전가능성을 기대할 수 있었다고 발표하는 모습에서 진로에 대한 확고한 목표 의식을 엿볼 수 있었음.

관련학과   전 자연계열   핵심키워드   격몽요결

고전과 윤리   [단원명] 자연·초월과의 관계

성취기준   📌 [12고윤04-01]

최대 다수의 최대 행복(쾌락)을 도덕의 기준으로 삼는 공리주의를 칸트의 견해와 비교하여 그것의 장점과 단점을 비판적으로 논의하고, 도덕적 고려의 대상을 인간뿐만 아니라 동물까지 확대해야 하는 이유를 제시할 수 있다.

'동물해방(피터 싱어)'을 읽고 종차별주의에 대한 자신의 생각을 제시함. 결과적으로 종차별주의는 옳지 않으며 어느 수준까지 동물실험이 정당화될 수 있는가에 대한 결과를 도출하기 위해 토론에 참여함. 동물실험으로 시간과 비용의 측면에서 효율적 방법이 될 수 있는 것은 맞지만, 탈리도마이드의 사례에서 알 수 있듯이 동물실험이 인간에게 그대로 적용된다는 보장이 없음을 논리정연하게 설명함. 나아가 동물들의 생명권 존중을 위해 화장품 분야 등 이미 충분한 자료를 확보한 경우에는 실험을 금지할 수 있으며, 기존 자료 활용을 통해 동물실험을 최소화 할 수 있다고 강조함. 또한 법으로 동물의 생명권 침해에 대한 강력한 규제 방안을 마련해야 한다고 주장함. 후속 활동으로 동물실험에 대한 카드뉴스를 제작하여 급우들에게 경각심을 일깨워 줌.

관련학과   동물자원학과, 생명과학과, 생물학과, 수의학과, 의생명과학과, 축산학과, 화학과   핵심키워드   공리주의

[단원명]
다항식의 연산

성취기준 ▶ 📌 [10수학01-01]

다항식의 사칙연산을 할 수 있다.

다항식의 사칙연산과 방정식, 이차함수, 부등식을 활용한 다양한 응용문제를 해결할 수 있음. 다항식을 배우고 실생활에 적용되는 사례를 찾는 시간에 식물이 차지하는 땅의 넓이에 비해 식물이 가진 잎 전체의 넓이의 비를 다항식으로 표현한 잎넓이지수에 대해 탐구 활동을 진행함. '잎 넓이'가 단위면적 내에 있는 식물의 모든 잎의 면적을 말하며, '지수'가 단위면적에 대한 잎넓이의 비(比)를 의미하는 것으로 잎의 길이와 폭에 대해 미지수를 이용한 다항식으로 표현할 수 있음을 알게 되었다고 밝힘. 잎이 넓을수록 빛을 많이 받을 수 있으나 그 잎에 따른 그늘도 많아지므로 최적의 잎넓이지수를 유지할 필요가 있으며, 식물은 잎을 통해 태양에너지와 양분을 스스로 만들어 성장하기에 이렇게 잎의 모양과 크기에 대한 연구를 통해 최적의 잎넓이를 유지할 수 있도록 식물을 관리해주면 성장에 도움이 될 수 있겠다고 발표함.

관련학과 ▷ 농생물학과, 생명과학과, 원예학과, 수학과   핵심키워드 ▷ 잎넓이지수

[단원명]
집합과 명제

성취기준

📌 [10수학03-01] 집합의 개념을 이해하고, 집합을 표현할 수 있다.

📌 [10수학03-04] 명제와 조건의 뜻을 알고, '모든', '어떤'을 포함한 명제를 이해한다.

📌 [10수학03-07] 대우를 이용한 증명법과 귀류법을 이해한다.

논리적 사고력과 문제해결력이 뛰어나며, 수학 문제를 해결할 때에 여러 방법을 시도해보고 정답을 도출하는 과정이 맞는지 교사에게 확인해보는 수학적 호기심과 탐구력이 우수한 학생임. 특히 명제를 증명하는 과정에 흥미가 있음. 주식투자에 자주 등장하는 산술평균과 기하평균의 관계에 대해 탐구하고 이를 증명하는 다양한 방법을 시도해 봄. 반원과 사각형에서의 증명, 기하적 증명방법을 정리하여 친구들이 이해하기 쉽게 설명하여 박수를 받음. 교내의 주식 동아리에서 기하평균을 이용해 각 연도마다 투자 전략의 성과를 측정하고 투자금 변동을 파악하기 위한 연평균성장률을 구하는 문제를 직접 출제해보는 등의 응용력이 탁월함. 무엇보다 수학을 배우는 이유가 단순히 입시를 위해서가 아닌 순수학문으로서 배움을 즐기고 모든 학문과의 연계성을 고려하는 모습이 기특함.

관련학과 ▷ 수학과   핵심키워드 ▷ 산술평균과 기하평균

[단원명]

수열

성취기준

📌 [12수학 Ⅰ 03-06] 수열의 귀납적 정의를 이해한다.

📌 [12수학 Ⅰ 03-07] 수학적 귀납법의 원리를 이해한다.

📌 [12수학 Ⅰ 03-08] 수학적 귀납법을 이용하여 명제를 증명할 수 있다.

수학적 귀납법을 이용하여 명제를 증명할 수 있으며 이에 필요한 절차 지향적 사고와 귀납적 사고력이 뛰어남. 페트병을 입에 대고 물을 마실 경우 물의 세균이 하루가 지나면 기준치의 400배가 넘는다는 신문 기사를 보고 시간이 지남에 따른 세균의 수를 수학적 귀납법을 활용해 예상 가능하다는 가설을 세워 이를 증명하였음. 이후 도미노가 쓰러지는 원리를 귀납적으로 설명하였으며 이러한 과정을 통해 함수의 정의를 명확히 하는 것이 중요함을 느낌. 이러한 과정 중 알게 된 페아노 공리에 대해 호기심을 갖고 의문을 해결하는 모습을 보며 학업에 대한 집요한 태도가 우수하고 무한한 발전가능성을 가진 학생임을 느낌. 수학적 탐구를 위해 도서와 선행 자료를 적절히 활용할 수 있으며, 조별 토론활동에서도 논리력과 설득력이 돋보임.

관련학과 농생물학과, 생명과학과, 생물학과, 수학과, 식품공학과, 식품생명공학과, 의생명과학과, 환경생명화학과   핵심키워드 타액 속 세균 증식

[단원명]

지수함수와 로그함수

성취기준   📌 [12수학 Ⅰ 01-08]

지수함수와 로그함수를 활용하여 문제를 해결할 수 있다.

지수함수와 로그함수의 그래프를 그릴 수 있고 이를 활용한 문제를 해결할 수 있음. 너무 크거나 너무 작은 수치를 보기 좋고 정확하게 전달하기 위해 로그함수를 이용해 함축적으로 나타낼 수 있음을 알게 됨. 이를 활용한 측정이 소리의 크기를 측정하는 데시벨이며, 데시벨의 수치는 기준치에 대한 비율에 상용로그를 취한 것으로 절대치가 아닌 상대치임을 추가적으로 조사하였고, 이러한 일련의 과정을 데시벨의 수식으로 설명하였음. 또한 소리의 크기와 거리의 관계를 로그로 나타낼 수 있을지 궁금하여 알아 본 결과를 소리의 크기가 거리의 제곱에 반비례함을 자신만의 언어로 표현할 수 있음. 꼬리에 꼬리를 무는 사고와 호기심과 이를 집요하게 끝까지 해결하는 과정이 근래에 보기 드문 학생임.

관련학과 물리학과, 수학과, 지구물리학과, 지구환경과학과   핵심키워드 데시벨

[단원명]
미분

성취기준　📌 [12수학Ⅱ02-11]

속도와 가속도에 대한 문제를 해결할 수 있다.

수학적으로 사고하여 자신이 알고 있는 수학 개념과 연관 지어 문제를 해결하는 능력이 탁월함. 평균변화율과 순간변화율의 개념을 비교하고 그 차이점을 정리하여 미분에 대한 개념을 이해하기 위해 노력하는 모습이 기특함. 과학과 수학의 원리를 융합하여 사고할 수 있으며 배운 개념을 적용하고 실생활 속 수학 사례를 알아보는 등의 열의가 돋보임. 도로 밑 속도 감지 센서를 지나가는 자동차의 시간을 속도로 환산하여 과속을 단속하는 카메라의 원리를 그림으로 그려 설명함. 또한 미분 방정식에 기온, 기압, 바람, 습도 등을 입력하여 일기를 예보하는 과정과 이 과정에 쓰이는 다양한 물리의 법칙에 대해서 탐구한 결과를 일목요연하게 정리하여 발표함. '제논의 역설'의 아킬레스와 거북이의 일화를 수학적으로 해석하여 무한등비급수개념을 적용시켜 값을 구하고 극한개념을 적용하여 문제를 해결함.

관련학과　대기과학과, 물리학과, 수학과, 지구환경과학과　　핵심키워드　과속단속카메라

[단원명]
함수의 극한과 연속

성취기준　📌 [12수학Ⅱ01-04]

연속함수의 성질을 이해하고, 이를 활용할 수 있다.

미분과 적분의 정의를 이해하고 도함수와 정적분을 활용하여 속도와 가속도, 속도와 거리 문제를 해결할 수 있음. 적분의 원리를 이해하며 누진세의 개념이 적분의 원리와 유사하다는 생각에 이에 대한 탐구활동을 진행함. 누진 요금제를 그래프로 나타내는 과정에서 구간 양 끝의 함숫값이 급격히 달라짐을 보완하기 위해 누진세가 적용되었음을 알게 됨. 자료를 그래프로 표현하고 수학적으로 나타내는 능력이 우수함. 드론을 이용해 고래 무게를 측정한다는 영어 기사를 읽고 관련 자료를 찾아봄. 드론으로 여러 각도에서 촬영한 고래의 사진을 통해 고래의 길이, 너비, 두께를 측정하여 근삿값의 극한값으로 부피를 구하는 과정임을 알게 됨. 이를 직접 계산해 보고자 미적분 교과를 선택하기로 결심함.

관련학과　농생물학과, 생명과학과, 수학과, 환경생명화학과　　핵심키워드　누진세, 고래의 무게

[단원명]
수열의 극한

성취기준 📌 [12미적01-06]

등비급수를 활용하여 여러 가지 문제를 해결할 수 있다.

과학적 현상에 수학의 원리가 숨어있음을 다양한 학습 경험을 통해 인지하고 있는 학생임. 무엇보다 융합적 사고력이 뛰어나 타 학문과의 연계를 이해하고 실제로 접목하려 노력하는 시도가 훌륭함. 생명과학 시간에 배운 망막 피질에 평행선의 나선 패턴에 있는 수학적 규칙성을 찾아보고 이에 대해 자료를 조사하여 발표함. 이러한 과정에서 '자기 유사성'을 갖는 프랙털 구조를 알게 되었으며, 뇌와 폐 같은 신체의 기관과 자연현상을 프랙털 도형으로 표현해 봄. 후에 이러한 프랙털 구조를 분석하여 질병을 치료하는 일에 기여할 수 있기를 희망함. 사인법칙을 외접원, 코사인 법칙, 삼각형 넓이를 통해 증명하는 모습에서 포괄적 시각과 논리적, 고차원적인 수학적 사고력이 풍부한 학생임을 느낄 수 있었음.

관련학과 생명과학과, 생물학과, 수의학과, 수학과, 의생명과학과, 화학과 ｜ 핵심키워드 프랙털

수학 교과군
미적분

[단원명]
적분법

성취기준 📌 [12미적03-03]

여러 가지 함수의 부정적분과 정적분을 구할 수 있다.

미적분 수업 시간에 정적분의 다양한 활용을 학습하고 적분의 유용성과 가치를 인식하고 있음. 수학 독서활동시간에 도서 '미적분의 쓸모(한화택)'를 선택하여 읽고 실제 미적분이 사용되는 사례에 대해 학습함. 코로나19 확진자 분석, 드론, 푸리에 변환을 통한 데이터 압축, 애니메이션, 일론머스크의 스페이스X 우주선 등에 적용된 미적분의 원리를 확인함. 특히 해상도를 높이기 위해 신체 단면을 작은 격자로 나누는 CT 촬영의 원리에 사용된 미적분의 원리에 대해 조별 토론을 진행한 결과를 그룹을 대표하여 발표하였음. 이후에도 영화 속 AI나 로봇이 최적의 경로를 주행하는 방식에 들어있는 미분의 원리를 찾아 기울기, 최댓값, 최솟값을 이용해 증명함. 멈추지 않는 학업에 대한 끊임없는 의지와 열의를 엿볼 수 있었음.

관련학과 수학과, 지구환경과학과 ｜ 핵심키워드 CT 촬영

성취기준

📌 [12확통02-05] 조건부확률의 의미를 이해하고, 이를 구할 수 있다.

📌 [12확통02-06] 사건의 독립과 종속의 의미를 이해하고, 이를 설명할 수 있다.

📌 [12확통02-07] 확률의 곱셈정리를 이해하고, 이를 활용할 수 있다.

확률의 정리를 이해하고 이를 활용할 수 있으며, 표본평균과 모평균의 관계를 이해하고 설명할 수 있음. 또한 적절한 자료를 선별하여 분석하거나, 모평균을 추정하고 그 결과를 해석하는 능력이 매우 우수함. 생명의 유전정보를 담고 있는 게놈을 해독하는 인간 게놈 프로젝트를 통해 질병을 치료하고 유전병을 발견할 수 있다는 기사를 보고 호기심이 생겨 이에 대해 조사하여 미국의 한 여배우의 게놈을 분석한 결과 유방암에 걸릴 확률이 84%라는 예측을 듣고 절제술을 받은 사례를 접함. 또한 게놈 분석을 통해 게놈에서 파생되는 독특한 단백질을 표적으로 치료약이나 예방약을 만들 수 있음을 알게 됨. 이러한 확률의 원리로 질병을 예측 및 치료하고 신약을 개발하는 일에 참여하고 싶다는 의지를 발표하였음.

관련학과) 생명과학과, 생물학과, 의생명과학과, 화학과   핵심키워드) 인간 게놈 프로젝트

성취기준

📌 [12확통02-01] 통계적 확률과 수학적 확률의 의미를 이해한다.

📌 [12확통02-05] 조건부확률의 의미를 이해하고, 이를 구할 수 있다.

조건부확률의 의미를 이해하고 이를 해결할 수 있으며, 사건의 독립과 종속의 의미를 이해하는 데 다른 학생들에 비해 탁월함을 보임. 설 명절 때 즐겨하는 윷놀이에서 경우의 수가 16가지라는 칼럼을 읽고 호기심이 생겨 추가적으로 조사해 봄. 3개가 뒤집히거나 엎어지는 '걸'과 '도'의 확률은 4/16, '윷'이나 '모'는 1/16, 2개가 뒤집히는 '개'는 6/16으로 가장 높을 것이라는 이론을 세웠으나 실제 통계는 이와 다름을 알게 됨. 반원처럼 보이나 단면의 넓이가 다르고 주사위처럼 균일하지 않은 윷가락의 모양이 이론과는 다른 결과를 가져온다는 사실에 수학적 확률과 통계적 확률이 다를 수 있음을 인식함. 이 외에도 윷의 각도, 바닥에 닿는 면, 둥근 부분의 길이에 따라 달라지는 수학적 확률 계산에 능동적으로 참여하였으며, 각각의 결과를 예상할 수 있음.

관련학과) 수학과, 통계학과   핵심키워드) 윷놀이

[단원명]
이차곡선

성취기준

📌 [12기하01-02] 타원의 뜻을 알고, 타원의 방정식을 구할 수 있다.

📌 [12기하01-03] 쌍곡선의 뜻을 알고, 쌍곡선의 방정식을 구할 수 있다.

포물선의 방정식과 타원의 방정식을 이해하고 해를 구할 수 있으며, 문제상황에 대해 그래프를 그려 이를 실생활에 적용하여 원리를 이해하고 설명하는 데 뛰어남. 쌍곡선 그래프를 수학식으로 표현한 뒤 이를 활용한 전파수신기, 파라볼라 안테나의 원리를 학급에서 발표함. 나아가 영어 지문에서 보았던 '속삭이는 회랑'에서 소리가 반사되는 원리를 그림으로 그려보고 타원의 그래프로 완성해 봄. 이 그래프를 수학식으로 표현해보고 잘 이해하지 못하는 친구들에게 설명해 줌. 여기서 그치지 않고 추가로 탐색한 결과 이러한 타원의 성질이 신장결석 파쇄기와 같은 의료기기와 지반이 불안정한 곳의 건물이나 안정적인 원자력 발전소 건축 등에도 자주 사용됨을 알아냄. 하나를 배우면 열 개로 확장하는 능력이 돋보이는 학생임.

관련학과 ▷ 물리학과, 수학과, 지구물리학과, 지구환경학과   핵심키워드 ▷ 쌍곡선 그래프, 속삭이는 회랑

수학 교과군
기하

[단원명]
이차곡선

성취기준   📌 [12기하01-04]

이차곡선과 직선의 위치관계를 이해하고 접선의 방정식을 구할 수 있다.

평소 즐겨보던 픽사의 애니메이션에 유클리드 기하학이 사용되었다는 내용을 접하고 기하와 벡터에 호기심이 생김. 이후 GPS와 인공위성에서 기하와 벡터의 원리가 적용되었음을 알고 해당과목을 선택하였으며 수업과 활동에 적극적으로 참여하였음. 인공위성이 속도에 따라 원이나 타원으로 지구 주변을 공전하면서 지속적으로 공기의 저항을 받다가 시간이 지나면 소멸하는 과정을 배우면서 타원의 원리를 적용하면 인공위성의 소멸을 막을 수 있지 않을까 예상해 봄. 이러한 과정을 수식과 그래프로 설명할 수 있으며, 벡터를 활용한 지구와 우주, 환경 연구에 흥미를 느끼고 자신의 진로를 구체화하였음.

관련학과 ▷ 대기과학과, 우주과학과, 지구물리학과, 지구환경과학   핵심키워드 ▷ 인공위성, GPS
과, 천문우주학과

실용 수학

[단원명]
규칙

성취기준

📌 [12실수01-01] 다양한 현상에서 규칙을 찾고, 이를 식으로 나타낼 수 있다.

📌 [12실수01-02] 실생활에서 활용되는 수식의 의미를 이해한다.

다양한 현상에서 규칙을 찾고 이를 식으로 표현할 수 있음. 최단 경로를 찾는 활동에서 규칙을 찾아 주어진 상황에서 이동할 수 있는 다양한 경로와 최단 경로를 가장 잘 찾는 학생 중의 한 명임. 지도의 축적을 이해하고 학교에서 집까지의 거리를 축적을 활용하여 지도에 그릴 수 있으며, 활동이 끝난 후 스스로 축적의 변화에 따른 다양한 지도를 완성해 봄. 주변의 규칙을 가진 문양 속에서 규칙의 원리를 찾아보면서, 눈송이, 시어핀스키, 프랙털 구조에 대해 알게 되고 이를 평행이동, 대칭이동, 회전이동하여 그릴 수 있음. 이렇게 원리를 찾고 적용하는 과정에 매우 열의를 보여 인근의 미술관에서 문자, 문양, 패턴을 이용한 전시회를 방문하고 관련 작품을 사진으로 찍어 수업시간에 함께 공유하였으며 이를 활용한 문제를 직접 출제하여 조별활동을 진행하는 등의 적극성을 보임.

관련학과 수학과　　　　　　　**핵심키워드** 최단 경로

실용 수학

[단원명]
자료

성취기준　　📌 [12실수03-04]

목적에 맞게 자료를 수집, 정리, 분석, 해석하여 산출물을 만들 수 있다.

실생활 자료를 수집하고 이를 그림, 표, 그래프로 표현할 수 있으며, 다양한 자료의 분석과 결과 해석 능력이 수업 후반으로 갈수록 계속해서 발전하는 모습을 보임. 병원에 다리 부상 환자가 많으므로 다리 부상에 초점을 둔다면 잘못된 문제 정의로 인해 많은 사람을 위험에 빠뜨릴 수 있음을 배우고 크림전쟁 당시 간호를 자원한 나이팅게일의 통계 그래프에 대해 호기심이 생겨 탐구 활동함. 부상으로 인한 사망보다 병원 내의 질병으로 인한 사망자 수가 오히려 많은 것을 보고 꼼꼼히 조사하여 병원 건물의 위생 상태와 식품 위생 등의 원인을 발견해 이를 해결한 나이팅게일의 사례에서 깊은 감화를 받음. 이후 이러한 통계 자료를 통해 보건제도의 개혁과 통계학 발전에 이바지한 나이팅게일을 존경한다는 내용의 발표를 진행함. 올바른 문제 정의를 위한 통계 자료 분석으로 다양한 사회와 인류 문제들을 해결하는 일에 관심이 많으며, 충분한 잠재력으로 기대가 촉망되는 학생임.

관련학과 수의학과, 수학과, 의생명과학과, 통계학과　　　　**핵심키워드** 나이팅게일, 통계학

경제 수학 ▶ [단원명] 수와 생활경제

성취기준 📌 [12경수01-02]

경제지표의 증감을 퍼센트와 퍼센트포인트로 설명할 수 있다.

다양한 통계자료를 활용해 경제지표의 의미를 해석할 수 있으며, 전년도와 올해의 정부 예산의 증감자료를 보고 의미를 해석할 수 있음. 환율의 뜻을 알고 변동에 따른 손익 계산과 환거래로 부터 비례식을 활용하여 환율을 계산하는 데 어려움이 없음. 신문기사에서 코로나19 예방 접종률이나, 대통령 지지율, 주식 등의 수치를 언급할 때 퍼센트와 퍼센트포인트가 자주 언급되는 것을 보고 둘의 차이가 궁금하여 의미와 사례를 찾아 봄. 퍼센트포인트가 퍼센트 간의 차이를 의미하며 이자율, 감소율, 실업률 등의 변화를 표현한 것을 알게 됨. 이전에 대학수학능력시험 영어 시험에서 도표를 해석하는 문항에서 이러한 오류를 범하여 두 개의 선택지가 정답 처리되었던 사례를 토론주제로 건의하여 수업 시간에 실행함. 활동 후 퍼센트로 표현했을 때 퍼센트 포인트보다 수치에 대한 체감이 커질 수 있기에 이를 악용하는 사례가 있으므로 정확한 판단 능력이 필요함을 깨닫게 됨.

관련학과 ▶ 수학과, 통계학과 　　　　　核심키워드 ▶ 퍼센트, 퍼센트포인트

경제 수학 ▶ [단원명] 함수와 경제

성취기준 📌 [12경수03-06]

효용함수를 이용한 의사 결정 문제를 해결할 수 있다.

수요와 공급의 상호작용에 의한 균형가격이 결정되는 경제현상을 이해하고 이를 자신만의 언어로 표현할 수 있음. 한계효용체감의 법칙을 설명하면서 갈증 날 때의 시원한 음료수를 사례로 친구들이 이해하기 쉽게 설명하였음. 미분을 이용해 그래프의 개형을 그릴 수 있고 한계생산량과 탄력성의 개념에 대해 완벽히 이해하고 있어 다양한 문제를 해결할 수 있음. 개별 활동 시간에 '소득이 늘어나면 소비량이 늘어난다.', '버스요금이 상승하면 기차 이용자가 늘어난다.' 와 같은 실생활 속 미분이 적용된 문장을 가장 많이 만들어 미분에 대한 이해도가 가장 높은 학생으로 선정됨. 이후 '스타벅스 커피가 비쌀수록 잘 팔린다.'는 기사를 보고 미분의 원리뿐 아니라 과시용 소비가 적용된 베블런 효과를 들어 설명하여 경제 수학 속 심리학까지 확장하여 이해하는 모습을 보임.

관련학과 ▶ 수학과 　　　　　核심키워드 ▶ 한계효용체감의 법칙

수학과제 탐구

[단원명]
과제 탐구의 이해

성취기준

📌 **[12수과01-01]** 수학과제 탐구의 의미와 필요성을 이해한다.

📌 **[12수과01-02]** 수학과제 탐구의 방법과 절차를 이해한다.

수학과제 탐구의 의의와 필요성을 인식하여 해당 교과를 선택함. 수학과제 탐구의 절차와 방법 등에 대한 사전 교육에 성실히 참여함. 바른 인성으로 과제 탐구나 연구 활동에 필요한 연구 윤리의식이 투철한 학생임. 데이터 조작, 표절, 거짓 및 과장 진술, 저자 기록 위반 등의 연구 윤리 사례에 대해 조사하고 발표를 자원할 정도로 적극성과 열의를 보임. 기업 면접에도 자주 쓰인다는 페르미 추정을 주제로 정하고 사례가 되는 문제들을 건의하여 '교실에 땅콩이 몇 개 들어갈까?', '하루 동안 한국에서 소비되는 치킨은 몇 마리일까?', '골프공 표면의 구멍은 몇 개일까?'가 활동 주제 문제로 선정됨. 창의적 아이디어가 돋보이며 논리적인 해결책을 근거로 침착하게 문제를 해결하는 태도가 우수함.

관련학과 농생물학과, 대기과학과, 물리학과, 생명과학과, 생물학과, 수학과, 우주과학과, 원예학과, 의생명과학과, 지구물리학과, 지구환경과학과, 천문우주학과, 통계학과, 화학과, 환경생명학과

핵심키워드 페르미 추정

수학과제 탐구

[단원명]
과제 탐구 실행 및 평가

성취기준

📌 **[12수과02-02]** 선행 연구를 검토하고 적절한 탐구 방법을 찾아 탐구 계획을 수립할 수 있다.

📌 **[12수과02-03]** 탐구 계획에 따라 탐구를 수행할 수 있다.

📌 **[12수과02-04]** 탐구 결과를 정리하여 산출물을 만들고 발표할 수 있다.

수학에 대한 관심과 흥미가 매우 높은 학생으로 탐구주제를 스스로 정하고 능동적으로 참여하는 모습이 칭찬할 만함. 선행 연구자료를 찾고 분석하는 능력이 탁월하며 탐구 계획과 절차에 따라 활동하고 그 결과에 따라 결과물을 산출하고 정리하는 부분이 남다름. 수학의 학자와 이론을 연대별로 정리한 수학사를 UCC로 제작하여 많은 주목을 받음. 대입제도개편과 사교육비의 상관관계에 대한 주제로 과제탐구를 진행함. 연도별 사교육비 변화에 따른 통계자료와 대입제도의 변화를 비교하고, 수학능력시험의 난이도에 따라 사교육에 영향을 미치는지 여부까지 조사함. 결국 이러한 대입제도 개편은 제로섬게임에 불과하다는 나름의 결론과 함께 다른 나라의 대입제도를 분석한 자료를 사례로 들어 각 제도가 시사하는 바를 정리하여 탐구보고서를 완성하였음.

관련학과 식품공학과, 식품생명공학과, 식품영양학과

핵심키워드 대입제도 개편과 사교육비의 상관관계

성취기준

📌 [12기수01-02] 순열의 의미를 이해하고, 순열의 수를 구할 수 있다.

📌 [12기수01-03] 조합의 의미를 이해하고, 조합의 수를 구할 수 있다.

순열과 조합의 의미를 이해하고 각각의 수를 구할 수 있으며, 합의 법칙과 곱의 법칙을 이용해 경우의 수를 구할 수 있음. 실생활에서 순열과 조합이 사용된 사례에 관한 문제를 찾는 조별활동 시간에 실전 문제를 출제하는 역할을 맡아 양질의 문제를 출제하고, 틀린 학생들에게 개념과 이론을 설명하였음. 이 학생이 출제한 문제 중 종류가 다양한 아이스크림의 조합을 묻는 문제가 가장 인기 있는 문제로 뽑힘. 최초의 한글점자인 훈맹정음에서 순열과 조합의 원리를 탐구하였음. 최근 개정된 점자규정에서 띄어쓰기를 제외한 63개의 초성, 중성, 종성의 원리를 학습하고 순서가 있으면 순열, 순서가 없으면 조합이라는 원리를 발표하였음. 이를 바탕으로 실제로 점자를 읽고 소통할 수 있게 되었으며, 시각장애인의 불편함을 이해하려 노력하는 모습을 보임.

ㅡㅡㅡ

관련학과 농생물학과, 대기과학과, 물리학과, 생명과학과, 생물학과, 수학과, 우주과학과, 의생명과학과, 지구물리학과, 지구환경학과, 천문우주학과, 통계학과, 화학과, 환경생명화학과

핵심키워드 훈맹정음, 점자

수학 교과군

기본 수학 ▶ [단원명]

집합과 함수, 도형의 방정식

성취기준

📌 [12기수03-04] 함수의 개념을 이해하고, 그 그래프를 이해한다.

📌 [12기수04-01] 피타고라스의 정리를 활용하여 두 점 사이의 거리를 구할 수 있다.

📌 [12기수04-02] 평행이동의 의미를 이해하고, 평행이동한 도형을 좌표평면에 나타낼 수 있다.

집합의 개념을 이해하고 집합을 표현할 수 있으며, 함수의 그래프를 그리고 문제를 해결할 수 있음. 공간지각능력이 뛰어나 도형의 방정식의 이해도가 탁월하며 평행이동한 도형을 좌표평면에 나타낼 수 있음. 피타고라스의 정리를 증명하는 200여 가지의 방법에 대해 조별 토론을 진행하면서 총 8가지의 증명방법을 정리하여 조별 결과물을 제출하는 데 일조함. 불쾌지수, 물가지수, 식생지수, 빅맥지수 등 생활 속의 다양한 지수에 함수의 원리가 숨어있음을 알고, 과학잡지에서 '코로나19 감염재생산지수로 전염병 확산을 예측한다.'는 내용을 읽고 탐구활동을 진행함. 재생산지수가 지수함수의 '밑'이며, 며칠이 지났는가는 x로 표현하여 감염자를 예측하는 방법을 친구들 앞에서 시연함. 재생산지수가 다를 때 7일 후의 감염자 수 그래프를 해석하고 변수를 달리하여 그래프를 그려보는 등 학습과 탐구에 대한 의지가 월등히 높은 학생임.

ㅡㅡㅡ

관련학과 물리학과, 수학과, 의생명과학과, 지구환경과학과, 화학과

핵심키워드 피타고라스의 정리, 생활 지수

인공지능 수학

수학 교과군

[단원명] 인공지능과 수학

성취기준 📌 [12인수01-02]

인공지능에 수학이 활용되는 다양한 예를 찾을 수 있다.

순발력과 적응력이 뛰어나며 인공지능에 필요한 수학적 사고력의 필요성을 인식하고 있음. 새롭게 등장한 메타버스의 원리가 연예계, 교육계, 게임 등 다양한 분야에 쓰이는 것에 대해 관심을 갖고 조사하여 발표함. 인공지능이 적용되는 사례를 찾아 발표하는 시간에 알파고와 자동번역기에 대해 조사하였음. 몬테카를로 트리 탐색 알고리즘을 사용하여 바둑알을 놓은 자리를 행렬값으로 변환하며 빠르게 경우의 수를 찾아내는 인공지능 알파고의 동작원리에 대해 탐구하고 관련 내용을 정리하여 발표하였음. 인공신경망에 적용된 인공지능의 수학적 원리에 대해 학습하고 이를 수학식으로 표현하면서 알고리즘의 원리를 확장하고 인공지능에 필요한 수학능력이 큰 폭으로 상승하는 모습을 보임.

관련학과 생명과학과, 생물학과, 수의학과, 수학과, 의생명과학과, 지구환경과학과

핵심키워드 알고리즘, 인공신경망

인공지능 수학

수학 교과군

[단원명] 자료의 표현

성취기준

📌 [12인수02-03] 수와 수학 기호를 이용하여 실생활의 이미지 자료를 목적에 알맞게 표현할 수 있다.

📌 [12인수02-04] 수와 수학 기호로 표현된 이미지 자료를 처리하는 수학 원리는 이해한다.

수와 수학 기호를 이용하여 실생활 이미지 자료를 표현하는 능력이 우수함. 주어진 자료를 분석하는데 재능이 있으며, 자료를 통해 예측할 때 오차를 함수로 표현할 수 있음. 인공지능 수학에 관련된 최적의 주제를 선정할 수 있으며, 아이디어가 풍부함. 동물과 아이의 울음을 저장·수집 후 시각 데이터로 저장하고 색으로 구분하여 표시한 뒤, 울음의 원인을 분석하는 과정에 사용된 인공지능의 원리와 로지스틱함수에 대해 탐구함. 이 과정 중에 알게 된 로지스틱 회귀가 머신러닝 분류 문제를 해결하는 방법으로 쓰임을 알고 조별활동을 통해 호기심을 해소하려 노력함. 이러한 일련의 과정을 수학 노트에 그림 및 그래프와 함께 정리하여 제출하였음. 수리력과 논리력이 뛰어나 수업 시간에 친구들에게 수학적 지식을 공유하는 모습이 인상적인 학생임.

관련학과 수학과

핵심키워드 로지스틱함수

통합과학 · [단원명] 물질의 규칙성과 결합

성취기준 📌 [10통과01-02]

우주 초기의 원소들로부터 태양계의 재료이면서 생명체를 구성하는 원소들이 형성되는 과정을 통해 지구와 생명의 역사가 우주 역사의 일부분임을 해석할 수 있다.

평소 수업 시간에 다른 분야보다 천문학 분야에 뛰어난 집중력을 보이는 학생으로 성간 사이에서 성간운을 통해 별이 탄생하여 우주가 형성된다는 것을 이해하고, 우주 탄생과정 수업 시간에 작성한 PPT를 발표하여 급우들로부터 좋은 반응을 얻음. 원시별의 탄생과정을 천문 정보 사이트를 참고하여 친구들이 쉽게 이해할 수 있도록 그림 자료를 만들어 적극적인 호응을 얻음. 또한 원시별은 고밀도의 성간 물질에서 태어나기 때문에 관측이 어려운 점에 호기심을 느껴 적외선 검출기, 분광기 등의 관측 방법을 탐구함. 이 과정에서 국내 연구진이 원시별의 행성 원반에서 유기 분자를 검출했다는 내용을 접하고 연구 결과의 의미에 대해 고찰하였으며, 지구 생명 탄생을 가능하게 한 물질의 기원이 어디에서 비롯되었는가에 대해 의구심을 갖고 관련 학과에 진학하겠다는 목표 의식이 생겼다고 발표함.

관련학과 물리학과, 우주과학과, 천문우주학과   **핵심키워드** 원시별

통합과학 · [단원명] 자연의 구성물질

성취기준 📌 [10통과02-03]

물질의 다양한 물리적 성질을 변화시켜 신소재를 개발한 사례를 찾아 그 장단점을 평가할 수 있다.

과학적 탐구 능력이 뛰어난 학생으로 수업 시간에 집중력이 좋으며 질문을 통해 궁금한 것과 호기심을 해결하려고 하는 탐구적 열정을 보여줌. 토기, 자석, 플라스틱도 과거에는 신소재였음을 인지하고 호기심을 느껴 현재 유용하게 활용되는 신소재 사례에 조사함. 혁신적 소재 그래핀의 성질과 특성을 조사·분석하고 활용 가치가 높은 미래형 태양전지, 초강력 자동차, 특수섬유 등의 활용사례에 대해 발표함. 또한 모둠원들과 함께 물질의 전기적·자기적 성질을 활용한 신소재인 초전도체, 네오디뮴 자석 등을 카드뉴스로 제작하여 다양한 신소재에 대한 친구들의 이해를 도움. 나아가 화이트 그래핀 합성연구에 대한 보고서를 작성하여 그래핀의 가치와 신소재 연구의 필요성에 대한 의견을 논리정연하게 발표함.

관련학과 물리학과, 생명과학과, 생물학과, 지구물리학과, 화학과, 환경생명화학과   **핵심키워드** 신소재

과학 교과군
과학탐구실험 ▶ [단원명] 역사 속의 과학 탐구

성취기준 📌 [10과탐01-03]

직접적인 관찰을 통한 탐구를 수행하고, 귀납적 탐구 방법을 설명할 수 있다.

귀납적 탐구 방법을 학습하고, 왓슨과 크릭의 DNA 이중나선구조 발견에 대한 실험 과정을 워크북에 정리함. 나아가 왓슨과 크릭이 DNA의 화학적 성분과 염기의 비율을 분석할 수 있도록 결정적 단서를 제공한 프랭클린의 X선 사진을 바탕으로 DNA의 이중나선모형을 완성하였던 과정에서 과학적 호기심이 발생하여 프랭클린의 실험에 대해 추가로 조사함. 프랭클린이 X선에 비쳐 DNA 구조를 관찰하기 위해 수분의 함량을 조절하면서 습도에 따라 달라지는 DNA의 다양한 형태를 관찰하였다는 사실에 감탄함. 역사 속 실험탐구 활동을 통해 실험탐구과정의 중요성을 다시 한번 인식하며, 수업 시간에 실시하였던 탐구과정 활동에서 사소한 사실 하나도 놓치지 않으려 하는 치밀한 과학적 탐구 능력을 보여줌.

관련학과 물리학과, 생명과학과, 생물학과, 화학과 　　　　　　 **핵심키워드** 귀납적 탐구

과학 교과군
과학탐구실험 ▶ [단원명] 첨단 과학 탐구

성취기준 📌 [10과탐03-02]

첨단 과학기술 및 과학원리가 적용된 과학 탐구 활동의 산출물을 공유하고 확산하기 위해 발표 및 홍보할 수 있다.

생명, 환경, 에너지, 의료 등의 분야에서 활용되고 있는 다양한 첨단 과학기술을 탐색하여 보고서를 작성하고 발표함. 학급 친구들의 이해를 돕기 위해 제4의 물질인 플라즈마의 생성 과정과 플라즈마 기술이 공기 정화, 농작물 살균, 수질관리 및 살균 소독 등 일상 속에서 활용되는 사례를 제시함. 체계적인 발표로 학생들의 적극적인 호응을 얻은 바, 플라즈마에 대해 잘 이해하고 있다고 판단됨. 플라즈마 기술이 공기 정화, 농작물 살균, 수질관리 및 살균 소독 등 다양하게 활용되고 있으며 최근 코로나19 예방을 위해 학교에 공기 살균정화기를 설치해야 한다고 건의함. 플라즈마를 활용한 그린 에너지에 관심을 갖고 '친환경 에너지 도시 설계하기'의 심화 탐구활동에 적극적으로 참여하여 지속가능한 에너지 활용에 대해 고찰하는 등 우수한 탐구 능력을 보여줌.

관련학과 물리학과, 지구환경과학과, 천문우주학과, 화학과 　　　　　　 **핵심키워드** 플라즈마

성취기준 📌 [12물리 I 01-03]

뉴턴의 제3법칙의 적용 사례를 찾아 힘이 상호 작용임을 설명할 수 있다.

학업 성적이 우수하고 수업 시간에 교과 내용을 이해하는 것을 넘어 보고서 작성에 어려움이 있는 급우들과 함께 모둠을 이루어 협업하는 배려심이 돋보이는 학생임. 고전물리학을 완성한 뉴턴에 대한 경외심으로 뉴턴의 운동의 법칙이 적용된 예를 실생활에서 찾아 보고서를 작성함. 교과서 사례를 바탕으로 결승선을 통과해서 달려가는 육상선수와 다른 무게의 볼링공을 굴렸을 때 속도와의 관계를 규명하고, 손뼉 치기 게임 등 운동 법칙을 설명할 수 있는 다양한 사례를 통해 물리학이 일상생활 속에서 접할 수 있는 친근한 학문임을 제시함. 또한 탐구보고서 발표 시간에 급우들의 이해를 돕기 위해 간단한 실험 시연을 하는 열정을 보이며 급우들의 호응을 얻음. 교과 학습에 있어 관심분야에 대해 직접 시연하며 치밀하게 분석하는 탐구 능력을 보임.

관련학과 물리학과, 수학과　　　　　　　　핵심키워드 뉴턴의 법칙

성취기준 📌 [12물리 I 02-03]

고체의 에너지띠 이론으로 도체, 반도체, 절연체 등의 차이를 구분하고, 여러 가지 고체의 전기 전도성을 비교하는 탐구를 수행할 수 있다.

아두이노를 이용하여 센서를 만들어 보는 과정에서 각 부품을 전기전도도에 따라 분류하고 도체, 부도체, 반도체의 쓰임과 효용성에 대한 보고서를 작성함. 후속 활동으로 바이오센서의 미래 전망에 대한 토론에 참여하며 모둠원들의 이해를 돕기 위해 생체감지부, 신호변환부, 신호처리부에 대한 그림과 도표를 준비하여 바이오센서 기술의 원리에 대해 논리정연하게 설명함. 또한 바이오센서의 신속성과 민감성, 현장성에 관심을 갖고 센서의 원리와 구성요소에 대해 보고서를 작성함. 바이오센서 기술이 나노기술과 융합하여 매우 적은 양의 생체물질을 민감하게 판독할 수 있으며, 알츠하이머와 같은 뇌 질환의 극복도 가능할 것이라고 전망함. 과학적 사고 능력이 우수하고 과학과목 간 융합된 주제에 대해 흥미를 갖고 적극적으로 참여함.

관련학과 물리학과, 생명과학과, 생물학과, 화학과, 환경생명화학과　　　핵심키워드 바이오센서

[단원명]

전자기장

성취기준 📌 [12물리Ⅱ 02-08]

상호유도를 이해하고, 활용되는 예를 찾아 설명할 수 있다.수 있다.

일상생활 속에서 사용되는 과학원리에 대한 관심이 많고 이를 증명하는 것에 지적 호기심을 느끼는 과학적 탐구력이 돋보이는 학생임. 패러데이의 전자기 유도실험에 대해 흥미롭게 관찰하여 자기장과의 상호작용에 의해 전류가 생겨나는 전자기유도원리를 활용한 스마트폰 무선충전기의 원리에 대해 발표함. 무선 충전 패드 안에는 다양한 전자기장을 발생시키는 전기 코일이 감겨 있는데, 휴대폰 안에 충전 패드에서 발생하는 유도전류를 수신하는 2차 코일이 내장되어 있어, 충전 패드에 전원을 연결하면 코일에서 전자기장이 발생하고 전자기 유도현상에 따라 배터리가 충전된다고 논리정연하게 설명함. 그러나 전송 거리가 짧아 근접한 거리에서만 충전이 가능한 것이 단점이므로 이를 보완하기 위한 연구에 참여하고 싶다는 포부를 밝힘.

관련학과 물리학과, 화학과　　　　　　　　　　　　핵심키워드 충전기

[단원명]

파동과 물질의 성질

성취기준 📌 [12물리Ⅱ 03-07]

입자의 파동성을 물질파 이론과 전자 회절 실험을 근거로 설명할 수 있다.

톰슨과 보어에 이르기까지 원자모형의 변천 과정을 탐색하던 중, 다전자 원자의 규명을 위해 확률분포 함수의 개념을 도입한 오비탈 원자모형에 대해 보고서를 작성함. 원자오비탈은 전자의 파동으로 표현되는 원자의 모형으로, 전자는 특정한 위치에 존재할 확률에 따라 원자핵 주위에 구름같이 표현됨을 정리함. 또한 전자의 이동궤도를 파동함수로 정의하며 파동함수를 제곱한 값은 전자를 발견할 확률 즉, 오비탈이 됨을 제시함. 나아가 주양자수, 방위양자수, 자기양자수의 조합으로 오비탈의 모형이 결정되는 과정을 규명하고, 수소 분자의 형성과정에 생기는 시그마 결합에 대해 학급 교육 플랫폼에 게시하여 자료를 공유함. 뛰어난 과학적 탐구 능력과 문제해결력으로 급우들에게 자신의 정보를 아낌없이 공유하는 배려심과 협동심을 보여줌.

관련학과 물리학과, 화학과　　　　　　　　　　　　핵심키워드 오비탈

성취기준 ┉ [12화학 I 01-01]

화학이 식량 문제, 의류 문제, 주거 문제해결에 기여한 사례를 조사하여 발표할 수 있다.

질소 비료의 대량 생산을 가능하게 하고, 인류를 기아에서 구해낸 하버-보슈 공법에 대해 탐색 한 후, 화학이 식량문제를 해결한 사례에 대한 호기심으로 프로젝트를 진행함. 공장식 축산으로 인한 환경위기를 극복하고 미래 식량의 대안이 될 수 있는 인공 식품에 대한 탐구를 진행함. 식물계 재료를 활용한 인공 달걀 및 인공 고기 등으로 온실가스 배출을 줄이고, 베타카로틴이 들어간 쌀 재배 등 화학을 이용한 농업이 식량 원조를 받는 국가들을 위해 이로운 대안이 될 수 있다는 것을 발표함. 가독성 좋은 자료를 준비하여 학급 친구들의 이해를 돕고, 과학적 탐구력과 문제해결력이 우수한 학생임. 후속 활동으로 화학섬유와 합성수지 등 화학이 의류 문제와 주거 문제에 기여한 사례를 분석하여 보고서를 제출함.

관련학과) 농생물학과, 식물자원학과, 식품생명공학과, 식품영양학과, 화학과 (핵심키워드) 하버-보슈법

성취기준 ┉ [12화학 I 02-04]

현재 사용하고 있는 주기율표가 만들어지기까지의 과정을 조사하고 발표할 수 있다.

주기율표의 역사에 대해 탐색하던 중 현재 사용하는 주기율표와 가장 유사한 러시아의 과학자 멘델레예프의 주기율표 만들어지는 과정에 대해 탐색함. 매장량에 따라 주기율표에서 차지하는 비율을 달리하거나 가격에 따라서 크기를 달리 하는 등 20명의 학급 구성원들의 출석 번호에 해당하는 원소의 유래와 이용되는 사례에 대해 탐색하고 비주얼 싱킹으로 표현하여 급우들의 흥미를 자아냄. 또한 원소로 보는 화학사를 소개하며 화학이 실생활에 밀접한 관계가 있고, 과학의 유용성에 대해 고찰할 수 있는 기회였다고 소감을 발표함. 창의적 아이디어와 소통능력을 바탕으로 다양한 분야에 호기심을 보이며 급우들과 함께 탐구과정에 참여하여 학급의 적극적인 분위기 형성에 기여함. 과학적 탐구력과 협동심을 바탕으로 성장하는 모습을 보여줌.

관련학과) 화학과 (핵심키워드) 주기율표

성취기준   📌- [12화학Ⅱ02-07]

완충 용액이 생체 내 화학 반응에서 중요함을 설명할 수 있다.

수업 시간에 적극적으로 참여하는 학생으로 과학이론과 실생활을 연계하여 가독성 좋은 자료를 제작함. 수소이온농도를 일정하게 유지하고, 생명체의 항상성 유지에 중요한 역할을 하는 완충용액의 과학적 원리에 대해 보고서를 작성함. 산성과 염기성 용액이 단백질에 미치는 영향을 닭가슴살을 준비하여 간단한 실험을 진행함. 나아가 완충용액의 원리를 설명하기 위해 약산인 아세트산과 아세트산이온의 공통이온효과에 대해 규명함. 종이의 탄산칼슘의 완충작용, 수영장에서 탄산수소소듐의 완충작용에 대한 실제 사례에 대한 심화 탐구를 진행하여 카드뉴스로 제작하여 발표함. 화학에 대한 관심과 흥미가 많아 화학을 학습하며 실생활에 적용하는 등 과학적 탐구력이 우수한 학생임.

관련학과   생명과학과, 식품생명공학과, 화학과   핵심키워드   완충용액

성취기준   📌- [12화학Ⅱ04-03]

수소 연료 전지가 활용되는 예를 조사하여 설명할 수 있다.

평소 자원고갈과 환경문제에 관심이 많은 학생으로, 신재생 에너지의 활용과 첨단과학의 적용 분야에 대해 심도 있게 학습함. 연료전지가 수소와 산소 화학반응으로 전기가 발생 되는 원리를 제시하고 연료전지에 대한 이해를 돕기 위해 태양전지와 비교 분석하여 표로 정리함. 높은 에너지 효율과 열, 전기 에너지를 한 번에 얻을 수 있는 장점이 있고, 수소가 기체 상태이기 때문에 저장의 어려움과 촉매의 가격이 비싸 가격 경쟁력을 확보하기가 어렵다는 한계점도 기술의 발달로 극복되고 있어서 수소 자동차가 상용화되는 등 과학과 기술의 융합을 통해 지속가능한 에너지원으로 발전되고 있음을 강조함. 수업 시간에 보고서와 발표 내용에 대한 과학적 근거를 검토하고 점검하는 습관을 보이는 학생으로 예비 화학자로서의 자질이 충분하다고 판단됨.

관련학과   지구물리학과, 천문우주학과, 화학과   핵심키워드   연료전지

과학 교과군 생명과학 I — [단원명] 생명과학의 이해

성취기준 📌 [12생과 I 01-02]

생명과학의 통합적 특성을 이해하고, 다른 학문 분야와의 연계성을 예를 들어 설명할 수 있다.

분자육종기술이 유전자분석을 통해 병 저항성 등과 같은 육안으로 구별되지 않은 특징까지 판별할 수 있다는 사실에 흥미를 느끼고, 인터넷을 검색하여 분자육종 기술의 발달과 활용 분야에 대해 탐색함. 분자육종 기술이 원예작물, 농작물, 동물자원 등 다양한 분야에 적용되는 사실을 인지하여 분자육종 기술의 활용 분야 및 미래가치에 대한 파워포인트 자료를 제작하여 발표함. 디지털 육종 시스템 구축으로 빅데이터와 인공지능을 통해 기능성 성분이 있는 품종개량 등 디지털 생물정보 분석과 데이터로 맞춤형 지원이 가능할 것이라는 창의적 아이디어를 제시하며 관련 분야의 열정을 드러냄. 의사소통능력과 추론능력이 뛰어난 학생으로 새로운 아이디어에 대한 개방적인 태도가 돋보임.

관련학과 농생물학과, 동물자원학과, 산림자원학과, 생명과학과, 생물학과, 수의학과, 식물자원학과, 원예학과, 임학과, 축산학과, 환경생명화학과

핵심키워드 분자육종

과학 교과군 생명과학 I — [단원명] 유전

성취기준 📌 [12생과 I 04-04]

염색체 이상과 유전자 이상에 의해 일어나는 유전병의 종류와 특징을 알고, 사례를 조사하여 발표할 수 있다.

크리스퍼 유전자가위 기술을 개발한 과학자의 공동 수상에 대한 기사를 읽고 '크리스퍼 편집기술 이해하기' 프로젝트 활동을 기획함. 난치성 유전질환을 극복할 수 있는 크리스퍼 유전자가위에 대한 연구모임 중에 모둠원들이 크리스퍼의 개념과 원리에 대해 혼동이 오자 크리스퍼는 세균 내에 있는 유전자로 세균의 면역 시스템이라 정리하여 안내함. 또한 크리스퍼 유전자가위는 현존하는 유전자 변형기술 중에 가장 정교하고 안전한 기술임을 보고서를 통해 규명함. 토의, 보고서 작성, 발표로 진행된 프로젝트를 주관하며 모둠원들과 함께 크리스퍼 유전자가위를 활용하여 치료하고 싶은 암, 코로나바이러스, 병충해에 강한 바나나 등에 대해 비주얼 싱킹 자료를 제작하여 발표함. 소외되는 모둠원들이 없게 역할을 분담하고 조율하는 등 협업능력과 리더십을 겸비한 학생이라 판단됨.

관련학과 농생물학과, 동물자원학과, 생명과학과, 생물학과, 수의학과, 식물자원학과, 식품생명공학과, 원예학과, 의생명과학과, 임학과, 축산학과, 화학과, 환경생명화학과

핵심키워드 유전자가위

성취기준 📌 [12생과Ⅱ01-02]

생명과학 발달에 기여한 주요 발견들에 사용된 연구 방법들을 조사하여 발표할 수 있다.

귀납적 탐구방법과 연역적 탐구방법의 차이를 표로 정리하고, 생명과학 발달에 기여한 주요 연구 사례들을 탐구방법과 연결하여 분석함. 자신은 규칙을 찾아내고 이를 일반화하여 이론이나 법칙을 만들어내는 귀납적 탐구방법 보다는 가설을 세우고 실험을 통해 검증하는 연역적 방법을 선택하였다고 설명하고, 마스크의 비말 차단 효과에 대한 실험을 실시하여 보고서를 작성함. 물에 식용색소를 넣어 KF-AD, KF80, KF94의 비말 차단 효과에 대해 실험군과 대조군을 설정하여 비교함 분석함. 또한 바이러스에 대응하여 김치와 같은 전통음식의 영양학적 우수성을 규명하여 세계적인 과학 저널에 논문을 등재하고 싶다는 포부를 밝힘. 자신의 의견에 대한 근거를 논리정연하게 제시하였고, 실험 진행 과정 등을 관찰한 결과 연역적 탐구방법에 대해 잘 이해하고 있다고 판단됨.

관련학과) 전 자연계열   핵심키워드) 생명과학의 연구방법

성취기준 📌 [12생과Ⅱ06-04]

LMO가 인간의 생활과 생태계에 미치는 긍정적인 영향과 부정적인 영향을 조사하고 토론할 수 있다.

LMO(유전자 변형 생물체)를 만드는 과정을 유전자변형식물과 유전자변형동물로 구분하여 비교하고 가독성 좋은 시각 자료를 제작함. 또한 LMO의 장점과 단점에 대해 모둠원들과 열띤 토론을 하며, 확실한 근거 없이 LMO에 대해 반대하는 것을 지양해야 한다고 의견을 제시함. 토론에 참여하는 과정에서 상대방 의견에 경청하고 수렴과 설득의 과정을 자연스럽게 진행하는 자세가 돋보임. 친구들의 다양한 의견을 회의록에 작성하여 LMO의 개념과 원리에 대한 정보를 공유함. 이에 그치지 않고 의학, 식량, 농업, 환경 분야의 LMO의 활용사례를 UCC로 제작하여 발표하는 열정을 보임. 모둠의 리더로서 모둠원들의 의견을 조율하면서도 비판적 관찰력을 바탕으로 예리한 질문과 답을 주고받는 등 과학적 사고력이 성장하는 모습을 보이는 학생임.

관련학과) 생명과학과, 생물학과, 식품공학과, 식품생명공학과, 식품   핵심키워드) LMO(유전자 변형 생물체)
영양학과, 화학과, 환경생명화학과

과학 교과군
지구과학 I [단원명] 지구의 역사

성취기준 📌 [12지과 I 02-04]

암석의 절대 연령을 구하는 원리를 이해하고, 방사성 동위 원소 자료를 이용해 절대 연령을 구할 수 있다.

수업 시간에 집중하는 자세로 참여하여 학업성취도가 높고, 학습 내용을 잘 이해하여 평소 친구들에게 과학원리를 이해하기 쉽게 설명함. 암석의 절대 연령을 구하는 원리를 방사성 동위원소를 이용해 식을 적용하여 친구들의 이해를 도움. 탄소가 유물의 연대 측정에 많이 이용되는 것에 호기심을 느껴 방사성 탄소연대 측정법이 활용된 사례를 신문을 검색하여 가평 마장리 유적에서 채집한 목탄을 분석한 결과 기원전 1700년경의 유물로 판명된 실제 사례를 발표함. 나아가 탄소의 반감기가 5000년 정도로 짧음에도 가장 많이 활용되는 이유가 탄소가 새로 만들어 지는 양과 질소로 돌아가는 양이 일정하게 유지되기 때문이라고 밝힘. 과학적 원리에 대해 탐구하는 과정을 즐기며 실제 사례에 적용된 사례를 찾아보기 위해 신문을 검색하는 등 다양한 자료를 활용하는 능력이 돋보임.

관련학과 지구물리학과, 지구환경과학과 **핵심키워드** 방사성 탄소연대 측정법

과학 교과군
지구과학 I [단원명] 대기와 해양의 변화

성취기준 📌 [12지과 I 03-02]

태풍의 발생, 이동, 소멸 과정을 이해하고 태풍이 통과할 때의 날씨 변화를 일기도와 위성 영상 해석을 통해 설명할 수 있다.

지구온난화와 태풍의 상관관계에 대한 탐구보고서를 제출함. 한반도 해수면 상승이 지구온난화로 인한 기온 상승과 해수면 상승으로 태풍의 에너지원인 열용량이 높아져 슈퍼태풍이 자주 오게 됨을 제시함. 지구온난화에 따른 해수면 상승에 대한 연구자료를 바탕으로 태풍의 증가 원인에 대한 메커니즘을 규명함. 지구온난화와 기상이변에 대처하는 창의적 대처방안에 대한 토의활동에 참여하여 해수면 상승으로 발생할 수 있는 피해와 행동 요령을 카드뉴스로 정리하여 발표함. 나아가 전 지구적 관점에서 빈곤한 국가들이 해수면 상승에 대처하기 위한 재정적 지원은 필수이며, 슈퍼컴퓨터를 통해 해수면 상승에 따른 기상이변에 대한 모니터링을 실시하여 빈곤한 국가들이 해수면 상승에 대처하기 위한 재정적 지원과 정보의 공유가 필요하다고 강조함. 거시적 관점에서 자연현상을 규명하려 노력하였으며, 국가 간 과학기술 공유 등 창의적 아이디어를 바탕으로 구체적인 해결 방안을 제시함.

관련학과 대기과학과, 지구해양학과, 지구환경과학과, 해양학과 **핵심키워드** 태풍

지구과학Ⅱ

[단원명]
지구 구성 물질과 자원

성취기준 📌 [12지과Ⅱ02-04]

광물과 암석이 우리 생활의 여러 분야에 다양하게 이용되는 예를 조사하여 발표할 수 있다.

수업에 적극적으로 참여하며 교사에게 발문을 하는 등 역동적인 학습 분위기 형성에 기여한 학생임. 일상생활 속 활용되는 광물에 대해 발표하는 시간에 스마트폰 속 희소 광물인 인듐에 대한 자료를 준비하고 발표하는 과정에서 집중력이 다소 떨어지자 급우들에게 질문을 하며 호응을 이끌어 냄. 나아가 4차 산업혁명의 발달로 인공지능과 사물인터넷에 활용되는 광물의 중요성에 깨닫고 센서, 반도체, 모터, 경량 소재 등에 사용되는 규소, 희토류, 티타늄 등의 광물을 조사하여 모둠 탐구활동을 함. 과학적 사고능력과 창의력이 뛰어난 학생으로 미래 산업사회에 기여하는 과학기술에 대해 흥미와 열정을 보이며 소재와 부품, 장비의 국산화를 위해 광물자원의 중요성을 강조하는 미래 지향적인 자세를 보임.

관련학과) 지구물리학과, 지구환경과학과 　　　　　　　　　핵심키워드) 광물

지구과학Ⅱ

[단원명]
행성의 운동

성취기준 📌 [12지과Ⅱ06-05]

케플러의 세 가지 법칙을 이용하여 행성의 운동을 이해하고 쌍성계 등의 다른 천체에 적용할 수 있다.

연 3회 실시한 모둠활동에 소통능력을 발휘하여 모둠의 협조하는 분위기 형성을 주도함. 자신이 케플러가 되었다고 가정하여 케플러의 법칙을 논리 정연하게 발표함. 재미와 학습 요소를 두루 갖춘 성공적인 발표가 인상적임. 특히 케플러의 제2법칙인 면적속도 일정의 법칙을 급우들의 이해를 돕기 위해 만유인력의 법칙과 미분 표기법 등을 정리하여 설명하고, 미분 방정식을 적용해 증명함으로써 뛰어난 과학적 사고능력을 발휘함. 나아가 케플러의 제3법칙을 바탕으로 태양의 중력이 행성의 운동을 지배한다는 법칙을 수학적으로 증명하고 과학혁명을 이끌어낸 뉴턴 과학에 대한 보고서를 제출함. 뛰어난 수리력과 논리력으로 친구들이 다소 어려워하는 과학원리에 대한 증명에 도전하는 모습이 인상적인 학생임.

관련학과) 수학과, 우주과학과, 지구물리학과, 지구환경과학과, 천문우주학과 　　　핵심키워드) 케플러법칙

과학이란 무엇인가

성취기준 📌 [12과사01-04]

과학의 역사를 패러다임의 전환으로 보는 쿤의 과학관을 이해하고 그 한계를 설명할 수 있다.

과학을 이해하는 다양한 관점에 대해 고찰하기 위해 토마스 쿤의 '과학혁명의 구조'를 읽고, 쿤의 과학관에 대해 토론함. 토론 실시 전에 급우들에게 과학은 패러다임의 전환이며 혁명의 과정으로 보는 쿤의 과학관을 요약하여 설명함. 또한 과학의 패러다임 전환이 합리적 요인이 아닌 사회적, 주관적, 심리적 요인에 의해 바뀐다는 것에 대한 반대 의견을 구체적 사례를 제시하며 논리 정연하게 제시함. 이를 통해 과학은 자연현상을 관찰한 내용을 합리적 이론으로 증명하는 학문임을 강조하고, 쿤의 의견에 대한 반대 입장을 비평문으로 정리함. 나아가 과학의 발전이 과학자들의 실험을 통한 노력과 도전정신에 의해 이루어졌음을 증명하기 위해 뉴턴의 만유인력과 아인슈타인의 상대성이론의 성립과정을 근거로 제시함.

관련학과 ▶ 전 자연계열 　　　　　　　　 핵심키워드 ▶ 패러다임

동양 및 한국 과학사

성취기준 📌 [12과사03-02]

중국, 일본, 한국에서 서양의 근대 과학의 수용 과정을 설명할 수 있다.

근대 과학이 일제 강점기에 도입되었다는 주장이 잘못되었다는 것을 입증하기 위해 한국의 근대 과학 수용과정에 대해 탐색함. 정확한 자료 탐구를 위해 '한국 근대과학 형성사(김연희)'를 탐독하고, 근대 과학의 형성 시기를 연도별로 정리하여 PPT로 발표함. 개항 이후 부국강병을 목표로 한 고종의 노력으로 근대의 무기 제조 방법을 도입하고 청나라에 유학을 보낸 사례를 들어 근대 과학이 일제 강점기에 시작하였다는 사실은 잘못되었다고 강조함. 이를 증명하기 위해 서양의학과 전차의 도입, 그리고 전신사업의 시작 등을 근거로 조선이 새로운 자연관과 서양 과학을 받아들이며 일본, 미국, 프랑스 등의 침입에서 벗어나기 위해 노력했던 사회적 배경과 연계하여 발표함. 과학사적 사실을 당시 사회적 상황과 비교하여 급우들의 이해를 도움.

관련학과 ▶ 전 자연계열 　　　　　　　　 핵심키워드 ▶ 근대 과학

생활과 과학

[단원명]

건강한 생활

성취기준 📌 [12생활01-07]

식품소비자로서 주변 식료품의 구성 성분을 조사하여, 권장 식료품 목록을 작성할 수 있다.

주변에서 흔하게 접할 수 있는 고카페인 식품의 무분별한 섭취에 대한 경각심을 갖기 위해 고카페인의 정의와 함유 식품, 부작용 등에 대해 PPT를 제작하여 발표함. 특히 부작용에 대해 발표할 때는 학생들의 질문에 성심을 다해 답변하는 태도를 보여 친구들로부터 좋은 반응을 이끌어 냄. 학교 내 매점과 자판기에서 고카페인 음료의 판매가 금지되었지만, 편의점과 카페 등에서 손쉽게 구할 수 있어 규제의 실효성에 대해 의문을 가짐. 스웨덴, 터키, 영국의 사례를 통해 해외 고카페인 음료 규제 현황을 분석하고 청소년들의 올바른 성장과 정신적 안정을 위해 고카페인에 식품에 대한 현행 1ml당 0.15mg의 카페인 규정을 지금보다 더 강화해야 한다고 강조함. 또한 카페인 줄이기 캠페인에 대한 카드뉴스를 제작하였으며, 정신 집중에 도움이 되는 스트레칭 등을 직접 시연하여 학급 게시판에 게시하고, 점심시간을 활용하여 학교 방송을 통해 알리는 등 문제의 사례 분석에 멈추지 않고 해결 방안을 모색하기 위해 적극적으로 탐구활동에 참여함.

관련학과) 생명공학과, 식품공학과, 식품영양학과　　　　핵심키워드) 고카페인 식품

과학 교과군

생활과 과학

[단원명]

아름다운 생활

성취기준 📌 [12생활02-06]

과학이 의복의 발달에 미친 영향을 조사하고 발표할 수 있다.

섬유와 과학기술이 융합된 고기능성 섬유에 호기심을 갖고 스마트섬유의 종류 및 원리와 활용에 대한 보고서를 작성함. 또한 섬유와 스마트섬유를 비교하고 탄소섬유, 스마트글라스, 광섬유의 특성과 원리 및 구체적 활용사례를 PPT 자료로 제작하여 발표함. 자료 제작과 발표에 있어 스마트섬유에 대한 친구들의 이해를 돕기 위해 기본 개념과 과학원리를 설명하는 등 과학적 접근방법이 뛰어남. 나아가 학급에서 '스마트섬유 아이디어 공모전'을 기획하고 실제 개발된 스마트 의류에 대한 자료를 정리하여 발표함. 공모전에 참여한 친구들의 창의적 아이디어를 UCC로 제작하여 공유함. 과학기술의 발달이 의복의 발달에 미친 영향에 대해 구체적으로 탐구하고 친구들과의 자유로운 의사소통을 통해 자료를 수정하고 점검하는 열린 자세가 돋보이는 학생임.

관련학과) 의류학과, 의상학과, 화학과　　　　핵심키워드) 스마트섬유

성취기준 📌 [12융과01-01]

허블 법칙을 통하여 우주의 팽창을 설명하고 우주의 나이를 구할 수 있다.

우주의 탄생과 기원을 규명하기 위해 빅뱅 이론에 대한 보고서를 제출함. 빅뱅 이론을 과학적으로 증명한 허블, 가모프, 펜지어스와 윌슨의 이르기까지의 과정을 탐구하고 PPT로 정리하여 발표함. 또한 빅뱅 이론의 한계인 지평선 문제, 평탄성 문제, 자기 홀극 문제에 대해 앨런구스의 인플레이션우주론을 적용하여 논리정연하게 발표함. 나아가 우주의 생명과 역사에 대한 심화 탐구를 위해 '기원의 탐구(짐 배것)'를 탐독하고 빅뱅 이후 생명체의 진화와 인류의 기원과 인간 의식의 기원에 대한 과정을 고찰함. 그 후 친구들과 함께 우주와 인류의 기원에 대해 소개한 내용을 정리하여 논리적 타당성에 대해 토론함. 철학적 고찰과 함께 과학 현상을 규명하려고 노력하는 등의 자기주도적 탐구 능력의 자세가 매우 돋보이는 학생임.

관련학과) 물리학과, 우주과학과, 지구물리학과, 지구환경과학과, 천문 우주학과

핵심키워드) 인플레이션우주론

성취기준 📌 [12융과04-02]

정보를 인식하는 여러 가지 센서의 기본 작동 원리를 이해하고, 휴대전화, 광통신 등 첨단 정보 전달기기에서 정보가 다른 형태로 변환되어 전달되는 과정을 설명할 수 있다.

지구온난화를 극복하기 위해 신재생 에너지를 효율적으로 사용할 수 있는 스마트그리드의 중요성을 깨닫고 모둠원들과 함께 가독성 좋은 발표자료를 제작함. 스마트그리드의 필요성을 객관적으로 제시하기 위해 현재 전력시스템의 전원공급방식, 구조, 통신방식 등과 비교·분석한 자료를 정리함. 또한 기존 전력망이 스마트그리드로 전환되는 과정을 제시하고, '제주 스마트그리드 실증 사업' 종료 후 수요반응 서비스, 신재생 에너지 출력 안정화, 전기차 충전·대여 서비스 분야에서 실효성을 입증 받았다는 사실에 대해 강조함. 스마트그리드의 중요성과 필연성에 대해 강조하며 신재생 에너지의 효율적인 공급을 위해서는 그에 맞는 환경도 뒷받침되어야 함을 알게 되었다고 사후 보고서에 소감을 정리함. 탐구과정에서 보여준 뛰어난 과학적 의사소통과 자료 선별 능력 및 제작 능력을 통하여 신재생 에너지 연구원이라는 본인의 진로 목표를 이루기 위해 노력하는 모습이 매우 인상적임.

관련학과) 물리학과, 지구물리학과, 지구환경과학과

핵심키워드) 스마트그리드

영어 교과군
영어

[단원명]
쓰기

성취기준 📌 [10영04-06]

일상생활이나 친숙한 일반적 주제에 관한 그림, 도표 등을 설명하는 글을 쓸 수 있다.

환경 보호에 관한 본문의 내용을 학습하고, 설득력 있게 의견을 전달하는 영어표현 방법을 익힘. 평소 환경과 해양 자원에 대해 관심이 많아, 북극곰을 살리기 위한 한 단체의 환경보호 광고 영상을 선택하여 시청하고, 일반인을 대상으로 위기에 처한 북극곰과 해양 자원을 보호해야 한다는 취지의 글을 영어로 작성하였음. 영영사전 속 다양한 예문을 스스로 익히고 다른 연설가들의 글을 읽어보며 사전 준비를 철저히 하여, 간결하면서도 호소력 짙은 문장으로 시선을 사로잡는 글을 작성하였음. 특히 '지구온난화로 많은 노숙자가 발생하고 있다'는 의미를 파악하고 이에 대한 사례를 구체적으로 제시하여 평소 환경에 대한 높은 사명 의식과 전문성 및 논리성까지 느낄 수 있는 시간이었음.

관련학과 동물자원학과, 생명과학과, 생물학과, 지구해양학과, 지구환경과학과, 해양학과

핵심키워드 환경보호광고

영어 교과군
영어

[단원명]
말하기

성취기준 📌 [10영02-02]

일상생활이나 친숙한 일반적 주제에 관하여 듣거나 읽고 중심 내용을 말할 수 있다.

한 미국 감독의 '다음 침공은 어디' 시리즈 중 프랑스 편을 선택하여 시청함. 영어자막이 없어 조원들과 협력하여 여러 차례 반복하여 듣고 내용을 취합한 뒤 관련 내용에 대해 영어로 토론하는 시간을 가짐. 침착하게 자신의 의견을 말할 수 있으며, 다른 친구의 말을 듣고 정리한 바를 옆자리의 짝에게 설명해주기도 함. 토론 후 조원을 대표하여 프랑스의 학교 급식편에서 식사의 즐거움, 수업의 연장인 점심시간을 통해 배우는 식사 예절, 스스로 선택하는 건강한 식단 등을 강조하고 실천하는 것을 보고 감명을 받았다는 내용을 영어로 정리하여 발표함. 식품과 영양교육이 나아가야 할 진정한 목적이 무엇인지를 프랑스를 통해 배웠음을 강조하며 발표를 마무리하였음.

관련학과 식품공학과, 식품생명공학과, 식품영양학과

핵심키워드 학교 급식

영어 회화 [단원명] 말하기

영어 교과군

성취기준 📌 [12영회02-01]

일상생활이나 친숙한 일반적 주제에 관하여 듣거나 읽고 세부 정보를 설명할 수 있다.

생물의 다양성에 대한 주제로 짝활동을 통해 영어로 자신의 의견을 말함. 아일랜드의 감자 기근을 사례로 들어 조리 있고 자신 있게 자신의 의견을 말함. 이후 조별 활동에서 온라인 강의 '생물 다양성이 왜 그렇게 중요한가?'를 시청하고 생태계가 처한 위험성에 대한 조별 토론에 적극적으로 참여함. 정글이 사막화되고 산호가 생명력 없는 바위가 되는 것을 막기 위해서는 생물의 다양성을 보존해야 함을 강조함. 유전적 다양성의 의미에 대해 추가적으로 보완한 의견을 영어로 정리하여 느낀 점을 제출하였음. 어휘력이 풍부하고 문장의 오류가 거의 없음. '5분 독서' 시간에 매일 영어 동화를 읽고 느낀 점을 영어로 발표함. 영어토론 시간에 주제를 적극적으로 제안하거나 원어민교사와 대화를 자주 시도하는 등, 우수한 영어 회화 실력을 갖추고 있음.

관련학과 농생물학과, 동물자원학과, 산림자원학과, 생명과학과, 생물학과, 식물자원학과, 식품공학과, 지구환경과학과, 축산학과, 해양학과, 환경생명화학과

핵심키워드 생물의 다양성

영어 회화 [단원명] 말하기

영어 교과군

성취기준 📌 [12영회02-01]

일상생활이나 친숙한 일반적 주제에 관하여 듣거나 읽고 세부 정보를 설명할 수 있다.

원어민 시간에 다양한 직업윤리 의식의 중요성에 대한 주제로 디베이트 활동에 적극적으로 참여함. 직업윤리 의식에 대한 사례를 제시하기 위해 다양한 자료를 검색할 때에 신빙성 있는 자료를 찾고 이를 활용하는 방법을 인지하고 있음. 예로 피겨스케이팅 선수 카롤리나 코스트너가 전 남자친구의 도핑을 묵인하여 출전정지를 받았다는 영어기사를 읽고, 도핑과 스포츠 윤리에 대한 생각을 자신만의 영어로 표현하였음. 적극적인 성격으로 영어 말하기에 대한 두려움이 없고 부딪히고 도전하는 자세가 영어 회화 실력 향상에 긍정적인 영향을 미치는 것으로 보임. 올림픽을 시청하고 관심 있는 종목에 대해 영어권 국가들이 진행하는 방송을 찾아듣고, 자신의 말로 바꾸어 이를 영어로 더빙하는 활동에 참여하였음. 꾸준한 연습으로 빠른 영상 속도에 맞춰 자연스럽게 발화하는 모습이 기특함.

관련학과 생명과학과, 생물학과, 수의학과, 식품공학과, 식품생명공학과, 식품영양학과

핵심키워드 도핑, 스포츠맨 정신

영어 I ▶ [단원명]
쓰기

성취기준 ▣ [12영 I 04-03]

친숙한 일반적 주제에 관해 자신의 의견이나 감정을 쓸 수 있다.

과학기술의 발전과 관련하여 진로를 탐색하고 관심 있는 분야에 대해 영어로 짧은 에세이를 작성해보는 활동에서 '뉴럴링크'에 관해 짜임새 있는 글을 작성하였음. 영국 방송사의 '뉴럴링크: 일론 머스크, 뇌에 칩이 박힌 돼지 공개'를 읽고 해외 뉴스를 보는 등 관련 영어 자료를 찾아 직접 번역하고 어려운 용어를 정리하는 것은 물론이고, 서론, 본론, 결론의 구조로 뉴럴링크의 장단점을 작성하여 학생의 균형 잡힌 시각과 생명과학에 대한 열정을 느낄 수 있었음. 인간의 약점을 극복할 수 있다는 점에서 뉴럴링크의 가능성을 높이 평가하면서도, 오작동이나 남용의 가능성을 모두 염두에 두고 있으며 뇌와 척추 치료에 전념하고픈 자신의 포부를 밝히며 글을 마무리하였음. 영어 문장의 오류를 줄이기 위해 영영사전 속 실제 예문을 찾아 활용하는 모습을 보임.

관련학과) 생명과학과, 생물학과, 수의학과 　　　　핵심키워드) 뉴럴링크

영어 I ▶ [단원명]
말하기

성취기준 ▣ [12영 I 02-03]

친숙한 일반적 주제에 관해 자신의 의견이나 감정을 표현할 수 있다.

융합 수업 주간에 진로와 영어를 연계한 수업에 참여하여 영어 연설문을 완성하고 이를 영어로 발표하였음. 자신의 롤모델인 코코 샤넬이 자신과 패션에 미친 영향을 작성하고 이를 암송한 내용을 오디오 형태로 제작하여 제출함. 자료를 찾는 과정에서 '코코 샤넬-프랑스의 패션디자이너이자 여성 사업가'를 시청하고 영어 자막 작업에 참여함. 샤넬이 도입한 '리틀 블랙 드레스'를 스케치하여 그녀가 남긴 창의성과 혁신에 대한 자신의 생각을 두 줄로 요약하여 광고 포스터 형태로 제작하여 제출함. '10년 후 나의 모습 발표' 시간에 미래에 국제무대에서 자신이 디자인한 옷으로 패션쇼를 진행하는 모습을 상상하며 인터뷰 소감을 밝힘. 미국드라마나 영화를 통해 대화체 표현을 익히며 영어에 친숙해지려는 모습이 돋보임.

관련학과) 의류학과, 의상학과 　　　　핵심키워드) 코코 샤넬

영어 독해와 작문

[단원명]
쓰기

성취기준 📌 [12영독04-04]

학업과 관련된 서식, 이메일, 메모 등을 작성할 수 있다.

영어 원서 다독 프로그램에서 평소에 궁금했던 양자물리학을 원서로 접해보고자 '처음 읽는 양자물리학(My First Book of Quantum Physics)(세다드 카이드-샬라 페론)'을 선택해서 읽음. 책을 읽고 느낀 점과 궁금한 점을 저자에게 편지 형태로 작성하여 발표하였고, 이 과정 중에 어려운 영어 용어를 스스로 찾아보고 익혔으며, 중문과 복문 형태의 수준 높은 문장으로 구사하였음. 활동 후 자기 평가에서 영어로 읽으면서 오히려 양자물리학에 대해 쉽게 이해할 수 있었고 원서에 대한 두려움을 떨칠 수 있었다고 함. 이를 계기로 추가적으로 원서를 자주 읽어 다독 프로그램에서 가장 많은 원서를 읽은 학생으로 선정되었음. 호기심이 많고 이를 해결하는 자기주도성과 집중력이 뛰어나며, 진정으로 배움을 즐길 줄 아는 학생임.

관련학과 물리학과, 우주과학과, 지구물리학과, 천문우주학과   **핵심키워드** 양자물리학

영어 독해와 작문

[단원명]
쓰기

성취기준 📌 [12영독04-04]

학업과 관련된 서식, 이메일, 메모 등을 작성할 수 있다.

릴레이 영어 소설 읽기 활동에서 번역본으로 재미있게 읽었던 '지킬 박사와 하이드 씨의 기이한 이야기'의 원서가 궁금하여 'The Strange Case of Dr Jekyll & Mr Hyde(Robert Louis Stevenson)' 원서를 읽음. 영어 서평단에 자원하여 5분가량의 북트레일러를 제작하여 직접 쓴 대본을 읽고 영어 자막을 삽입함. 또한 지킬박사에게 임상실험의 위험성과 임상실험 단계에서 가져야 할 과학자로서의 책임감에 대해 영어 편지를 작성하였음. 선행 연구자료를 수집하여 임상실험의 부작용과 부정적 사례를 조사하여 자신의 의견을 뒷받침한 점이 우수한 평가를 받음. 영어 작문을 통해 문법과 어법을 적용하려는 자세가 돋보임. 매일 영어 일기를 쓰며 피드백을 요청하고, 주 5회 정도 꾸준히 자신과의 약속을 지키려는 태도가 훌륭함.

관련학과 전 자연계열   **핵심키워드** 지킬박사와 하이드

성취기준 📌 [12영Ⅱ02-02]

비교적 다양한 주제에 관하여 듣거나 읽고 중심내용을 말할 수 있다.

영어로 자신이 흥미로웠던 주제에 대해 소개하고 함께 나누는 '흥주소(흥미로운 주제 소개)' 시간에 워싱턴포스트에 실린 기사를 소개함. 청각장애인 커플이 의도적으로 청각장애인의 정자를 기증받아 '고 뱅'이라는 청각장애아를 낳은 사건을 다룬 기사로 고의로 장애를 물려준 것이 비난받을 일인가에 대한 의견을 영어로 작성하여 발표함. 의사의 실수로 장애아를 낳은 경우를 서로 비교하며 장애나 질병을 우리가 안고 가야 할 문제이며 태어날 아이에게 아이가 원치 않을 수도 있는 무언가를 부모가 의도적으로 물려주는 것은 분명히 다른 문제라고 지적하는 모습에서 생명과 장애, 질병 등에 대한 생각의 깊이를 느낄 수 있었음. 다소 묵직한 주제로 어려울 수 있는 주제를 간결한 영어로 정리하여 전달력을 높인 점이 두드러지며 많은 학생들이 몰입해서 경청하는 모습이 인상적이었음.

관련학과) 농생물학과, 생명과학과, 생물학과, 의생명학과   핵심키워드) 유전자 계획 임신

성취기준 📌 [12영Ⅱ02-02]

비교적 다양한 주제에 관하여 듣거나 읽고 중심내용을 말할 수 있다.

'범지구적으로 생각하고 지역위주로 행동하라' 활동에서 전 세계가 당면한 지구 기후변화에 대한 다큐멘터리 '홍수가 일어나기 전에'를 시청하고 후속 활동인 모의 국제 법정에 적극적으로 참여함. 랜덤 뽑기를 통해 중국 측 입장에서 활동하게 됨. 석탄 소비국 1위, 신재생 에너지 발전 전환율 1위라는 중국을 대변하기 위한 다양한 자료를 찾으면서 온실가스 실시간 배출량을 모니터링 할 수 있는 장치가 있음에도 이를 위반하는 사례가 많음을 알게 됨. 다양한 입장에서의 환경에 대한 실태와 국가별 인식을 살펴보면서 느낀 점을 영어로 발표함. 기후 변화를 증명할 과학적 증거가 없다는 이유로 자신의 이익에만 급급한 기업과 눈앞에 닥친 생계 빈곤 및 의료 빈곤 문제로 환경문제에 대해 신경 쓸 겨를이 없는 약소국 등을 언급하며 인류가 함께 풀어야 할 난제임을 주장하는 논리적인 글을 작성하여 많은 칭찬을 받음.

관련학과) 전 자연계열   핵심키워드) 기후변화

실용 영어 [단원명] 말하기

영어 교과군

성취기준

📢 [12실영02-02] 실생활 중심의 다양한 주제에 관하여 듣거나 읽고 중심내용을 말할 수 있다.

📢 [12실영02-03] 실생활 중심의 다양한 주제에 관해 자신의 의견이나 감정을 표현할 수 있다.

우리 주변에서 반드시 생각해봐야 할 주제를 선택하여 영어로 말하는 활동에서 '우리의 숲을 구하고 지구를 되살리는 방법'에 관한 영상을 자막 없이 보고 시청한 소감과 숲의 회복력을 위한 방법들에 대한 고민을 친구들과 함께 영어로 나눔. 영상에서 이해한 내용을 비주얼 싱킹으로 만들어 제시하고 현재 진행되고 있는 자연기반해법에 대한 자료를 조사하여 발표용 자료를 준비하였음. 열섬 저감과 생물 다양성 증진에 특히 관심을 보이며, 인간이 오히려 멸종 위기종에 직면해 있음을 경고하는 내용을 연설문 형태로 작성하여 발표하였음. 자주 쓰이는 영어 패턴을 활용하여 어렵지 않아도 충분히 전달력 있는 말을 할 수 있음을 보여준 훌륭한 사례임. 긍정적인 성격으로 영어 사용에 대한 두려움이 없으며, 틀리더라도 자신 있게 말하는 모습이 보기 좋음.

관련학과) 농생물학과, 산림자원학과, 생명과학과, 생물학과, 수의학과, 식물자원학과, 원예학과, 지구환경과학과, 환경생명화학과

핵심키워드) 숲 황폐화

실용 영어 [단원명] 자료의 표현

영어 교과군

성취기준

📢 [12실영02-02] 실생활 중심의 다양한 주제에 관하여 듣거나 읽고 중심내용을 말할 수 있다.

📢 [12실영02-03] 실생활 중심의 다양한 주제에 관해 자신의 의견이나 감정을 표현할 수 있다.

학기말 프로젝트 시간에 '세계 물의 위기'에 관한 영상을 시청하고 물 부족 문제에 관심이 생겨 환경 분야에 진로를 희망하는 친구들과 그룹을 만들어 주도적으로 참여함. 단순히 '마실 물, 씻을 물은 풍부한데? 물 부족은 우리 문제가 아니야.'라고 생각하는 친구들이 의외로 많아 물 부족의 현실을 알리고 우리가 대처해야 할 것들에 대해 정리하여 영어로 발표하고, 이를 판넬로 제작하여 교내 복도에 전시하였음. 커피와 아보카도 등 농산물을 재배할 때 필요한 물의 양부터 우리가 소비하는 대부분의 것에 필수적으로 들어가는 것이 물임을 강조하고, 더 이상 물을 구할 수 없게 되는 지경까지 갔던 케이프타운의 사례에서 우리가 배워야 할 점, 물 부족으로 인한 최대 피해자는 가난한 국가와 우리 자신이 될 것이라는 내용의 훌륭한 영어 글을 작성하였음.

관련학과) 농생물학과, 생명과학과, 생물학과, 의생명학과

핵심키워드) 물 부족 위기

영어권 문화 　[단원명] 쓰기

성취기준

📌 [12영화04-02] 영어권 문화에 관하여 듣거나 읽고 간단하게 요약할 수 있다.

📌 [12영화04-03] 영어권 문화에 관해 자신의 의견이나 감정을 쓸 수 있다.

영어권 문화에 관심이 많아 해당 과목을 선택하여 매 수업시간에 적극적인 자세로 임함. 유독 마스크를 꺼려하는 서양인들이 많다는 뉴스를 보고 이유가 궁금하던 중 '왜 한국 사람들은 마스크를 착용하는가?'라는 영어 뉴스 기사를 읽게 됨. 기사에 언급된 한국인이 마스크를 잘 착용하는 이유로 유교의 영향, 예의, 유순함, IMF 위기에 보여주었던 단합 능력 등의 한국인의 속성에 추가적인 자신의 생각을 덧붙여 영어로 작성함. 주변을 의식하는 성격, 자신 및 타인을 보호하는 마음이 강하다는 등의 한국인의 성격이 마스크를 쓰게 만든다는 가설을 세워 주변 친구들을 대상으로 설문조사를 실시한 점, 그 가설이 어느 정도 일치한 점, 통계자료를 수집하는 과정과 해석하는 과정에서 균형을 유지하려 노력하는 점 등이 매우 우수하다고 판단됨.

관련학과) 전 자연계열 　　　　　　　　　　　핵심키워드) 마스크 착용

영어권 문화 　[단원명] 자료의 표현

성취기준

📌 [12영화04-02] 영어권 문화에 관하여 듣거나 읽고 간단하게 요약할 수 있다.

📌 [12영화04-03] 영어권 문화에 관해 자신의 의견이나 감정을 쓸 수 있다.

영어권 문화뿐 아니라 영어권 문화 속 한국 문화에 관심이 많으며, 특히 문화 속 패션에 관심이 많은 학생임. 드라마 킹덤에서 한국의 한복과 전통 모자에 대한 인기가 엄청나 미국의 유명 온라인 아마존 쇼핑몰에서 이것들이 판매된다는 내용에 호기심을 갖고 관련 기사를 찾아 봄. 아리랑 TV에서 관련 뉴스를 시청하고 '한국 전통의상이 왜 서양인들을 사로잡을까?'라는 주제로 에세이를 작성하였음. 영어 발음의 'god'과 유사한 '갓'이 한 몫을 했을 거라는 유머와 함께 한국의 의상과 소품들을 세계화할 수 있는 방안에 대한 알찬 내용으로 성실히 작성하였음. 미국 학생들의 의상과 헤어스타일에 대해 조사하여 발표함. SNS를 활용하여 실제 미국 고등학교에 재학하는 학생과 연락을 시도하는 적극성을 보여 많은 박수를 받음.

관련학과) 의류학과, 의상학과 　　　　　　　핵심키워드) 한국 전통의상의 인기

진로 영어

[단원명]
쓰기

성취기준

📌 [12진영04-01] 다양한 직업 및 진로에 관하여 듣거나 읽고 세부 정보를 기록할 수 있다.

📌 [12진영04-02] 다양한 직업 및 진로에 관하여 듣거나 읽고 간단하게 요약할 수 있다.

📌 [12진영04-03] 다양한 직업 및 진로에 관해 의견이나 감정을 쓸 수 있다.

자신의 진로와 관련된 분야에서 평소 궁금했던 내용의 영어 자료를 찾아 알게 된 점과 느낀 점을 영어로 작성하는 활동에서 '가습기 살균제 회사가 무죄판결을 받은 이유'라는 주제로 성실히 작성하였음. 유해 성분에 대해 모두 합격 승인한 정부와 과학기술을 사용할 때의 과학자의 책임감, 과학자의 보고서를 해석할 때 오류가 있었다고 여겨지는 재판부의 잘못 등을 비판하며 피해자들의 안타까운 상황을 사진과 함께 제시하여 친구들의 호응을 받음. 이 외에도 DDT 살충제에 관한 자신의 의견을 도서 '침묵의 봄(레이첼 카슨)'을 읽고 난 느낌과 함께 영어로 작성하였으며 학생의 진로에 대한 높은 관심과 성숙한 윤리의식을 볼 수 있는 시간이었음. 대학 진학 후 영어가 필요하다는 점을 인식하고 있어 학습태도가 진지하고 열의가 넘치는 학생임.

관련학과	농생물학과, 생명과학과, 생물학과, 의생명학과, 화학과, 환경생명화학과	핵심키워드	가습기 살균제

영어 교과군
진로 영어

[단원명]
쓰기

성취기준

📌 [12진영04-04] 사람, 사물, 사건에 대하여 상세하게 묘사하는 글을 쓸 수 있다.

📌 [12진영04-05] 자기소개서, 서식, 이메일 등을 상황과 목적에 맞게 작성할 수 있다.

📌 [12진영04-06] 자신의 직업 및 진로에 대한 계획서를 쓸 수 있다.

자신의 재능과 지식을 홍보하여 판매하는 마케팅 계획서를 영어로 작성하고 이를 UCC 형태로 제작하는 '뭐든지 팝니다' 활동에서 업사이클링을 주제로 주변에 버려지는 소재들을 이용해 새롭게 탄생시키는 과정을 설명하고 자신의 재능을 홍보하는 글을 작성함. 실제 영어권에서 사용하는 광고 영어를 찾아 공부하고 영어권 광고 영상 속 영어를 연습하여 완성도가 높은 결과물을 제출하였음. 이를 바탕으로 홈쇼핑의 쇼호스트처럼 자신이 제작한 버려진 청바지로 만든 필통, 옷걸이, 손가방 등을 보여주며, 자연스러운 영어 발화를 보여주는 UCC를 제작함. 함께 영상을 본 친구들이 제품을 사겠다고 말할 정도로 실감나는 영어 실력, 제품, 영상 제작으로 많은 박수를 받음. 활동 후 자기평가서를 영어로 작성하려 시도하는 모습에서 안주하지 않고 매사에 최선을 다하는 태도를 엿볼 수 있었음.

관련학과	의류학과, 의상학과	핵심키워드	업사이클링

영미 문학 읽기 　쓰기

성취기준 　📌 [12영문04-02]

문학 작품을 읽고 작품의 분위기, 어조, 상황, 등장인물의 심정에 대해 쓸 수 있다.

천재 작가로 알려진 Ted Chiang의 소설 'Stories of Your Life and Others(Ted Chiang)' 중 일부를 읽고 영어로 독후감을 작성함. 특히 '영으로 나누면(Division By Zero)' 부분에서 깊은 인상을 받아 중점적으로 작성하였음. 수학의 모순을 영어로 이해하는 과정이 쉽지 않지만 끝까지 읽어내는 모습이 기특함. 어려운 용어를 이해하기 위해 질문하거나 자료를 찾는 집요함이 있음. 또한 소설의 내용에서 수학의 모순을 통해 사랑의 모순까지 함께 보여준 점과 1a-9a, 1b-9b로 구성한 소설의 논리적 구조에 대한 자신만의 느낀 점을 영어로 표현한 점이 우수함. 수학을 좋아하는 학생으로서 수학이 경험적 이론이라는 사실을 받아들이기 힘들지만, 그러한 불확실을 찾아가는 것도 의미 있는 일이기에 수학자의 길을 포기하지 않겠다는 결론으로 글을 마무리하였음.

관련학과 　수학과, 통계학과 　　　　　핵심키워드 　수학의 모순, 불확실성

영어 교과군 | [단원명]

영미 문학 읽기 　쓰기

성취기준 　📌 [12영문04-02]

문학 작품을 읽고 작품의 분위기, 어조, 상황, 등장인물의 심정에 대해 쓸 수 있다.

소설 'Contact(Carl Sagan)'를 읽고 난 후의 독후 활동에 성실하게 참여하여 훌륭한 영어 감상문을 작성하여 발표하였음. 전파천문학자인 주인공 앨리가 전파망원경으로 우주의 신호를 찾던 중 외계생명체의 암호를 해독하고 우주로 떠나 돌아가신 아버지를 만나는 설정은 과학자가 받아들여서는 안 되는 장면이라 비판함. 그러나 그러한 상상력을 무시한다면 그 역시 과학자의 자질이 부족한 것이라 역설하며 우주의 아름다움을 표현하기 위해 시인이 필요하다는 주인공의 대사에서 과학자에게 풍부한 정서도 필요하다고 언급함. 강조구문과 이중부정문을 시도하여 자신의 의견을 표현한 점이 훌륭함. 사후활동으로 환경오염의 심각성을 알리는 '침묵의 봄(레이첼 카슨)'을 원서로 도전하여 읽고 난 느낌을 감상문으로 작성하여 제출하였음.

관련학과 　대기과학과, 물리학, 우주과학과, 지구물리학과, 지구해양　핵심키워드 　전파천문학자, SETI 계획
　　　　　학과, 지구환경과학과, 천문우주학과

기본 영어 　[단원명] 말하기

성취기준

📌 [12기영02-03] 실생활 중심의 친숙한 일반적 주제에 관하여 자신의 의견이나 감정을 표현할 수 있다.

📌 [12기영02-04] 실생활 중심의 친숙한 일반적 주제에 관한 정보를 묻고 답할 수 있다.

처음 만난 사람에게 자신을 소개하는 3분 스피치 활동을 위해 기본적인 패턴을 익혀 어법의 오류 없이 결과물을 제출하였음. 충분한 연습을 통해 관계대명사와 분사를 활용한 문장 발화에 자신감을 보임. 우주선에서 먹을 수 있는 한국 음식 제조에 관심이 있으며, 현재 유통되는 우주선용 한국 음식의 종류를 묻는 원어민 선생님의 돌발 질문에 평소의 지식을 이용해 침착하게 답할 수 있었음. 이 외에도 우주식의 조건으로 냄새와 가루가 없어야 하며 가볍고 장기보관이 가능해야 한다는 등의 추가 답변으로 좋은 평가를 받음. 애니메이션 영화 '인사이드아웃'을 시청하고 느낀 점을 영어로 발표하고, 주인공에게 궁금한 점을 편지로 작성하여 친구들에게 가장 많은 별표를 받음.

관련학과 　식품공학과, 식품생명공학과, 식품영양학과　　　　핵심키워드 　우주식

기본 영어 　[단원명] 쓰기

성취기준

📌 [12기영04-03] 실생활 중심의 친숙한 일반적 주제에 관하여 자신의 의견이나 감정을 쓸 수 있다.

📌 [12기영04-04] 주변의 대상이나 상황을 묘사하는 문장이나 글을 쓸 수 있다.

자신의 롤모델을 만날 수 있다는 가정 하에 어떤 내용을 인터뷰할 것인지 '가상 인터뷰 계획서'를 작성해보는 활동에서 임목육종학자 현신규 박사를 선택하여 30가지 질문의 문장을 작성하였음. 그가 개발한 리기테다소나무의 특징과 이것이 미국 교과서에 실리게 된 과정 등에 대해 꼼꼼하게 질문 계획서를 작성하였음. 평소 숲과 산림에 대한 학생의 관심과 열정이 높음을 알 수 있었음. 주어와 시제에 맞게 동사의 형태를 달리하여 의문문을 작성할 수 있으며, 대동사를 활용한 답변에 어려움이 없음. 재치 있는 모습이 수업에 활기를 주는 학생임. 가장 칭찬할만한 점은 리기테다소나무와 포플러 잎녹병에 대한 학자의 예상 답변을 스스로 정리하고 피드백을 받는 학업에 대한 높은 의지와 태도였으며 다른 학생들에게도 좋은 귀감이 되었음.

관련학과 　산림자원학과, 임학과　　　　핵심키워드 　가상 인터뷰 계획서

MEMO

독서활동상황

독서를 강조하는 이유는 무엇일까? 자신의 내면을 성찰하고 끊임없는 지적 호기심을 해결할 수 있는 가장 쉽고도 반드시 해야 하는 것 중 하나가 독서이기 때문이다. 지식인들이 평생을 힘들여 얻은 통찰과 지식들을 담아둔 은행이며 보물창고가 바로 책이기에 그들의 지혜를 가장 쉽게 얻을 수 있는 방법은 바로 독서라 할 수 있다. 2024학년도 대입(졸업생 포함)부터 상급 학교 진학 시 '독서활동상황'은 제공하지 않는다.

TIP **이렇게 기록하세요**

📢 개인별·교과별 '독서활동상황'란에는 독서활동에 특기할 만한 사항이 있는 학생을 대상으로 읽은 책을 '도서명(저자)' 형식으로만 입력한다.

📢 교과목별로 해당교과 관련 독서활동을 교과담당교사가 입력하되, 특정 교과에 해당하지 않을 경우 학급담임교사가 공통으로 입력할 수 있다.

📢 '독서활동상황'란에는 학생이 읽은 책의 제목과 저자를 입력한다.

- ISBN에 등재된 도서에 한해 가능(정기간행물은 입력 불가)
- 정기간행물 즉 ISSN에 등재된 도서는 기재 불가

📢 독서활동상황은 독서기록장, 독서 포트폴리오, 독서교육종합지원시스템의 증빙자료를 근거로 입력한다.

📢 전체 학년 동안 동일한 책을 '독서활동상황'란에 중복하여 입력하지 않도록 한다.

📢 단순 독후활동(감상문 작성 등) 외 교육활동을 전개하였다면, 도서명을 포함하여 그 내용을 다른 영역(교과세특, 창의적 체험활동 등)에 입력할 수 있다.

알아두면 쓸모있는 대입 잡학지식

TIP.1 독서의 핵심은 연계활동이다. 독서활동상황 자체는 대입전형자료로 제공되지 않지만, 독서를 통해 연계된 다양한 탐구 활동들은 학교생활기록부의 어떤 항목이든 기록이 가능하다.

TIP.2 독서를 통해 자기주도적으로 지적 호기심을 해결하는 학업 역량과 전공적합성을 보여줄 수 있다.

TIP.3 어려운 책, 남들이 읽는 책, 많은 양의 책을 읽으려 하기 보다는 자신의 관심과 수준, 목적에 맞는 책을 선택하도록 격려한다.

TIP.4 전공과 무관한 다른 계열의 책을 읽으면 융합적 사고력과 발전가능성을 보여줄 수 있다.

TIP.5 삶을 변화시키고 가치관에 영향을 준 책도 필요하다. 한 분야의 책을 여러 권 편식하기보다, 다양한 범위의 책을 읽는 균형 있는 독서 태도도 긍정적인 영향을 미칠 수 있다.

 도서 검색 서비스

- 서울대학교 중앙도서관 (https://library.snu.ac.kr)
- 국회전자도서관 (https://dl.nanet.go.kr)
- 책따세 (www.readread.or.kr)

학과별(전공별) 도서 추천 서비스

- 인생서점베타 (http://inoutcorp.kr/brand/lifebookstore)
- 메이저맵 (www.majormap.net)

행동특성 및 종합의견

학생을 가장 가까이에서 가장 오랜 시간 지켜본 사람이 바로 담임선생님이다. 행동특성 및 종합의견은 학생의 학습 태도, 행동 및 인성 면에서 학교생활 중 상시 관찰·평가한 누가 기록을 바탕으로 다양한 분야에서의 구체적인 변화와 성장한 점을 종합적으로 기재할 수 있기 때문에 학교생활기록부의 나머지 부분에서 담지 못한 중요한 부분들을 보완할 수 있는 주옥같은 항목이다.

핵심평가요소

학교생활기록부 영역	학업역량	진로역량	공동체역량
행동특성 및 종합의견	○	○	○

TIP 이렇게 기록하세요

📢 행동발달상황을 포함한 각 항목에 기록된 자료를 종합하여 학생을 총체적으로 이해할 수 있도록 입력한다.

📢 학생의 학습, 행동 및 인성 등 학교생활에 대한 상시 관찰·평가한 누가 기록을 바탕으로 다양한 분야에서의 구체적인 변화와 성장 등을 종합적으로 기재한다.

📢 장점과 단점은 누가 기록된 사실에 근거하여 입력하되, 단점을 입력하는 경우에는 변화 가능성을 함께 입력한다.

📢 학교폭력과 관련된 사항은 가해학생에 대한 조치사항을 입력하고, 학생이 이후 긍정적인 변화를 보인 경우, 변화된 내용 등을 구체적으로 입력한다.

📢 종합의견은 학기를 구분하여 입력할 수 있으며, 학기별로 입력하는 경우 교육정보 시스템에 '(1학기)', '(2학기)'와 같이 직접 입력한다.

📢 학교교육활동을 통한 체육 및 예술 활동을 종합적으로 입력할 수 있다.

📢 학교교육계획에 따라 실시한 봉사활동의 경우, 교사가 직접 관찰·평가한 학생의 특기사항은 필요시 '행동특성 및 종합의견'란에 기재 가능하다.

알아두면 쓸모있는 대입 잡학지식

TIP.1 학생의 장점을 기록하고자 한다면, 반드시 근거가 있어야 한다. '항상 밝고 친절하다', '예의가 바르다', '모범적이다' 등의 미사여구만 늘어놓는 것은 평가에 좋은 영향을 미치지 못한다. 구체적으로 어떠한 사례를 통해 학생을 긍정적으로 평가하게 되었는지를 '객관적 관찰에 의한 주관적 평가'가 될 수 있도록 기재한다.

TIP.2 평소의 학습습관 및 학습방법, 과목선택의 동기에 관련된 일화, 독서 습관, 교우관계, 다른 학생이나 다른 교사들이 생각하는 학생의 모습, 청소활동, 교실 내에서의 행동 등도 학생의 역량을 파악하는 자료로 활용된다.

TIP.3 학교생활기록부의 다른 영역에서 확인할 수 있는 부분은 과감히 삭제하는 것이 좋다. 예를 들어 교과 성적의 우수성은 교과학습발달상황을 확인하면 되고, 단순한 임원 경력은 자율활동을 참조하면 된다.

TIP.4 학생의 학업태도나 노력 과정, 학습 습관, 학급활동에 참여한 태도, 객관적 입장에서 살펴본 리더로서의 자질과 관련 에피소드 등을 구체적으로 설명해준다면, 학생이 주어진 환경을 극복하기 위해 어떠한 노력을 했는지를 이해하는 데 도움이 된다.

TIP.5 봉사활동의 특이사항, 독서 성향 및 태도, 사고력 확장, 단점을 극복하기 위해 노력하는 학생의 태도는 입력할 수 있는 부분이 없다. 따라서 대입에 관련하여 평가자들이 알아주었으면 하는 학생의 특이 사항이나 특정영역으로 분류하기 힘든 부분은 '행동특성 및 종합의견'란에 작성하도록 한다.

면접 질문 예시

Q . 자신의 가장 큰 장점과 단점은 무엇이며, 단점을 극복하기 위해 어떤 노력을 했나요?

Q . 일주일에 한 권씩 책을 읽는다고 하였는데, 가장 기억에 남는 것은 무엇인가요?

Q . 학급 봉사활동 중 이 역할을 맡은 구체적인 동기는 무엇인가요?

자연계열 맞춤형 행동특성 및 발달상황 예시

 01. 농생물학과

교실의 공기 정화용 식물을 매일 관찰하고 스스로 물을 주는 등의 모습에서 게임이나 휴대폰을 좋아하는 요즘 학생과는 다른 모습에 깊은 인상을 받음. 학교 주변 정화 활동을 할 때에 주변의 풀과 나무의 사진을 찍고 이름을 알아보는 등 식물에 관심이 많음. 공간혁신 사업 공모전에서 체육관 옆의 빈 공간에 미니 숲을 조성하자는 의견을 제시하고 씨앗을 관리하여 지역의 숲으로 보내는 활동을 꾸준히 함. 누가 보지 않아도 시키지 않아도 늘 바른 행동을 하려 노력하며, 옳고 그름에 대한 사리가 분명한 학생임. 도시화 문제와 저출산 문제를 지역의 환경개선과 연계하여 해결하고, 농어촌 지역의 테마 산업을 통해 지역 발전을 도모하고자 하는 고차원적 사고가 돋보이며 향후 기대가 되는 학생 중 한 명임.

 02. 대기과학과

평소 다독하는 습관이 몸에 밴 학생으로 철학적 사고력과 언변이 뛰어나 학급에서 '최크라테스'라는 별명으로 불리는 학생임. 사회와 환경 문제에 대한 관심이 많아 신문을 자주 읽고 해당 문제에 대한 해결책을 찾는 일에 주도적으로 앞장서는 성격임. 일을 진행할 때 주변 친구들과 보조를 맞추고 상대의 의견을 경청하고 수용하는 태도가 훌륭함. 자신의 진로에 대한 뚜렷한 목적이 있고 그에 대한 이해가 높아 대기오염과 해양 문제를 서로 연관 지어 사고하고 해양 생태계 보전에도 관심을 갖는 모습이 칭찬할 만함. 어려운 문제에 직면했을 때 피하기보다는 침착하게 해결하는 모습이 타의 귀감이 되며, 자료조사와 분석할 때 필요한 차분함과 직접 활동할 때 요구되는 추진력을 모두 갖춘 보기 드문 학생임.

 03. 물리학과

학급의 정보부장으로 컴퓨터에 대한 지식과 사용 능력이 뛰어나 가끔 교무실의 컴퓨터에 문제가 생겼을 때 이 학생에게 자문을 구할 때가 종종 있음. 문제를 풀 때, 다른 사람이나 해설지 도움 없이 스스로 답을 알아 낼 때까지 풀어내는 집요함이 있음. 직관적 사고력과 현상에 대한 상관관계를 파악하는 능력이 남다르며, 집중력이 뛰어나 가끔 혼자 교실에 남아 책을 읽거나 문제를 풀고 있는 경우를 종종 보았음. 그러나 놀 때는 확실하게 놀 줄 아는 학생으로 학교 체육 대회 때 응원단장을, 봄 소풍과 가을 소풍의 두 차례 소풍에서 오락부장을 맡아 재치와 넉살을 보여주기도 함. 영어 실력이 부족하다고 생각하여 자신만의 학습법으로 꾸준히 노력하고 매일 10문장씩 영어 문장을 작문하여 영어 선생님께 피드백을 받는 등의 노력을 기울여 영어를 읽고 쓰는 능력이 크게 향상되었음. 또한 오로지 물리에 대한 열정으로 모두가 어려워하는 물리Ⅲ를 이수하고 역학 연구에 대한 꿈을 갖게 됨.

04. 수의학과

어려서부터 자주 동물을 키워, 주변에 돌아다니는 길고양이 한 마리도 그냥 지나치지 못할 정도로 동물을 사랑하는 자연 친화적인 특성과 공감능력이 남다른 학생임. 이러한 특성은 교우 관계와 공동체 생활 중에도 두드러져 공감, 소통, 배려 등의 훌륭한 인성적 측면이 다른 학생들에게 좋은 귀감이 됨. 평소 동물의 복지와 동물생리학에 관련한 선행 연구자료와 기사를 자주 접하면서 쌓은 지식을 교내 학보의 '나도 전문가' 코너에 기고하고, 학급의 3분 스피치 시간을 이용해 '애완'이라는 단어에 담긴 도구적 측면이 인생의 동반자와도 같은 '반려동물'에게 어울리지 않음을 역설하기도 함. 이를 통해 동물에 대한 지대한 관심과 열정을 볼 수 있었으며, 동물학을 포함한 의학, 생명, 철학 분야의 다양한 독서를 통해 자신의 진로를 준비하고 나아가는 자기주도성과 실행력이 돋보이는 학생임.

05. 수학과

수학적 사고가 뛰어난 학생으로 내신을 받기 어려운 소인수 과목임에도 심화수학 교과목을 선택하여 수학에 대한 열정을 보여줌. 주변에 수학을 어려워하는 친구들을 위해 쉬운 풀이 과정과 설명법을 고민하여 멘토링활동에 성실히 임하였으며, 그런 모습에서 친구들 간 신망이 두터운 학생임. 자신의 취미인 요리를 할 때에 요리의 과정과 순서를 알고리즘으로 표현하고, 체육대회의 축구 종목에서 전략을 세울 때 축구 포지션을 데카르트 좌표를 이용해 설명하는 등 평소 생활 속에서나 국어와 경제 등의 인문, 사회 계열 교과 학습을 할 때에도 수학적 사고를 발휘하는 경우를 자주 관찰할 수 있었음. 10분 스피치 시간에 '페르마의 마지막 정리(사이먼 싱)'를 읽고 수학자들의 세계에 푹 빠지게 된 계기에 대해 발표하는 모습에서 수학과 수학을 하는 사람에 대한 이해가 깊음을 알 수 있었음.

06. 식품공학과

사람의 건강에 가장 많은 영향을 미치는 것 중 하나가 음식이라 생각하며 음식으로 사람의 마음을 치유하고 건강을 개선하는 일에 관심이 많음. 음식에 관계된 거의 모든 활동에 관심이 많아 급식 도우미, 잔반 처리, 간식, 야식 문제 개선 등의 교내 활동에 적극 참여하였음. 사회구조 변화와 코로나19의 영향, 1인 가족, 배달 앱 등의 음식 문화에 대해 조사하여 발표하였으며, 앞으로 변화될 음식 문화의 흐름을 예측하는 일에 적극적임. 한국 음식을 세상에 알리고, 외국의 음식 문화를 배우기 위해 외국어능력이 필요하다 생각하여 영어 공부를 열심히 하고 제2외국어로 불어를 선택함. 소통의 지혜가 있어 교우 관계가 좋고 인사성이 바름. 자신만의 요리법을 알고리즘으로 제작하고 이를 브이로그 형식으로 제작하는 등 재능이 넘치는 학생임.

07. 의류학과

다른 이의 마음을 먼저 파악하고 눈치가 빠름. 학급의 분위기 메이커로 항상 웃는 얼굴로 타인을 대함. 소신 있고 자신의 목표를 실천하려는 의지도 뚜렷함. 친구들의 생일에 각 친구의 생일, 꽃말, 별자리, 이름의 의미 등을 고려한 독창적인 디자인의 티셔츠를 만들어 선물함. 교내 메이커스페이스의 전사프린터를 활용한 다양한 제품들을 디자인하고, 학교 홍보물과 캠페인용 굿즈 제작 공모에 참여하여 당선되기도 함. 학생의 이러한 능력을 전교생에게 인정받아, 학교 홍보용 디자인과 제작팀에 참여하게 됨. 최근에는 학교 단체 점퍼 제작, 졸업 앨범 제작, 학교 설명회 선물용 에코백, 학교 로고 디자인 등의 다양한 작품 활동을 진행 중임. 의류 디자인 이외에 의류 소재에도 관심이 많아 친환경적인 의류 소재에 대한 자료를 수집하고 패션 잡지를 통해 의류계의 소식을 꾸준히 접하며 뒤처지지 않으려 노력하는 모습이 칭찬할 만함.

08. 의생명과학과

지적 호기심이 매우 뛰어난 학생으로 모르는 것은 알 때까지 질문하고 책을 읽고 자료를 찾아 자신의 것으로 습득하는 집요함과 자기주도성, 탐구역량이 뛰어난 학생임. 예습과 복습의 중요성이 뛰어나다는 것을 알고 있지만 실천하는 학생은 드물기에 사교육 없이 학교교육과 본인의 노력만으로 우수한 학업역량을 보여주고 있어 기특한 학생임. 의학 관련 잡지와 논문을 자주 접하며 의사에 대한 꿈을 키워나감. 특히 코로나바이러스로 인한 다양한 문제 중 인종별 감염률, 개인정보 보호 문제, 면역 여권 등에 관심을 보이며 인종별 바이러스 감염률과 사망률을 통계자료로 제시하여 학급 활동에 참여한 점이 인상적임. 교실의 소외받는 학생에게 기꺼이 친구가 되어주며, 다른 학생이 꺼려하는 일을 도맡아 함. 의사로서의 생명윤리 의식과 인문학적 사고를 갖추기 위해 아침마다 채근담을 필사하며 소양을 갖추려고 노력하는 등 모든 교사가 이구동성으로 칭찬하는 훌륭한 학생임.

09. 도시공학과

발상이 독특하고 아이디어가 많은 학생임. 교과서의 내용을 단순 암기하기보다는 실험하고 직접 관찰하는 것을 즐김. 상황이나 문제를 해결할 때 여러 변수를 고려하여 대안을 제시할 수 있음. 밥을 먹을 때에도 발효의 원리나 산-염기 반응에 대해 연관 지어 사고함. 과학 전반적인 부분에서 두드러지며 반도체, 신소재와 신약 개발 등 화학 전반에 걸친 관심이 남다름. 최근에는 청소년의 화장품 사용 실태에 대한 발표를 진행하면서 화장품 성분과 방부제 등이 인체에 미치는 영향을 조사하고 피해야 할 성분들의 리스트를 작성하여 친구들에게 배부하였음. 수학과 컴퓨터활용능력도 우수한 편이며 자신의 연구가 많은 사람의 건강과 지구의 환경을 보존하는데 기여할 수 있도록 노력하는 학생임.

10. 환경생명과학과

공감능력과 배려심이 뛰어나며 어려운 처지인 사람에게 측은지심을 가질 줄 알고 공선사후의 정신을 자주 보여주어 선한 영향력을 끼치는 학생임. 몸이 불편한 친구를 대신하여 청소를 자원하고, 연극제에서 주연을 맡고 싶어 하는 친구에게 역할을 양보하기도 함. 해양 생태 연구에 관심이 많으며, 해양의 동식물을 보호하고 궁극적으로는 지구온난화와 지구 전체의 환경에 이바지하고자 하는 포부가 큰 학생임. 코스타리카 바다의 거북이 코에 박힌 빨대 사진이 실린 기사를 보고 해양 환경 보호에 대한 흥미를 갖게 되었으며, 수상 생물의 질병 치료와 약제 연구 및 해양 자원과 해양 환경을 보호하는 일에 관심이 많음. 해양 수산 관련 학과나 기관 탐방을 통해 꾸준히 정보를 받고 있으며, 지각변동이나 화산에 대한 개별 조사를 통해 해양 환경의 변화를 지속적으로 관찰하려 노력함. 최근에는 학급 활동에서 인공위성을 통한 해류도를 작성하거나 해양 순환이 미치는 영향에 대해 조사하는 등의 구체적인 활동으로 해양 환경에 대한 열정을 보여줌.

학생부 바이블
자연계열

PART.3

자연계열 직업 및 학과 로드맵

CHAPTER

자연계열?

자연계열은 농림·수산, 생물·화학·환경, 생활과학, 수학·물리·천문·지리로 구분된다. 자연계열은 기초 과학인 자연과학에 바탕을 두고 우주와 물질의 기원과 원리, 다양한 생명현상에 이르기까지 자연계의 법칙을 연구하는 분야이다. 원래 자연과학은 특정한 목적이 없는 자연현상의 이해를 통해 새로운 지식을 얻는 활동을 의미하였다. 그러나 현대의 과학은 순수과학 연구에서 벗어나, 상당 부분 융합 및 응용화 되고 있다. 생물학이 화학과 의학 등과 융합되어 생명과학으로 발전하여 난치병과 불치병을 극복하고 있듯이 말이다.

미래 사회에 주목받는 식량문제, 기후변화, 에너지전환, 유전공학, 우주산업 등 다양한 첨단사업에서 우수한 인력을 필요로 하고 있다. 이러한 전망은 자연계열의 가장 큰 매력이며, 미래 사회 변화를 선도하는 창의력을 겸비한 고급 과학 인재를 꿈꾸는 학생이라면 충분히 도전해 볼 가치가 있는 영역이다.

PART.3에서는 자연계열 직업분류의 중계열을 기준으로 직업과 학과를 탐색하려 한다. 각 중계열에 속한 직업과 학과를 탐색하고, 희망 학과에 맞는 선택과목을 확인하여 자연계열의 진로 로드맵을 정리해 볼 것을 추천한다.

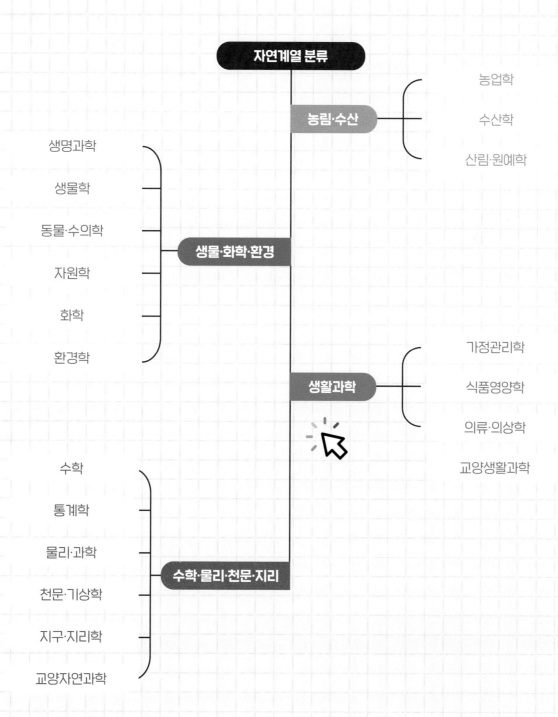

자연계열 분류

농림·수산
- 농업학
- 수산학
- 산림·원예학

생물·화학·환경
- 생명과학
- 생물학
- 동물·수의학
- 자원학
- 화학
- 환경학

생활과학
- 가정관리학
- 식품영양학
- 의류·의상학
- 교양생활과학

수학·물리·천문·지리
- 수학
- 통계학
- 물리·과학
- 천문·기상학
- 지구·지리학
- 교양자연과학

농림·수산

농림·수산 계열은 농업 활동과 산림을 조성하여 보존하고, 조림의 대상이 되는
수목을 관리하여 경제적으로 이용하는 임업, 수산업 등을 발달시키는
학문인 농학, 산림학, 수산학 등에 바탕을 둔다.

농림·수산 계열에 속한 학과들은 농작물, 산림, 수산물의 관리·이용·보전과 관련된 학문을
연구하며 생명과학, 화학, 지구과학, 물리학 등의 관련 지식이 요구된다.
농촌 개발, 농산물 유통, 산림 유지, 임목의 활용, 수산 자원관리 등을 통해
바이오산업, 식품, 환경과학 분야의 발전을 주도하고 있다.

관련 학과

농생물학과, 동물자원과학과, 산림자원학과, 식물자원학과, 원예학과, 원예과학과, 임학과, 축산학과, 환경생명화학과 등

진출 직업

공항검역관, 농산물품질관리원, 농업기술자, 농학연구원, 생명과학시험원, 실업교사, 식품시험원, 식품학연구원, 임학연구원, 조경원, 조림·영림 및 벌목원, 측량 및 지리정보 기술자, 축산물품질평가사, 플로리스트 등

관련 자격

농화학기사, 농림토양평가관리기사, 복지원예사, 수산양식기술사 및 기사, 시설원예기사, 시설원예기술사, 식물보호기사, 조경기술사, 치유농업사, 토양환경기사, 축산기사, 축산산업기사 등

진출 분야

국립산림과학원, 국립수산진흥원, 국립식량과학원, 농산물품질관리원, 농림수산식품부, 농림축산검역본부, 농산물수출입무역회사, 농산물유통공사, 산림청, 수출입식물방역회사, 식품의약품안전처, 지역농업기술원, 환경부 외 농업 및 환경 기술직, 수산, 식품, 농약, 목재, 비료 관련 기업체 등

인재상

A 동식물을 돌보는 것을 즐기고 자연 관찰에 흥미가 있는 학생

B 생물학, 물리학, 화학, 생명과학에 관심과 흥미가 많은 학생

C 자연현상과 생명현상에 대한 호기심과 세밀한 관찰력을 갖추고 있는 학생

D 환경 문제를 향한 관심과 고찰로 자연과 인간의 공존에 대한 소명 의식이 있는 학생

E 1차 산업의 미래지향적 안목으로 6차 산업의 개념을 이해하고 식량, 환경, 복지에 관심이 많은 학생

01

농업환경생태연구원

📖 직업 소개

농업은 식량의 공급처이며, 농업환경은 자연환경 보전을 통해 환경 생태계를 유지하는 중요한 공간이다. 농업환경생태연구원은 환경오염과 기후변화로부터 농업환경과 생태계를 보전하기 위한 연구를 한다.

주요 연구 내용으로는 토양, 환경, 농작물, 미생물 등을 아우르는 복합적인 업무를 수행한다. 토양과 농작물에 대한 유해 물질을 조사하여 안전기준을 설정하고, 농업과 관련된 폐기물과 폐자원의 활용을 위한 기술을 개발한다. 또한 환경변화에 대비하여 친환경 농업관리를 개발하고 농업생태계 영향평가 및 육안으로 보이지 않는 농경지 미소동물의 생태 분석 등을 통해 농업생태계의 안정을 위한 연구를 수행한다. 아울러 기후에 따른 농업자원 분포 및 변동조사, 농업기후 평가 등 농업과 농업환경을 포함하는 연구를 수행한다.

농업은 생산, 제조, 재배, 가공, 유통에 이르는 6차 산업을 이끄는 핵심 분야이다. 현대적 의미의 농촌은 주식을 제공할 뿐만 아니라 국토의 균형발전과 전통문화 계승 등 자연환경 보존으로 환경오염을 극복하기 위한 대안이자 해결책이기도 하다. 환경보존을 위한 노력은 전 지구적 문제이며 지속가능한 삶을 위한 당위적 책무이다.

✈️ 진출 방법

농업환경생태연구원이 되기 위해서는 대학에서 농생물학, 농학, 농화학, 생물학, 환경학 등을 전공한 후에 석사 이상의 학위를 취득해야 한다. 이후 농촌진흥청, 농업과학기술원, 농업생명공학연구원, 농촌생활연구소, 한국농촌경제연구원 같은 국가기관에서 운영하는 연구소에서 근무한다. 또는 각 지역의 환경보전연구소나 농자재 및 환경 관련 산업체에 진출할 수 있으며, 관련 분야에 경력을 쌓은 뒤에 창업을 할 수도 있다.

❤️ 💬 ✈️ 관련 직업

\# 농업기상연구원   \# 식물검역연구원

\# 농업환경오염연구원

\# 농업환경영향평가연구원

\# 농업생태계연구원

\# 농업폐자원관리연구원

📇 관련 자격

농화학기사   농림토양평가관리기사

토양환경기사   수질환경기사   시설원예기사

식물보호기사   시설원예기술사

💡 적성 및 흥미   ● ● ●

농업환경생태연구원은 물리적, 생물학적 현상들을 관찰하는 것을 즐기며 생물학, 화학 등 자연과학에 흥미가 있어야 한다. 대기, 수질, 토양 등 환경 현상에 대해 호기심을 갖고 특정 현상의 원인을 유추하는 것에 호기심이 있다면 더욱 좋다. 또한 농업의 환경보전을 바탕으로 농업 활동에 대한 지원이 이루어지므로 농촌과 농산물, 식물, 미생물 등에 대한 전문적 지식도 요구된다.

농업환경생태연구원의 업무는 농업환경 보전을 위한 토양보전, 폐자원활용, 온실 배출 저감 기술 등과 같은 실험과 연구를 통해 각종 기술을 개발하고 연구자료를 정리한다. 따라서 자료에 대해 명확하고 체계적으로 정리할 수 있는 논리력과 수리능력이 필요하다.

농학연구원

직업 소개

인류는 신석기 시대부터 농경을 시작하였고, 농업은 인류의 삶을 유지하고 발전시킨 원천이라 할 수 있다. 농업은 우리의 과거와 현재를 연결하고 미래를 책임지는 핵심 산업이다.

농학연구원은 새로운 작물과 품종을 개발하고 농작물의 품질향상을 위해 육종연구, 채소 및 화훼, 감자류의 품종개량 및 재배법 개선 등 작물 환경에 대한 연구를 수행한다. 또한 토양개량, 병충해 방제법, 농산물의 생산 및 저장, 가공 분야의 연구를 통해 농업의 선진화와 국민의 건강한 삶 유지에 기여하고 있다.

세계는 식량 위기에 대비하여 자국민의 보호를 위해 경쟁적으로 종자를 보관하고, 첨단 농법을 개발하여 농업의 스마트화를 빠르게 진행하고 있다. 우리나라 또한 도시 농업, 식물농장, 스마트팜, 생명공학의 적용 등 최첨단 시스템을 지원하여 농업의 변화를 유도하고 있어 농학연구원의 수요와 지원정책은 유지될 것으로 예상된다.

적성 및 흥미

✔ 자연과학
✔ 사고력
✔ 분석력

농학연구원은 생물학, 화학 등 자연과학에 흥미가 있어야 한다. 평소 자연을 사랑하고 식물을 돌보고 기르며 수확물을 채취하는 데 관심이 있으면 더욱 유리하다. 농업과 농촌환경에 대한 전문적 지식이 요구되므로 동물과 식물에 대한 호기심을 바탕으로 생명현상에 대해 관찰하고 치밀한 분석적 사고력이 뒷받침되어야 한다.

농학연구원의 주된 업무는 토지에서 수확하는 농산물이 사람들에게 경제적 또는 건강학적으로 도움을 줄 수 있도록 연구를 하는 것이다. 실험실에서 오랜 기간 연구에 매진할 수 있는 끈기와 인류의 미래를 책임진다는 사명감이 요구되며 실험을 통해 각종 연구자료를 분석하여 통계자료를 산출해야 하므로 수리능력 및 공학적 지식이 필요하다.

관련 직업

\# 농어업연구원 및 기술자

\# 정밀농업기술자   \# 도시농업관리사

관련 자격

유기농업기사   농화학기사

농림토양평가관리기사   토양환경기사

수질환경기사   시설원예기사

식물보호기사   시설원예기술사

진출 방법

농학연구원이 되기 위해서는 대학교에서 농생물학과, 생물환경화학과, 환경생명화학과 등 농학과 관련된 전공을 하고 석사 이상의 학력을 취득해야 한다. 농학연구원은 대부분 농업과학기술원, 농업생명공학연구원, 농촌생활연구소와 같은 국가기관에서 운영하는 연구소에서 근무한다. 농림부와 농촌진흥청 등 공무원이 되기 위해서는 공개 또는 특별채용 시험에 응시하여 입직할 수 있다. 이외에도 생명공학 관련 회사, 식품 및 화장품 관련 회사, 농협, 환경분석 관련 회사 등에 근무할 수 있다.

03

동물조련사

💻 직업 소개

동물조련사는 동물을 특정 목적에 맞게 훈련시키는 사람이다. 동물조련사는 주어진 환경에서 동물들이 재능을 발휘할 수 있도록 동물들의 행동을 개발하고 체계적인 훈련을 실시한다. 쇼를 위한 동물의 훈련, 위기에 놓인 사람의 생명을 살리는 인명구조, 시각 장애인을 안전하게 인도하는 맹인 안내, 범죄를 소탕하기 위해 고강도의 훈련을 소화해야 하는 마약 탐지 또는 드라마나 영화의 배우가 되어 연기를 하는 등 다양한 분야에서 활약하고 있다.

최근에는 동물에 대한 사람들의 관심이 높아져 다양한 동물을 키우는 가정이 증가하고 있다. 동물에 대한 사람들의 인식이 반려동물로 변화하여 동물훈련 외에도 심리요인 파악, 행동 교정 등 동물조련사의 영역이 더욱 세분화되고 있어 관련 일자리 수요도 증가할 것으로 예상된다.

💡 적성 및 흥미　● ● ●

동물조련사에게 가장 요구되는 자세는 동물에 대한 관심과 애정이다. 동물에게 필요한 것을 미리 발견하고 작은 변화에도 민감하게 반응할 수 있어야 한다. 분변 상태를 체크하는 것도 마다하지 않는 동물조련사가 되기 위해서는 아이를 돌보는 엄마와 같이 동물에게 무한한 애정을 가지고 보살 필 수 있어야하기 때문이다. 따라서 식물이나 동물과 같은 생명체를 기르고 돌보는 것을 좋아하는 자연 친화적인 성향을 가진 사람에게 더욱 유리하다.

또한 동물들에게 특정한 목적에 맞는 행동을 끌어내기 위해서는 끝없는 인내력이 요구된다. 본능에 충실한 동물들은 사람처럼 기다려주거나 말을 하는 존재가 아니므로 조련사가 돌보고 훈육하는 동물이 조련사를 믿고 교감하여 특정 행동을 나타낼 때까지 기다려주고 포기하지 않는 끈기와 생명을 존중하고 보살피려는 책임감이 필요하다.

❤ 💬 ✈ 관련 직업

동물훈련가　# 애견미용사　# 수의사

동물핸들러　# 포펫운영자　# 펫시터

수의테크니션　# 애니멀커뮤니케이터

애견트레이너　# 동물랭글러

동물사육사　# 동물보호보안관

동물돌봄이　# 동물심리치료사

📇 관련 자격

축산기능사　축산산업기사　축산기술사

수의사　축산기사　가축인공수정사

✈ 진출 방법

동물조련사가 되기 위해서는 보통 고등학교 졸업 이상의 학력이 요구된다. 외국의 경우 동물산업이 발달하여 조련사 양성과정이 체계적으로 자리 잡고 있지만 우리나라는 아직 동물조련사가 되기 위한 교육제도가 완전히 자리 잡지 못했기 때문에, 동물에 대한 지식과 전문성을 갖추기 위해 전문대학이나 대학교 및 전문학교에서 동물 및 축산과 관련된 전공을 하는 것도 좋은 방법이다.

동물조련사는 동물원, 동물훈련센터, 테마공원 등에 취업할 수 있다. 관련 기관에서 경력을 쌓은 뒤에 동물병원, 애견숍, 실험동물연구소 등에 진출하고 있으며, 애완동물 관련 업체를 창업할 수도 있다.

원예기술자

직업 소개

원예(園藝)는 농업의 한 분야이다. 과수·채소·화훼 등의 작물을 생산 또는 가공 및 개량하고, 화훼장식과 분재 등의 장식용에도 제공되는 심미적 활동도 포함한다. 따라서 원예기술자는 식물을 활용하여 공간을 설계하고 시공을 통해 특별한 환경을 조성하며, 수목 등 식물의 생육을 관찰하고 정기적으로 관리한다. 또한 새로운 품종의 과수, 채소, 화훼 등을 육성 및 재배하고 품종 간 또는 개체 간 교잡 및 교접 등의 연구를 수행한다. 이 과정에서 품종 개발에 성공한 뒤에는 토양, 기온, 습도 등의 재배 조건을 조사하여 개량된 품종을 대량생산 할 수 있도록 지원하는 것이 주된 업무이다.

농업은 인류의 발전에 필수적인 분야이며 농업 분야의 미래 식량을 대비하기 위한 중요한 산업 분야로 성장하고 있다. 특히 현대인들은 정신적 안정과 건강한 삶을 위해 다양한 원예작물과 도시원예, 화훼 등 환경보존과 친환경적 삶에 대한 관심이 증대하고 있어 일자리 전망도 밝다고 할 수 있다.

적성 및 흥미

✓ 인내심
✓ 창의력
✓ 집중력

원예기술자는 원예작물과 원예재배에 대한 전문적 지식과 기술이 요구되는 직업이다. 원예작물의 생육을 위해 작물에 관심과 애정을 갖고 꾸준히 관리할 수 있는 체력과 인내심이 요구된다.

또한 새로운 품질을 개발하기 위해서는 관찰력과 반복되는 연구에 대한 집중력 및 창의력도 필요하다.

원예기술자는 원예작물을 관리하며 최적의 생육환경을 제공해야 한다. 따라서 평소 원예작물을 세심히 관찰하고 살아있는 작물과 환경을 다루는 인류의 삶과 건강에 직결되는 중요한 역할을 수행해야 하므로 생명현상에 대한 경외심과 윤리의식도 갖추어야 한다. 최근에는 사회 변화를 반영한 스마트팜 등의 첨단 시스템 운영 및 구축을 위한 컴퓨터활용능력과 지식도 요구되고 있다.

관련 직업

\# 종자개발전문가   \# 원예치료사

\# 곡식작물재배자   \# 과수작물재배자

\# 채소 및 특용작물재배자   \# 원예종묘기사

\# 원예작물환경연구원   \# 시설재배연구원

관련 자격

시설원예기사   시설원예기술사   종자기사

식물보호기사   식물보호산업기사

농산물품질관리사

진출 방법

원예기술자가 되기 위한 특별한 학력 조건은 없지만 대학에서 원예학 및 관련 학과를 졸업하거나 직업 전문학교에서 원예 관련 분야의 지식과 기술을 습득하여 교육을 이수하는 경우가 대부분이다. 또는 직업계고등학교에서 전공학과의 교육과 실습을 통해 원예 관련 자격을 취득하여 관련 업무를 담당하기도 한다.

주로 건설회사의 조경부서나 정원수 및 온실 재배 업체 등에서 근무하며, 경력을 쌓은 후 학위를 취득하여 원예기사, 원예기술사 자격을 갖춘 다음에는 현장의 공사를 관리하는 업무를 담당하거나 원예 관련 업체를 창업할 수도 있다.

05 임업연구사

💻 직업 소개

국토의 63%를 차지하는 산림은 우리의 삶과 밀접하게 존재해 왔다. 산림자원은 전통적으로 목재생산에 많이 활용되었으나, 최근에는 생명산업 분야 및 휴양림 조성을 통한 안식처 조성 등 그 활용 분야가 다양하다.

임업연구사는 우리나라 산림에 대한 전반적인 연구를 담당한다. 따라서 임업연구사의 하는 일은 산림이라는 공통분모는 있으나 그 분야가 다양하다. 병해충, 산불, 산사태 등으로부터 산림을 보호하는 연구, 목재 분석 및 가공, 목재 화학 등 산림의 활용, 산림자원의 효율적 경영을 통한 경제적 가치 창출 등으로 세분화되어있다.

산림자원은 국민의 건강 증진 및 경제적 창출 외에도 4차 산업혁명에 빠르게 적응하고 있다. 특히 스마트 양묘장 등 신산업과 융합하여 첨단 시스템을 구축하고 환경 위기에 대응하는 사회적 가치를 창출하고 있다. 현재 임업연구사의 일자리는 한정적이지만 환경 문제가 인류의 당면과제로 부상함에 따라 환경정화 능력을 기대할 수 있는 산림, 식물, 미생물 관련 연구에 대한 수요가 증가할 것으로 예상된다.

💡 적성 및 흥미   ● ● ●

임업연구사에게 필요한 적성과 흥미는 자연에 대한 호기심과 자연을 사랑하는 마음이다. 평소 자연을 관찰하는 것을 즐기는 자연 친화적 성향의 소유자이어야 한다. 또한 연구실과 현장을 오가며 연구해야 하고, 특히 산불과 같은 재해가 발생했을 시에는 직접 현장 점검을 통해 원인 파악 및 피해 사안 분석 등의 업무를 담당해야 하므로 강인한 체력도 필요하다.

연구직은 특정 분야에 대한 해결책을 도출할 때까지 오랜 기간 연구를 하는 직업이므로 인내심과 끈기, 문제해결능력이 요구된다. 더불어 산림자원을 보호하고 미래 세대에게 소중한 자산을 물려준다는 사명감과 윤리의식도 갖추어야 한다.

❤ ○ ✈ 관련 직업

`# 임업시험연구원` `# 작물시험원`
`# 환경연구원` `# 생명과학시험원`

📋 관련 자격

산림기사   임업종묘기사   식물보호기사

임산가공기사   조경기사   삼림기술사

산림경영기술사   산림공학기술사

산림치유지도사   나무의사

✈ 진출 방법

임업연구사가 되기 위해서는 임학과, 생물학과, 생명과학과, 생명공학과, 유전공학과, 농업 생명 과학과 등 관련 학과의 석사 이상의 학위를 취득해야 한다. 연구직은 보통 석사 또는 박사과정의 세부 전공을 중심으로 연구하기 때문이다. 연구보조원으로 근무하여 경력을 쌓거나 정부출연연구소에서 실시하는 현장 연수 프로그램에 참여해 볼 것을 추천한다. 이러한 경력을 통해 정부출연연구소에 공채 및 특별채용을 통해 입직하거나 정부기관, 기업부설 연구소, 농학 및 생명공학 관련 벤처기업 등으로 진출할 수 있다.

조경기술자

직업 소개

자연환경은 우리에게 주어진 기본적인 삶의 조건이다. 조경은 아름답고 유용한 환경을 조성하기 위해 인위적으로 환경을 변화 또는 개선시켜왔다. 이러한 과정을 광의적 관점의 조경이라 할 수 있다.

조경기술자는 토지(정원, 가로, 공원 등)를 계획에 따라 설계하고, 이후 진행되는 조경 공사를 관리·감독하는 일을 담당한다. 고객의 요구에 따라 조경 설계 계획을 수립하되, 각 지역 및 환경에 맞는 조경 설계 기준 즉 공정관리, 자재품질, 규격검수, 안전, 환경 등에 대한 업무를 수행한다. 또한 공사가 끝난 후에도 조경 시설이 잘 유지될 수 있도록 관리하는 업무를 수행한다.

조경은 디자인·건축·토목·도시계획 등 다양한 분야와 연계되어 있다. 따라서 조경기술자는 예술성과 기능성, 공공성을 갖춘 공간을 창조한다. 나아가 최근 조경기술은 공간의 심미적 측면을 넘어 IT 기술과 결합된 복합공간을 창조하는 등 꾸준히 진화하고 있다.

진출 방법

조경기술자는 전문 대학 및 대학교에서 조경학, 도시조경학과, 산림자원학, 원예학 등을 전공하고 관련 자격증을 취득한 후에 취업하는 것이 일반적이다. 정부환경 또는 개발대행부처에 입직하거나 건축 및 엔지니어링 회사의 조경부, 조경 컨설팅회사, 설계용역업체, 공원, 주택지 개발 등을 위한 관련 업체에 진출할 수 있다. 조경기술자의 경우 특화된 기술로 인정받기 때문에 독립성을 유지할 수 있는 분야이며, 조경과 관련된 업무는 경기에 영향을 받을 수는 있지만 도시재생사업, 스마트시티 조성, 도시공원 및 녹지 조성 등에 대한 투자는 꾸준히 증가하고 있다.

관련 직업

조경과   # 조경학과

관련 자격

조경기능사   조경산업기사   조경기사

조경기술사

적성 및 흥미

조경기술자는 공간을 창조하는 사람이다. 따라서 효율적인 공간 배치를 위한 공간에 대한 인식 및 활용능력과 꽃, 나무 등의 자연환경과 조형물이 어우러진 공간 조성을 위한 예술성과 창의력이 필요하다. 미를 표현할 수 있는 디자인 감각과 인간의 심리적 안정 등을 조화롭게 조합할 수 있는 관찰력도 있어야 한다.

평소 자연에 애정을 갖고 식물과 꽃 등을 기르는 것에 흥미가 있다면 기본적인 지식을 쌓을 수 있어 더욱 좋다. 여러 조경원들과 함께 작업을 하고 지시를 내려야 하는 등 리더십과 원만한 대인관계능력도 요구된다.

최근에는 IT 기술과 융합되어 자연물과 조형물의 결합을 통해 자연 친화적인 공간에서의 운동시설 조성, 증강현실과의 결합 등 복합적인 기능을 가진 공간을 재창조하는 일이 많아졌다. 따라서 변화를 두려워하지 않는 혁신적 사고와 도전정신의 소유자라면 더욱 유리할 것이다.

종자개발연구원

💻 직업 소개

종자는 식물의 '씨앗'을 의미한다. 종자는 식량, 농업, 임업, 육종 및 최근에는 생물 산업의 중요한 원천소재로 사용되고 있다. 산림파괴와 지구온난화 등 자연 생태계 위기로 종자 보존의 중요성이 대두되었고, 생물 산업과 식량 등의 유전자원 확보를 위해 세계는 자국의 종자 유출을 막고 다른 나라의 종자를 수집하는 종자 전쟁을 치루고 있다.

종자개발연구원은 종자의 생리, 관리, 육종 및 새로운 품종을 개발한다. 또한 토종 종자를 보호하고 종자 개량을 위해 변이 및 인종 교배를 하여 새로운 자원을 확보한다. 이를 통해 새로운 종을 만들어 내거나 기존의 채소와 과일의 맛과 식감, 모양 등을 개선하고, 병충해에 강한 종으로 개량한다.

우리나라의 구상나무, 앉은뱅이밀 등은 오히려 해외로 나간 종자를 역수입하여 비싼 로열티를 지급하고 있다. 종자는 미래 식량 산업의 핵심이자 고부가가치 산업의 상징이며, 고유한 종자 보존과 개발을 위해 종자 개발 연구는 성장 가능성이 큰 분야이다.

💡 적성 및 흥미 ● ● ●

종자개발연구원에게 가장 중요한 자세는 끈기와 인내심이다. 오랜 기간 동안 반복적인 실험을 통해 품종을 연구할 수 있는 열정이 필요하기 때문이다. 종자생육, 유전학 등의 과학적 지식과 사고력을 바탕으로 새로운 종자를 개발하고 연구해야 하므로 생명에 대한 호기심과 열정, 그리고 창의력을 가진 사람에게 유리하다. 또한 연구자료를 데이터베이스화 할 수 있는 분석력과 컴퓨터 등 공학적 지식도 요구된다.

20세기 인류를 구한 식량 학자인 니콜라이 바빌로프가 수집한 종자를 지키기 위해 그의 동료들은 전쟁 중에도 종자를 먹지 않고 굶어 죽어간 일화는 너무도 유명하다. 따라서 종자개발연구원은 종자 연구를 통해 인류의 건강과 복지, 지구 환경을 지킨다는 소명 의식과 사명감이 있어야 한다.

❤ 〇 ✈ 관련 직업

#종자연구원 #육종기술자

📇 관련 자격

종자산업기사 종자기사

✈ 진출 방법

새로운 씨앗을 개발하고 연구하는 종자개발연구원이 되기 위해서는 농업생명공학, 작물과학, 유전과학, 원예학 등 농업계열의 학과를 전공해야 한다. 대부분 석사 이상의 학력이 요구되며 농업에 관한 전반적인 이론과 실험을 통한 실무 역량을 쌓은 뒤 졸업 후 한국식품개발연구원과 같은 정부 투자기관 또는 종자 개발 연구 및 관련 연구소나 기업에서 근무한다.

종자개발연구원의 진출 분야는 한정되어 있지만 전 세계가 '종자 확보'를 위해 치열한 경쟁이 대두되면서 우리나라에서도 그 중요성이 강조되고 있다. 대기업을 중심으로 종자 개발 분야에 투자하고 있어 관련 분야의 일자리 수요도 증가할 것이다.

플로리스트

직업 소개

플로리스트는 필요한 용도에 맞게 공간을 디자인하고 꽃과 다양한 재료들을 아름다운 형태로 배치하는 전문 예술인이다. 플로리스트의 손에서 꽃과 자연의 재료들이 배합되어 평범한 공간들도 디자인, 색채, 미적 감각을 입힌 예술 공간으로 탄생한다. 꽃, 식물, 화초 등의 화훼류를 고객의 용도 및 장소에 맞게 리본, 바구니, 메탈 등을 활용하여 다양하게 연출한다.

꽃의 색채, 향기, 분위기, 의미에 따라 꽃의 쓰임은 가정에서부터 사람들이 모이는 행사에 이르기까지 대중화되고 있다. 삶의 질이 향상되면서 특별한 목적이 없어도 꽃을 구매하는 사람들은 증가하고 있어 자연의 아름다움과 순수함으로 공간을 창조하고 때로는 사람의 마음을 치유하는 플로리스트의 영역은 더욱 다양해질 것으로 예상된다.

적성 및 흥미

- ✔ 미적 감각
- ✔ 손재주
- ✔ 창의력

플로리스트는 꽃을 디자인하여 아름다움을 창조하는 직업이므로 미적 감각이 필요하다. 꽃과 식물에 대한 관심과 전문적 지식을 바탕으로 섬세한 꽃을 다루는 정교한 손재주가 있어야 한다. 각꽃이 가지고 있는 고유한 개성과 특징을 살릴 수 있는 색채의 조화와 식물, 아크릴 등 다양한 조합을 창조하여 예술성 있는 작품을 완성할 수 있는 창의력과 끈기가 있으면 더욱 유리하다.

새벽에 일어나 꽃을 구매하고, 무거운 꽃 장식을 들고 배치할 수 있는 체력이 뒷받침되어야 한다. 특히 꽃은 환경에 민감하여 항상 조심스럽게 다루어야 하므로 세심하고 뛰어난 관찰력이 요구된다. 또한 플로리스트는 고객과의 소통과 공감능력도 중요하다. 고객의 상황을 헤아릴 수 있는 따뜻한 감성을 가지고 있다면, 고객에게 최고의 추억과 감동의 순간을 자신의 손끝에서 나오는 작품으로 장식할 수 있을 것이다.

관련 직업

화훼장식가   # 플라워디자이너
정원사   # 조경사   # 원예치료사
산림연구원   # 화훼재배종사원

관련 자격

화훼장식기능사   화훼장식기사
시설원예기술사   시설원예기사

진출 방법

플로리스트가 되기 위한 학력 제한은 없다. 꽃 전문점에 입사하여 관련 기능을 전수받아 경험을 쌓을 수 있지만, 체계적인 전문성을 갖추기 위해 관련 학과를 전공하는 것이 유리하다. 원예학과와 화훼장식학과 등에서 식물생리학 또는 화훼학과 같은 플로리스트가 되기 위한 이론과 실기교육을 받을 수 있다. 또는 직업계고 등학교나 직업 전문학교에서도 플로리스트가 되기 위한 교육과정이 개설되어 있어 관련된 교육과정을 이수할 수 있다.

플로리스트가 되려면 국가 공인 화훼장식기능사 또는 화훼장식기사 자격증을 취득하는 것이 좋다. 화훼장식기능사의 응시자격 제한은 없으나 화훼장식기사 자격은 관련 학과의 대학교 졸업자 또는 졸업예정자이거나 화훼장식기능사 자격 취득 후 동종업계에서 3년 이상 근무한 경력이 있어야 한다. 플로리스트들은 다양한 경로로 실무 능력을 쌓은 후 꽃 전문점을 개업하거나 호텔, 예식장, 조경회사 등에 입사 또는 프리랜서로 활동한다.

농생물학과

식물을 보호하기 위해 식물에 병을 일으키는 병충해의 발생 원인을 밝히고, 건강한 식물을 생육하는 방법을 연구하는 학과이다.

기초 과학인 생물학을 바탕으로 순수생물학과 농업생물학을 응용하여 세균, 곰팡이, 바이러스, 기생식물 및 해충에 대한 지식을 제공하고 피해 원인을 규명하여 치료하는, 종합적인 방제시스템 확립에 중점을 둔다. 또한 최신 농업 과학기술의 현장 응용 능력을 배양하고, 지역의 특성을 반영한 교육과정을 제공하여 풍부한 농업 과학기술 지식과 실무 능력을 겸비한 농생물 분야의 전문 과학기술 인력을 양성한다. 나아가 농작물과 원예작물의 생산, 이용, 육종 및 보호에 대한 학문을 연구하고 최신농업 과학기술을 도입하여 지역 농업의 발전에 기여하고 미래 바이오산업을 선도한다.

졸업 후 진출 분야 및 직업

진출 분야

국립생물자원관, 국립산림과학원, 농산물품질관리원, 농림축산검역본부, 농촌진흥청, 지역농업기술원, 농약회사, 농산물유통공사, 농산물수출입무역회사, 수출입식물방역회사, 국립농산물품질관리원, 제약회사, 양묘회사, 유기질비료회사 등

진출 직업

나무의사, 농산물품질관리원, 농업기술자, 농업지도직공무원, 농업행정직공무원, 생명과학연구원, 생물학연구원, 농업연구직, 식물검역원, 임업연구원, 환경연구소연구원 등

개설 대학

전북대학교 등

관련 학과

농생명과학과	농생명산업학과
농생명산업학전공	농생명화학과
미래농업융합학부	생물자원과학부
식물생명과학과	식물자원환경전공
식물의학과	작물과학전공

고등학교 권장 선택과목 로드맵

교과 영역	선택과목	
	일반선택	진로선택
기초	미적분, 확률과 통계	기하
탐구	경제, 한국지리, 세계지리, 물리학I, 화학I, 생명과학I, 지구과학I	물리학II, 화학II, 생명과학II, 지구과학II, 융합과학, 생활과 과학
체육·예술	미술	
생활·교양	환경	농업 생명 과학

산림자원학과

친환경적인 산림조성을 통해 인간의 삶을 풍요롭게 하는 학과이다. 따라서 산림자원과 산림생태계를 분석하고, 임산물 연구, 목재 에너지 자원개발, 생태환경자원 유지와 복원 등 지속가능한 산림조성을 위해 바탕이 되는 응용과학 분야이다.

산림의 조성·보호·육성에 관한 기법연구를 비롯하여 합리적인 산림경영, 산림휴양 및 치유, 산림방제 연구, 목재 및 임산물 생산, 임산물 가공 및 유통 등 산림의 가치를 극대화할 이론과 기술을 습득한다. 산림자원학과에서는 국가의 60% 이상을 차지하는 산림자원을 종합적으로 관리, 경영, 개발하는 데 필요한 지식과 실무 능력을 겸비하고, 자연환경 문제를 대처하기 위한 생명공학 및 유전학과 융합한 첨단산림과학기술력을 갖춘 전문 인재 양성을 목표로 한다.

개설 대학

대구대학교, 영남대학교, 전남대학교 등

관련 학과

산림응용공학부 산림조경학과 원예학과
관상원예조경학부 목재응용과학전공
산림학과 산림학부 산림환경자원학과
원예과학전공 임산공학과 산림과학과
임산생명공학과 환경산림과학부

졸업 후 진출 분야 및 직업

진출 분야

국립산림과학원, 국립수목원, 국립식물검역소, 국립공원공단, 국립원예특작과학원, 산림조합중앙회, 산림청, 지역산림환경연구소, 산림 및 생명공학 관련 업체, 산림휴양시설, 목재가공업체, 식품 및 화장품회사, 자연환경보존 관련 업체 등

진출 직업

산림경영지도원, 산림공학기술자, 산림관리사, 산림기사, 산림보호원, 산림빅데이터전문가, 산림연구원, 산림조사원, 산림치유지도사, 산림환경연구원, 임학기술자, 임학연구원, 조경기술자, 조경원, 자연휴양림해설사 등

고등학교 권장 선택과목 로드맵

교과 영역	선택과목	
	일반선택	진로선택
기초	미적분, 확률과 통계	기하, 수학과제 탐구
탐구	한국지리, 세계지리, 물리학I, 화학I, 생명과학I, 지구과학I	화학II, 생명과학II, 융합과학
체육·예술		
생활·교양	환경	농업 생명 과학

식물자원학과

다양한 식물에 대한 연구개발을 통해 미래 사회에 필요한 첨단 생산기술과 친환경 기술, 품질개량 및 신품종 육성 등을 배우는 학과이다.

국민건강 증진과 지구의 환경보전을 위한 미래에 주목받는 분야이다. 최근 생명공학의 발달에 따라 식물 유전공학을 통한 기능성 작물의 재배 및 기술 연구를 위해 노력하고 있다. 또한 첨단생명공학기법을 활용하여 유전체 연구와 같은 식물의 개량과 응용 방법 적용 등 작물의 가치를 높이고 있다. 농업 지도자 및 독창적 식물 연구를 통해 사회 발전에 기여하는 인재 양성을 목표로 한다.

 개설 대학

공주대학교, 충남대학교, 충북대학교 등

관련 학과

식물·생산과학부	식물의학과	원예학과
농업식물과학과	미래농업융합학부	
생명자원사업학과	생명환경학부	
생물산업학부	생약자원개발학과	
식량자원과학과	식물생명과학과	
식물자원응용과학전공	원예과학과	
원예생명공학과	원예생명과학과	
원예생명조경학과	응용식물학과	

졸업 후 진출 분야 및 직업

📝 진출 분야

국립농산물품질관리원, 국립농업과학원, 국립식물검역소, 국립종자원, 농촌진흥청, 농업기술원, 농림축산식품부, 농업행정기관, 환경부, 식물보호 관련 기관, 한국생명공학연구원, 한국화학연구원, 한국농수산식품유통공사, 한국농어촌공사, 종자회사, 농약회사, 농산물 가공업체 등

📝 진출 직업

곡식작물재배자, 과수작물재배자, 식물보호기사, 원예기술자, 채소 및 특용작물재배자, 원예·식물관련연구원 등

고등학교 권장 선택과목 로드맵

교과 영역	선택과목	
	일반선택	진로선택
기초	미적분, 확률과 통계	기하, 경제 수학, 수학과제 탐구
탐구	한국지리, 세계지리, 물리학I, 화학I, 생명과학I, 지구과학I	여행지리, 화학II, 생명과학II, 융합과학, 생활과 과학
체육·예술		
생활·교양	기술·가정, 정보, 환경	해양 문화와 기술, 농업 생명 과학

원예학과

채소, 과수, 화훼 등 원예작물의 재배와 생산 및 활용에 관한 이론교육과 실습을 제공하고 원예작물의 생리·생태·재배기술·번식 등에 관하여 연구하는 학과이다.

최근에는 녹색성장을 기반으로 한 원예산업의 전문성을 갖춘 원예인 양성을 위해 전통적인 원예학에 산림 바이오매스, 식물조직 배양, 숲의 치유기능, 우리나라 자생 식물의 유전자 탐색 등과 같은 첨단 신기술을 접목한 환경보전 연구도 병행하고 있다. 지구온난화로 인한 기후변화 대비, 인간의 삶의 질 향상을 위한 쾌적한 환경 조성, 미래 식량 구축을 통한 자연과 인간 환경의 가치를 높이는 등 자연과 인간의 공존을 위해 중요한 역할을 하고 있다. 원예산업의 경쟁력 향상과 농가소득 증대 및 친환경 생활공간 구축에 기여하는 과학적 기술과 예술성을 겸비한 전문 원예인 양성을 목표로 한다.

졸업 후 진출 분야 및 직업

진출 분야

농촌진흥청, 국립원예특작과학원, 한국산림복지진흥원, 한국수목원관리원, 한국임업진흥원, 환경보전협회, 환경 및 원예 관련 공공기관, 농장, 펄프·제지회사, 목재회사, 생명공학 관련 기업, 나무병원, 식물원, 조경회사, 화원 등

진출 직업

원예치료사, 원예기술자, 종자기술자, 플로리스트, 화훼재배기술자, 임업인, 조림 영림 및 벌목원 등

개설 대학

경상대학교, 공주대학교, 대구가톨릭대학교, 순천대학교, 전북대학교, 충남대학교 등

관련 학과

생명환경학부 생물산업학부
식물의학부 식물자원학과 원예과학과
생약자원개발학부 식량자원과학과
식물생명과학과 식물생산과학부
농업식물과학과 농학·한약자원학부
미래농업융합학부 생물자원산업학과
원예산업학부 원예생명공학과
원예생명과학과 환경원예학과

고등학교 권장 선택과목 로드맵

교과 영역	선택과목	
	일반선택	진로선택
기초	미적분, 확률과 통계	고전 읽기, 기하, 실용수학
탐구	세계지리, 생활과 윤리, 물리학I 화학I, 생명과학I, 지구과학	화학II, 생명과학II, 융합과학, 생활과 과학
체육·예술		미술 감상과 비평
생활·교양	제2외국어, 심리학, 환경	농업 생명 과학, 가정과학

임학과

산을 가꾸어 형성된 산림을 어떻게 활용할 수 있는가에 대해 연구하는 학문이며, 임학과는 임산물의 효율적 이용 및 환경 보존을 위해 필요한 기초적 이론과 전문적 지식을 교육한다.

우리나라 목재의 해외 의존도는 85%로 국내 산림면적 대비 높은 편이다. 경제적 측면과 환경적 측면에 있어 국내 산림의 보호와 육성은 더욱 필요한 상황이다. 임학과에서는 산림자원의 조성과 보전 및 관리, 활용에 대한 이론과 실무경험을 교육하여 산림자원의 생산성을 높이기 위한 지식과 충분한 실험 및 실습을 통해 생물소재산업의 발전에 기여하는 전문 임업인 양성을 교육목표로 하고 있다.

졸업 후 진출 분야 및 직업

진출 분야

국립산림과학원, 국립수목원, 국립식물검역소, 국립공원공단, 국립원예특작과학원, 산림조합중앙회, 산림청, 각 지역 산림환경연구소, 산림 및 생명공학 관련 업체, 산림휴양시설, 목재가공업체, 식품 및 화장품회사, 자연환경보존관련업체 등

진출 직업

가구디자이너, 나무의사, 바이오에너지 연구원, 산림경영지도원, 산림공학기술자, 산림관리사, 산림기사, 산림보호원, 산림빅데이터전문가, 산림연구원, 산림조사원, 산림치유지도사, 산림환경연구원, 생태계복원관리연구원, 임학기술자, 임학연구원, 조경기술자, 조경원, 자연휴양림해설사 등

개설 대학

경북대학교 등

관련 학과

목재응용학과 임산공학과 임산공학전공

산림과학·조경학부 임산공학 전공 원예학과

산림과학과 산림학부 산림응용공학부

관상원예조경학부 목재응용과학전공

산림조경학과 산림환경자원학과

원예과학전공 임산공학과

임산생명공학과 환경산림과학부

고등학교 권장 선택과목 로드맵

교과 영역	선택과목	
	일반선택	진로선택
기초	미적분, 확률과 통계	기하, 경제수학, 수학과제 탐구
탐구	한국지리, 세계지리, 물리학I, 화학I, 생명과학I, 지구과학I	화학II, 생명과학II, 융합과학
체육·예술		
생활·교양	환경	농업 생명 과학

조경학과

조경이란 아름답고 유용한 환경 조성을 위해 토지를 계획, 설계, 시공, 관리하는 예술이자 기술을 의미하며 조경학은 자연환경과 인공환경의 예술적 원리와 과학적인 원리를 적용하는 전문 분야라고 할 수 있다.

자연을 토대로 인간을 둘러싼 주변 환경을 보다 쾌적하고 가치 있게 조성하기 위해 이론과 기술이 접목된 조경 활동을 바탕으로 창의적이고 예술적인 디자인을 추구한다. 조경 분야에서 수행하고 있는 연구 및 실습 대상은 주택정원, 도시공원, 자연공원, 지역 수목원, 관광단지, 휴양공간, 공공디자인 분야 등 다양하다. 조경학과에서는 조경계획, 설계기법, 시공관리, 도시환경 디자인, 컴퓨터 그래픽, 지리정보 시스템 등의 체계적인 교육을 통해 자연과 인간과의 관계와 환경문제를 연구하고 창의적으로 개발 및 적용할 수 있는 전문 기술자의 양성을 강조하고 있다.

개설 대학

경주대학교, 공주대학교, 대구가톨릭대학교, 동국대학교(경주), 동신대학교, 동아대학교, 목포대학교, 배재대학교, 부산대학교, 서울시립대학교, 영남대학교, 우석대학교, 전북대학교, 호남대학교 등

관련 학과

녹지조경학과ㅣ도시·조경학부(조경학전공)ㅣ산림자원·조경학부ㅣ산림조경학과ㅣ산림조경학전공ㅣ생태조경학전공ㅣ융합전공학부 조경학-경영학전공ㅣ융합전공학부 조경학-환경생태도시학전공ㅣ전통조경학과

졸업 후 진출 분야 및 직업

진출 분야

한국토지주택공사, 서울주택도시공사, 한국도로공사, 한국수자원공사, 국립자연휴양림관리소, 임업직공무원, 정부출연연구기관, 조경설계사무소, 종합건설업체, 환경복원 및 시공회사 등

진출 직업

문화재보존가, 조경설계사, 조경시설물설치원, 조경학연구원 등

고등학교 권장 선택과목 로드맵

교과 영역	선택과목	
	일반선택	진로선택
기초	미적분, 확률과 통계	기하, 수학과제 탐구
탐구	한국지리, 세계지리, 물리학I, 화학I, 생명과학I, 지구과학I	화학II, 생명과학II, 융합과학
체육·예술		미술 감상과 비평
생활·교양	환경	농업 생명 과학

축산학과

축산학은 축산물의 효율적인 생산과 이용을 위해 육종·번식, 영양, 가공, 경영에 관한 이론과 기술을 연마하는 학문이다. 축산학과에서는 산업화된 동물들을 생물학적으로 연구하고 사육하기 위한 경영과 관리 방법에 대해 연구한다.

인류의 삶의 질이 향상되고 건강에 대한 관심이 높아지면서, 사람들은 좋은 환경에서 자란 질 좋은 축산식품을 원한다. 또한 생명공학의 발달로 가축의 생산성 향상을 넘어 유전자분석, 유전공학, 동물의 사육 등 축산학의 연구 분야와 범위는 확장되고 있다. 축산학과에서는 가축육종, 영양, 사양, 가공, 번식·생리 및 생명공학 등 축산과 관련된 각 분야의 연구를 활발히 진행하며 동물산업과 생명과학을 선도하여 미래를 설계하는 인재 양성을 목표로 한다.

졸업 후 진출 분야 및 직업

✏️ 진출 분야

국립축산과학원, 농림수산식품부, 농촌진흥청, 축산과학원, 축산물품질평가원, 축산방역본부, 종축개량협회, 축산업 관련 협동조합, 농협중앙회, 사료회사, 유가공회사, 육가공회사, 종자회사, 축산시설기계회사, 동물약품회사, 사료첨가제회사, 생명공학회사, 동물병원, 대학교, 축산 관련 연구기관 및 축산 관련 대기업 및 중소 기업체 등

✏️ 진출 직업

공항검역관, 낙농 및 사육 관련 종사자, 도축검사원, 바이오에너지연구 및 개발자, 방역사, 축산농장관리자, 축산물등급판정사, 축산 및 수의학연구원, 축산업 관련 공무원, 축산업지도자 등

개설 대학

경북대학교, 충북대학교 등

관련 학과

동물산업융합학과　동물생명공학과
동물생명과학과　동물생명자원학과
동물응용과학과　동물자원학과
동물자원학부　식품동물·생명공학부
축산생명공학과　축산식품생명공학과
식품생명·축산과학부(축산학전공)
축산생명학과

🎚️ 고등학교 권장 선택과목 로드맵

교과 영역	선택과목	
	일반선택	진로선택
기초	미적분, 확률과 통계	기하, 경제 수학, 수학과제 탐구
탐구	경제, 물리학I, 화학I, 생명과학I, 지구과학I	화학II, 생명과학II, 융합과학, 생활과 과학
체육·예술		
생활·교양		농업 생명 과학

환경생명화학과

농업생명화학과 환경과학의 기본이론을 바탕으로 농업 생명현상의 근본을 생명·화학적 측면에서 교육하고 연구한다.

화학 및 생물학을 바탕으로 한 환경·생명산업 분야의 전문성 향상을 목표로 교육과정을 제공한다. 분석화학, 유기화학 등의 화학 과목과 토양학, 생화학, 토양미생물학, 농업환경화학, 농약학, 분자생물학, 환경생태물리학 등의 다양한 학문 분야를 교육한다. 나아가 이러한 교육과정을 바탕으로 농약, 비료, 미생물, 식물, 토양, 천연물 등 미래사회를 주도하는 생명산업과 환경산업의 학문과 기술을 선도할 창의 융합 인재 양성을 교육목표로 한다.

졸업 후 진출 분야 및 직업

진출 분야

환경부, 식품의약품안전처, 농촌진흥청, 농산물품질관리원, 한국농수산식품유통공사, 국립식량과학원, 농림축산검역본부, 농업 및 환경 기술직, 농약·비료·식품·화장품 등 화학 관련 기업체 등

진출 직업

농약·비료·환경·생명공학·식품·화장품 관련 연구원 등

 개설 대학

경상대학교, 충북대학교 등

 관련 학과

식물생산과학부 시스템생물학과	환경과학과
생물화학융합학부	미생물생명공학전공
생명과학부(분자생물학전공)	환경과학전공
바이오시스템의과학부	바이오발효융합학과
미생물학전공	미생물학과	환경공학과
미생물생명공학과	미생물나노소재학과
환경대기과학과	환경생명과학과
환경생명공학과	환경생명화학공학과
생명환경학부(바이오산업학전공)
응용생물공학부(생물환경학전공)

고등학교 권장 선택과목 로드맵

교과 영역	선택과목	
	일반선택	진로선택
기초	미적분, 확률과 통계	기하
탐구	생활과 윤리, 윤리와 사상, 지구과학I, 화학I, 생명과학I	화학II, 생명과학II, 지구과학II, 융합과학, 생활과 과학
체육·예술		
생활·교양	환경	농업 생명 과학

생물·화학·환경

생물·화학·환경 계열은 생명과 생물을 대상으로 생물의 구조와

기능·성장·진화·분류를 연구하는 생물학 및 관련 학문,

물질의 성질과 구조를 파악하여

그 변화와 응용을 연구대상으로 하는 화학 및 관련 학문,

자연과학을 토대로 환경 문제를 연구하는 환경학으로 구성된다.

세부적으로는 생명과학, 생물학, 동물·수의학, 자원학, 화학, 환경학 등이 포함된다.

관련 학과

동물자원학과, 생명과학과, 생물학과, 수의학과, 응용화학과, 의생명과학과, 화학과, 환경공학전공 등

진출 직업

바이오에너지연구원, 보건위생 및 환경검사원, 배양육전문가, 수산학연구원, 수의사, 생물정보분석가, 생물학연구원, 신약개발연구원, 약학연구원, 유전체분석가, 의약품영업원, 자연과학시험원, 조향사, 화학연구원, 환경컨설턴트 등

관련 자격

고분자제품기술사, 공업화학기술사, 수질관리기술사, 수질환경기사, 생물공학기사, 생물분류기사, 자연생태복원기사, 자연생태복원산업기사, 자연환경관리기술사, 토양환경관리기술사, 환경기능사 등

진출 분야

국가과학기술연구회, 국립보건연구원, 국립환경과학원, 농촌진흥청, 보건복지부, 식품의약품안전처, 질병관리본부, 한국나노기술원, 한국생명공학연구원, 한국화학연구원, 한국해양연구원, 신소재개발업체, 제약회사, 병원, 연구소, 화장품제조업체, 환경 관련 업체 등

인재상

A 생태계 균형 및 지구 환경 보호에 책임 의식이 있는 학생

B 세심한 관찰력과 분석력으로 자연현상의 원리에 관심이 있는 학생

C 새로운 현상과 물질의 배합에 관심을 기울이는 창의적이고 도전적인 학생

D 과학기기와 도구를 활용한 실험과 실습에 흥미가 있는 인내심이 있는 학생

E 생물학 전반에 관심이 있어 생물학적 개념과 이론을 응용·추론할 수 있는 학생

공항검역관

🖥 직업 소개

코로나바이러스는 전 세계를 공포로 몰아넣었다. 특히 국제교류가 증가함에 따라 코로나19와 같은 각종 바이러스의 해외유입 사례가 증가하면서, 세계적으로 전염병이 대유행하는 팬데믹의 원인이 되었다. 공항검역관은 여행객을 포함해서 공항에서 국내 또는 국외로 출·입국하는 사람 또는 동물과 식물의 상태를 검사하는 공항검역 업무를 담당하는 최전방에서 국민들의 건강한 삶을 지키는 사람들이다.

각종 바이러스 및 FTA 협약 등으로 공항을 통해 우리나라로 들어오는 외국인과 농수산물과 축산물이 증가하고 있다. 따라서 해외에서 국내로 유입되는 사람들과 가축들을 검역하는 공항검역관 역할이 강조되고 있다.

💡 적성 및 흥미   ● ● ●

공항검역관은 동물, 식물, 보건, 의학 등에 관심이 있어야 한다. 사람, 농수산물, 축산물 등에 대한 검역을 위해서는 보건위생과 세계의 다양한 축산물과 농수산물에 대한 전문적인 지식이 있어야하기 때문이다. 법과 의학에 관련된 전문적 지식을 바탕으로 수출과 수입되는 물품을 검사하고, 외국인을 상대하는 일이 많으므로 능숙하게 외국어로 대화할 정도의 외국어 실력을 갖추어야 한다. 세심한 관찰력과 철저한 검역을 통해 국가를 보호하는 공항검역관은 많은 사람을 상대하고 주말을 포함하여 근무해야 하는 체력적 소모가 큰 직업이므로 국민을 위해 봉사한다는 자부심과 사명감이 필요하다.

❤ 〇 ✈ 관련 직업

\# 수의사   \# 보건직공무원
\# 방역사   \# 축산학 및 수의학 연구원
\# 수산학연구원   \# 축산물등급판정사
\# 축산물품질평가사   \#식품연구원

📇 관련 자격

가축인공수정사   축산기사   축산산업기사

수의사   간호사   임상병리사

식육처리기능사

🖊 진출 방법

공항검역관이 되기 위해서는 대학에서 수의학, 생물학, 보건, 동물 관련 학과를 전공하는 것이 좋다. 특별채용의 경우 석사 이상의 학위를 요구하는 경우가 많다.

동물과 축산물 검역을 담당하는 검역관이 되려면 수의사 면허가 필요한데, 이를 위해서는 수의학을 전공한 뒤에 국가고시에 합격해야 하고, 식물검역을 위해서는 농학, 원예학, 산림자원학 등을 전공해야 한다. 사람의 질병 등을 판단하는 검역 업무를 수행하려면 보건 관련 전공을 해야 한다.

공항검역관은 농림수산검역검사본부, 국립식물검역소, 국립검역소 등에 소속된 공무원 신분이므로 공무원 시험에 합격해야 한다. 동물, 축산물, 식물, 사람 등 각 검역 분야에 따라 전문적인 업무를 담당하는 공항검역관은 직무에 맞는 자격을 갖추고 지원해야 한다.

생물공학연구원

직업 소개

생명공학연구원은 인체를 포함한 동물, 미생물, 식물 등 생물체의 생명현상의 원리와 기능을 밝히고, 유전자를 인공적으로 조작하여 생명체를 개조하거나 새로운 형질의 생물체를 생산한다. 또한 생물학, 의약, 식품, 환경 등 생명공학 지식을 바탕으로 새로운 약과 백신을 개발하고, 난치병의 예방과 극복을 위한 치료기술을 개발한다.

생명공학기술은 각종 바이러스와 난치병 등의 위협에서 인류를 구할 수 있는 핵심 원천기술이라 할 수 있다. 따라서 생명공학연구원은 질병 치료, 식량 위기, 에너지 문제, 환경 등 인류가 당면한 문제를 해결하고 미래사회 변화를 주도하는 전망이 유망한 직업이라 할 수 있다.

적성 및 흥미

- ✔ 분석력
- ✔ 논리력
- ✔ 인내심

생명공학연구원은 생명현상에 대한 호기심과 관찰력을 바탕으로 오랜 기간 연구에 집중하는 직업이므로 인내심과 치밀한 분석력이 있어야 한다. 특정 생명현상에 대해 실험을 하고 결과를 도출해야 하므로 문제를 해결하려는 끈기와 적극적인 자세, 인과관계를 밝혀 탐구하는 논리력이 필요하다.

일반적으로 생물, 화학, 물리학 등 과학 과목을 좋아하고 평소 기계를 조작하거나 도구를 사용하는 활동에 흥미가 있어야 한다. 또한 실험기구와 장비를 다룰 수 있는 정밀함과 실험 결과를 분석하기 위한 컴퓨터활용능력, 정보선별 능력, 수학적 능력이 요구된다. 생명현상에 대한 경외심과 존엄성을 갖는다면 생명윤리의 한계를 극복한 생명공학연구원으로 성장할 수 있을 것이다.

관련 직업

\# 바이오의약품연구원

\# 생명정보학자   \# 생물학연구원

\# 변리사   \# 교사   \# 생명과학연구원

관련 자격

생물공학기사   생물분류기사

수질환경기사   자연생태복원기사

수산질병관리사   식물보호기사

진출 방법

생명공학연구원이 되기 위해서는 대학에서 생명과학, 생물학, 생명공학, 유전공학, 의학, 수의학, 약학 등을 전공하여 관련 분야의 체계적인 교육이 필요하다. 생명공학분야는 첨단 과학기술의 집약체라고 할 수 있다. 따라서 보다 높은 수준의 연구를 진행하기 위해 해외에 유학을 가거나 대학원에 진학하여 생명공학 분야의 석사 및 박사 학위를 취득하는 것이 일반적이다.

또한 의학, 환경, 식량문제를 해결할 수 있는 미래 핵심기술의 소유자이기 때문에 공개채용이나 특별채용을 통해 정부기관 및 정부 출연 연구소 외에도 기업의 생명공학연구소, 생명공학 벤처기업, 의약품 업체, 식품 업체 등 다양한 분야에 취업하거나 관련 업계에 경력을 쌓고 바이오 관련 벤처기업을 창업할 수 있다.

생물정보분석가

💻 직업소개

지구상의 모든 생물은 유전자를 갖고 있으며, 사람의 유전자는 인체에 대한 각종 정보를 담고 있다. 사람마다 각기 다른 유전자를 가지고 있어 같은 약물을 투여해도 그 반응은 개인에 따라 다르게 나타나기 때문에 약물을 투여하기 전에 '인체 생물정보분석'을 통해 사람이 가진 유전자를 분석하는 것이 필요하다. 생물정보분석가는 사람의 세포 및 각종 기관을 포함한 인체에서 일어나는 여러 가지 정보를 분석하는 직업으로 의약분야에서 가장 활발히 활동하고 있다.

생물의 유전자에서 시작하여 단백질, 세포, 각 기관 및 인간 전체를 거쳐 진화계통을 분석하여 나오는 정보를 통해 데이터를 수집하는 생물정보 기술은 생명공학의 핵심적인 기술 분야로 각광 받고 있으나 국내 인체 생물정보분석가의 경우 100명이 채 되지 않는다. 또한 급격한 고령화가 진행되고 있고 전염병 예방에 대한 건강한 삶에 대한 요구가 높아지고 있어 생물정보 분석을 위한 고급전문 인력의 수요는 꾸준히 증가할 것이다.

♥ ○ ◁ 관련 직업

(# 생물공학연구원)　(# 생명과학연구원)
(# 유전공학연구원)　(# 유전자감식연구원)
(# 신약개발자)　(# 유전학자)

🖊 진출 방법

생물정보분석가는 생물정보를 수학 및 통계적 방법으로 분석하는 고도의 전문지식을 요구하는 직업이다. 따라서 생물학, 유전공학, 생명과학, 생화학, 통계학 등의 학과를 졸업한 후에 석사 또는 박사 이상의 학위를 취득하는 것이 일반적이다.

생물정보분석가는 주로 대학과 정부 연구기관에 근무하는 경우가 많으며 이외에도 유전 및 약물유전체 연구기업, 의료기관, 신약 개발 제약회사에 취업하거나 생물정보학 도구와 서비스를 개발하는 기업에도 진출할 수 있다.

📇 관련 자격

생물분류기사　　의약정보사　　생물공학기사

유전체데이터분석사

👾 적성 및 흥미　　　● ● ●

생물정보분석가는 전문지식을 요구하는 직업이므로 생물, 화학 등의 과학 과목에 흥미가 있고 주로 의약 분야에서 활동하는 만큼 사람들의 질병을 치료하는데 기여하는 것에 대한 자긍심과 높은 윤리의식이 요구된다.

또한 특정 현상에 대해 접근하여 치밀하게 분석하고 새로운 현상을 발견하는 관찰력과 문제해결능력을 갖추어야 한다. 수집한 정보를 분석하고 데이터베이스화 할 수 있는 컴퓨터활용능력과 수리능력, 통계학적 지식도 기반이 되어야 하며, 환자에게 투여할 항암제와 같은 특화된 약을 제안하는 회의에 참여해야 하므로 자신의 연구 결과를 논리적으로 전달할 수 있는 의사소통능력과 협업능력도 필요하다. 해외 출장 등을 통해 학회에 참석하여 해외 전문가들과 교류할 기회가 많고, 영어로 된 전공 서적이 대부분이므로 외국어능력의 소유자라면 더욱 유리할 것이다.

생물학연구원

직업 소개

생물학은 생물의 구조와 기능을 과학적으로 연구하는 학문이다. 따라서 생물학연구원은 생명현상의 연구를 통해 인간에게 도움을 주는 새로운 과학기술을 개발하고, 아직 밝혀지지 않은 생명현상에 대해 규명한다.

생물학연구원은 동물, 식물, 미생물 등 모든 생명체를 대상으로 기원과 발달, 해부 및 각 기능 관계 등을 연구하여 의학과 농업 분야에 적용한다. 또한 자연환경에서의 생물의 생태 특징과 행동을 관찰하며 생명체에 대한 결과를 분석하고 통계학적 기술을 이용하여 도출한 자료를 의학, 농업, 약품 제조 등의 분야에서 활용하기 위해 심화된 연구를 수행한다.

생물학의 연구 분야는 아직 규명되지 않은 신경과, 뇌, 분자 등 앞으로 연구해야 할 분야가 여전히 남아있다. 더불어 현대 생물학은 의학, 약학, 농학, 축산학, 임학, 수산학, 우주산업 등과 융합하여 학문적 범위가 넓어지고 있는 추세이다. 이러한 현상을 반영하여 미생물학, 생화학, 분자생물학, 수리생물학 등이 융합된 연구가 활발히 진행되고 있어 전문 인력에 대한 수요도 꾸준히 늘어날 것이다.

적성 및 흥미

- ✔ 생명존중의식
- ✔ 분석력
- ✔ 인내심

기본적으로 자연의 생명현상을 다루는 학문이므로 자연과학에 대한 호기심과 생명체와 생명현상에 관심과 애정, 즉 생명존중의식과 직업에 대한 사명감이 있어야 한다.

무엇보다도 생물학연구원은 생명현상에 대해 실험과 분석을 긴 시간을 투자해야 하므로 인내심과 추진력이 필요하다. 연구 결과를 도출하기 위해서는 관찰한 연구 과정을 포기하지 않고 꾸준히 기록하고 분석하는 치밀함도 필요하다. 특정 생명현상에 대한 탐구과정을 규명하기 위해 실험 장비를 다룰 수 있는 기계조작능력과 수학적 모형을 설계하고 분석하는 데 유리한 수리능력과 문제해결능력이 요구된다.

관련 직업

생명과학연구원   # 유전학자

생태학자   # 생물정보분석가

유전공학연구원   # 바이오의약연구원

생명정보학자   # 환경관리사

관련 자격

생물공학기사   생물분류기사

수질환경기사   자연생태복원기사

식물보호기사   수산질병관리사

진출 방법

생물학연구원이 되려면 생물학과, 생물공학과, 생명과학과 등 관련 학과에서 석사 이상의 학력을 갖추어야 한다. 대부분의 연구원이 그러하듯 심화된 프로젝트와 연구에 참여하기 위해 박사 학위를 요구하는 연구소와 기업체가 많다. 학위 취득 후 분자생물학, 생리학, 생태학, 면역학, 미생물학, 유전학 등 자신의 연구 분야를 선택하여 생물 관련 기업이나 연구소, 의과 대학병원의 기초 실험실 등에서 공개채용이나 특별채용을 통해 취업할 수 있다.

신약개발연구원

💻 직업소개

인류의 역사 속에서 질병은 인간의 삶을 끊임없이 공격하였다. 괴혈병, 말라리아, 에이즈와 같은 당시에는 새로운 질병들이 인간의 생존을 위협하였고, 비타민C, 퀴닌, 아지도티미딘(AZT) 등의 신약이 등장하여 인류를 질병의 위협으로부터 보호하였다.

신약개발연구원은 약물의 구조를 연구하여 새로운 약을 만드는 사람이다. 새로운 의약품의 기획부터 실험, 연구, 판매에 이르기까지 신약을 만드는 전 과정에 참여한다. 신약 개발의 첫 단계는 사회적 요구와 제약 시장의 전망을 고려하여 어떤 약을 만들지 기획하는 것이다. 이후에 생명체에 특별한 작용을 하는 화합물을 발견하고 이를 합성하여 항생물질, 생리활성물질, 생화학제, 화학요법제 등의 약물을 분석하고 새로운 의약품을 연구개발한다.

신약개발연구 분야는 고령화에 따른 알츠하이머, 당뇨 및 신종 바이러스의 출현 등 건강을 위협하는 질병과 바이러스의 발생으로 직업 전망은 밝다고 할 수 있다. 최근에는 생명공학기술과 결합하여 인류의 난제였던 질병의 원인이 점차 규명되고 있고, AI와 데이터 사이언스 등 미래기술과의 협업으로 꾸준히 성장하고 있는 분야이다.

✈ 진출 방법

신약개발원이 되기 위해서는 대학교에서 의생명공학과, 제약공학과, 약학과, 생물학, 생명과학, 화학 등 관련 학과의 석사 이상의 학력이 필요하다. 학위 취득 후, 정부출연연구소나 기업의 연구소에서 새로운 약물 발굴과 질병의 예방 및 치료기술을 개발하는 업무를 담당한다.

신약 개발 외에도 제약회사와 같은 기업체에서 영업, 경영지원, 약품 생산 및 품질관리를 담당하기도 하거나 약사 자격이 있는 경우에는 병원과 약국에서 의약품 조제 및 관리, 투약, 의약품 정보 제공 등의 업무를 담당할 수도 있다.

❤ 〇 ✈ 관련 직업

생명과학연구원   # 의약품화학공학자

바이오의약품연구원

단백질의약품연구원

💡 적성 및 흥미   ● ● ●

신약개발원은 자연법칙을 과학적 연구 방법으로 적용하는 논리력과 추리력이 필요하기 때문에 생물학과 화학 등 자연과학에 대한 전반적인 지식을 가지고 있어야 한다. 또한 특정 현상의 인과관계를 밝혀 세밀한 관찰력으로 원인과 결과를 증명하는 과정을 즐길 수 있어야 한다.

신약개발원은 부단히 많은 실험과 실패에도 끈기 있게 연구를 지속하여 신약 개발에 대한 의지와 생명현상에 대한 경외심, 사명감이 요구되는 직업이다. 신약의 개발이 생명연장과 인류 복지에 기여한다는 자긍심이 있어야하기 때문이다. 더불어 새로운 것에 대한 탐구 정신과 호기심을 바탕으로 장시간의 실험과 분석 및 검증과정을 견뎌낼 수 있는 끈기와 치밀함이 요구된다.

조향사

직업 소개

조향사는 향을 만드는 전문가이다. 주로 향수와 화장품의 향을 담당하는 것으로 알려져 있지만, 식료품 및 세제와 같은 각종 생활용품과 의약품 등 다양한 분야에서 향을 담당하고 있다. 향을 분석하고 배합하여 새로운 향을 개발하는 조향사는 크게 퍼퓨머와 플레이버리스트 분야로 구분된다. 퍼퓨머는 화장품, 생활용품, 샴푸, 바디워시 등의 향기를 만드는 조향사를 의미하며, 플레이버리스트는 음료, 껌 등의 식품향을 개발하는 조향사를 의미한다.

조향사는 특정 브랜드와 제품의 콘셉트에 맞는 이미지와 고객의 요구를 수용하여 새로운 향을 만들거나 향의 이미지를 구체화하여 필요한 상품에 적용하는 창작가이다. 또한 인체에 해롭지 않게 제품 기준에 맞도록 안전하게 향을 만드는 연구와 개발 업무를 담당한다.

최근 화장품, 식품, 방향제, 탈취제 등 향과 관련된 산업이 빠르게 발달하고 있고 생활 전반에 향을 타깃으로 하는 마케팅이 확산되어 관련된 체험과 강의 등 조향사의 활동 영역도 더욱 확대되고 있다.

적성 및 흥미

✔ 후각
✔ 창의력
✔ 인내심

향을 만드는데 쓰이는 향료는 1,500종에서 많게는 5,000종에 이른다. 따라서 조향사는 다양한 향을 구분할 수 있는 후각 외에도 향을 기억하고 활용할 능력을 갖출 때까지 실력을 연마하는 성실함과 인내심이 필요하다.

또한 향에 대한 감각을 바탕으로 상상 속에 그린 향을 현실로 구체화할 수 있는 창의력과 독창성이 필수이다. 제조과정에 쓰이는 향과 창작하기 위한 특정 향의 적정 수준을 배합하여 최상의 조합을 만들어야하기 때문에 창의성이 요구되는 것이다. 때로는 제조과정에 필요한 향을 찾아 원료를 구하러 다닐 수도 있으므로 강인한 체력과 새로운 향을 발견하겠다는 열정과 끊임없는 노력이 있어야 한다.

관련 직업

\# 향료연구원   \# 향기전문가

\# 향수코디네이터

관련 자격

조향사자격(민간)

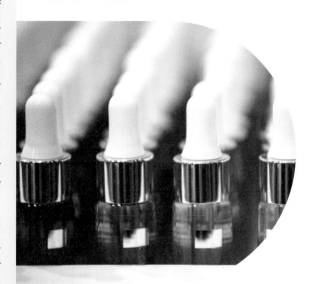

진출 방법

조향사는 다양한 향을 배합하여 인체에 무해한 향을 창작하는 전문성 높은 직업으로 화학과 또는 화학공학과를 전공하는 것이 유리하다. 공개채용과 특별채용을 통해 향료회사, 화장품회사, 식품회사, 향수회사 등에 채용된다. 주로 향료 관련 부서에 입사 후에 조향 교육을 받고 견습을 거쳐 업무를 수행한다. 대기업의 경우 공개채용을 통해 입사하는데, 이 경우에는 제품의 실험부터 개발을 기획 및 진행해야 하므로 석사 이상의 학위가 필요하다.

이외에도 사설학원 및 민간교육 기관을 통해 관련 교육을 받을 수 있으며, 개인 사업장을 운영하는 프리랜서 조향사로 진출하고 있다.

토양환경기술자

💻 직업 소개

토양오염은 인간 활동으로 인해 각종 중금속과 화학 물질이 토양에 축적되어 환경 교란을 일으켜 토지가 황폐화되는 것을 의미한다. 토양환경기술자는 인류의 터전인 토양의 오염을 방지하기 위해 토양오염 예방 대책을 세우고 토양환경을 지키는 전반에 관한 업무를 하는 사람들이다. 즉 토양환경기술자는 토양오염이 환경에 미치는 영향을 최소화하고 환경 보존에 필요한 기술들을 연구하고 개발한다.

따라서 토양환경기술자는 지역의 토양오염상태를 측정하여 토양정화를 위한 계획 및 감독 등 토양오염개선을 위한 대책을 세우고, 토양오염의 감소와 방지를 위해 오염방지시설을 설계하고 시공에 관여한다.

토양오염은 천천히 진행되지만 그만큼 복원하는데 훨씬 더 많은 시간이 걸린다. 최근 환경오염과 관련하여 오염된 토양을 회복시키기 위해 토양 및 지하수 오염의 사전예방기술, 오염조사기술, 오염정화복원기술, 사후관리기술 등의 연구가 활발히 진행되고 있다.

💡 적성 및 흥미 ● ● ●

토양환경기술자는 수학, 물리, 화학 등 자연과학 교과목에 흥미와 소질이 있어야 한다. 토양오염에 대한 과학적 접근과 근본적인 문제해결을 위해 논리력과 관찰력이 요구되며, 긴 시간이 요구되는 반복적인 실험과 분석을 하는 일에 많은 시간을 투자해야 하므로 인내력과 치밀한 분석력, 그리고 결과물을 산출하기 위한 컴퓨터운용능력도 필요하다.

오염된 토양을 복원하는 것은 오랜 연구와 시간을 필요로 하는 일이며, 석탄 연료의 사용과 플라스틱 쓰레기 등으로 인한 토양오염을 막기 위해 노력하는 것은 끝없는 싸움이 될 수도 있다. 따라서 토양오염 환경문제를 해결하고 토양환경 보존을 통해 전 지구적 문제인 환경보호에 이바지한다는 소명 의식과 직업윤리 의식이 요구된다.

♥ ○ ◁ 관련 직업

\# 토양오염기술자   \# 토양복원기술자

📋 관련 자격

토양환경기술사   자연환경관리기술사

자연생태복원산업기사

✈ 진출 방법

토양환경기술자가 되기 위해서는 지질학과, 지구환경과학과, 환경공학과, 환경보건학과 등 관련 학과를 졸업해야 한다. 연구소에 따라 석사 이상의 학위를 요구하기도 한다. 공개채용이나 특별채용을 통해 국립환경과학원, 환경정책평가연구원 등의 연구기관과 토양 및 환경영향평가 관련 사업체, 환경오염물질 처리기술 연구소, 환경보전 관련 사업체, 환경컨설팅 업체 등에 진출할 수 있다. 또한 경력을 쌓은 후 토양환경기술자 자격을 취득하여 관련 업체를 창업하기도 한다.

해양생물학자

직업 소개

해양생물학은 해양에 사는 생물을 대상으로 해양환경에 따른 생물의 종류, 분포, 환경적응 및 환경과의 상호작용에 대해 연구한다. 해양생물은 거대한 자원이며 아직 밝혀지지 않은 미생물도 많다.

따라서 해양생물학자는 건강한 해양생태환경을 보전하기 위해 해양환경에 대한 연구를 수행하여 물고기, 어패류, 해조류 등의 품질과 생산성을 높이기 위해 노력한다. 또한 아직 밝혀지지 않은 해양생물들을 발견하여 식품과 약품, 광물의 개발 등 인간에게 유용하게 활용하는 방안에 대한 연구를 수행한다.

해양생물은 지구의 자연환경 보전과 기후, 생태계 유지에 기여하고 있다. 육지의 생물은 생명과학기술로 인해 눈부신 성과를 이루고 있지만, 아직 해양생물에 대한 연구는 국내외적으로 미비한 상황이다. 따라서 해양바이오산업의 발전은 아직 미지의 영역이라고 할 수 있으며 삼면이 바다인 우리나라의 경우 발전가능성이 큰 분야이기도 하다.

적성 및 흥미

- ✔ 호기심
- ✔ 분석력
- ✔ 인내심

해양생물학자가 되기 위해서는 바다라는 미지의 영역에 대한 호기심과 생명체에 대한 관심이 있어야 한다. 생물학, 지구물리학, 화학 등의 자연과학에 흥미가 있어야 하며 자연현상의 원인에 대해 분석할 수 있는 논리력이 있어야 한다.

해양생물학자의 연구 분야는 바다이므로 바다에 대한 애정이 반드시 요구되는데, 이를 바탕으로 오랜 기간 배에서 연구하고 관찰하는 일을 수행할 수 있을 것이다. 해양생물을 관찰하고 탐구하는 업무는 고도의 전문지식이 요구되지만, 해양생물학은 아직 밝혀지지 않은 분야도 많고 직접 경험하기도 힘든 분야이기도 하다. 따라서 평소 해양생물과 생명체에 대한 자료를 꾸준히 탐독하고, 해양환경과 해양 생태계에 대한 지식을 쌓고 관심 분야에 대해 고민하고 접해볼 것을 추천한다.

관련 직업

\# 해양공학기술자

\# 해양수산기술자   \# 해양수산생물전문가

\# 해양환경연구원   \# 해양학연구원

관련 자격

수산양식기능사   수산제조기술사

어로기술사   어업생산관리기사

해양환경기사

진출 방법

해양생물학자가 되기 위해서는 생물학과, 자원생물학과, 해양생물학과, 해양공학 등을 전공하여 전문지식을 쌓을 것을 추천한다. 특히 해양생물 연구 분야의 경우 박사 학위 이상을 요구하는 경우가 많아 관련 연구소에서 경력을 쌓는 것이 좋다. 해양수산부, 한국수산자원공단, 한국해양수산개발원 등의 정부기관 및 공기업 또는 한국해양과학기술연구원, 한국생명공학연구원과 같은 정부출연연구기관으로 입직할 수 있다. 이외에도 수산업협동조합, 수산종묘배양장, 수산양식자료회사, 식품회사, 제약회사 등 관련 업체에 진출할 수 있다.

화장품개발연구원

💻 직업 소개

우리나라 삼국시대의 벽화에는 연지를 바른 여성이 등장하며, 자신의 아름다움을 돋보이게 하거나 신분에 대한 표시를 위해 화장을 하는 등 화장은 역사와 함께 발달하였다. 얼굴을 하얗게 바르거나 신분에 따른 화장의 진하기가 달라지는 화장을 통한 인간의 심미적 욕구는 본능적 요소와 사회문화 현상이 결합된 것이었다.

화장품개발연구원은 화장품의 원료와 소재, 제형 등을 개발하고, 임상 평가와 원료분석을 통해 화장품이 만들어지는 전 과정에 참여한다. 화장품은 흔히 색조 화장품을 떠올릴 수 있지만 바디로션, 샴푸, 린스까지 그 범위는 다양하다. 특히 고기능성 화장품의 경우 미백, 주름, 탄력, 보습 등 특정한 효능을 낼 수 있도록 다양한 재료를 조합하여 화장품을 개발하고 있다.

식품의약품안전처에 의하면 2020년 한국 화장품의 수출 규모는 프랑스와 미국에 이어 3위를 기록하였다. 한류 열풍에 힘입어 K-뷰티 시장은 매년 성장하고 있으므로 화장품 연구원의 전망은 밝다.

✈️ 진출 방법

사람의 피부에 맞는 화장품을 개발하는 화장품개발연구원이 되기 위해서는 화학에 대한 전문적 지식이 요구되기 때문에 화장품공학과, 화장품학과, 생명학과, 화학과 등을 전공하는 것이 좋다. 또한 연구원의 경우 석사 이상의 학력을 요구하기도 하지만, 최근에는 화학 분야의 전공자뿐만 아니라 뷰티 및 피부 관련 학과의 전공자들도 진출하고 있다.

화장품개발연구원은 환경부, 과학기술정보통신부, 한국산업기술시험원과 같은 공공기관 또는 화장품 제조회사, 정밀화학회사, 화장품 관련 기업, 환경 관련 회사 등을 통해 진출할 수 있다.

📇 관련 자격

맞춤형화장품조제관리사   화장품품질평가사

화학분석기사   향료연구원

❤️ 💬 ✈️ 관련 직업

\# 화학연구원   \# 화학공학기술자

\# 조향사   \# 피부과학연구원

💡 적성 및 흥미 ● ● ●

화장품개발연구원은 피부에 대한 전문적 지식을 바탕으로 화장품 재료의 성분을 연구할 수 있는 물리·화학적 지식이 필수이기 때문에 물리, 화학, 생물 등 자연과학에 관심이 있어야 한다. 또한 연구원의 주요 업무는 실험을 통해 이루어지므로 논리적 사고력과 추진력, 결과물이 나올 때까지 인내할 수 있는 끈기가 필요하다.

급변하는 트렌드를 반영해 소비자가 요구하는 각 효능에 맞는 화장품의 성분을 개발해야 하고, 사람마다 다른 피부색에 어울리는 색조 및 제형, 편의성과 기능성을 반영한 팩과 같은 아이디어 상품에 대한 연구도 함께 수행하므로 창의적 아이디어와 색채감각, 그리고 무엇보다도 화장품에 대한 열정이 뒷받침되어 있다면 더욱 유리할 것이다.

화학연구원

직업 소개

화학연구원은 물질의 성분과 상호작용을 연구하고, 열과 압력 등의 변화에 대한 반응을 측정하여 물질의 변환을 통한 새로운 물질의 창조과정을 연구하는 등 생활과 관련된 수많은 물질을 발견하거나 개발하는 일을 담당한다. 최근에는 환경 문제 극복 및 융복합 기술개발 분야가 각광 받고 있는데 탄소 자원화, 그린 화학소재 연구, 의약 바이오 연구 등이 이에 속한다.

화학 분야의 산업은 다른 산업 분야의 기술 융합을 통해 빠르게 성장하고 있다. 태양광, 풍력 등 대체 에너지 산업과 연료전지 자동차 산업, 바이오 의약 및 감염병 치료제 연구 등 보건의료산업과 연계되어 확장되고 있다. 따라서 새로운 융합 분야의 화학연구원의 일자리 수요는 꾸준히 증가할 것이다.

적성 및 흥미

✔ 호기심
✔ 창의력
✔ 문제해결능력

다양한 물질의 성질과 반응을 연구하여 새로운 물질의 합성법을 발견하는 화학연구원이 되기 위해서는 수학, 물리, 화학과 같은 자연과학에 대한 흥미와 소질이 있어야 한다. 새로운 것에 대한 호기심을 바탕으로 실생활에 유용한 물질과 기술을 발견하기 위한 창의력과 문제해결능력도 필요하다.

또한 사회문제를 해결하고 국민들의 삶의 질 향상을 위한 사명감과 보람을 바탕으로 실험실에서 장시간 동안 실험하고 분석할 수 있는 체력과 끈기도 요구된다. 오랜 기간 실험을 통해 나온 결과는 화학 연구 보고서와 논문으로 정리해야 하므로 논리적 언어표현 능력과 문서 작성 능력, 발표 능력이 뒷받침된다면 더욱 유리할 것이다.

관련 직업

\# 석유화학공학기술자   \# 화학공학시험원
\# 농약품화학공학기술자   \# 자연과학연구원
\# 화학교사   \# 화장품화학공학기술자
\# 음식료화학공학기술자   \# 화학공학기술자
\# 의약품화학공학기술자

관련 자격

화공기사   화학분석기사   화약류제조기사
고분자제품기술사   화학장치설비기술자
화약류관리기사   농화학기사
위험물산업기사   공업화학기술사

진출 방법

화학연구원이 되기 위해서는 화학 및 화학 관련 학과에 진학하여 석사학위 이상의 학력을 취득해야 한다. 자연계열의 학과는 학부 단위로 학생을 선발하는 경우가 많으므로, 대학 진학 후 자신의 적성에 맞는 학과를 선택할 수 있는 장점이 있다. 또한 연구원이 되기 위해서 박사학위는 필수라 할 수는 없으나 전문성 있는 연구 진행을 위해 대부분이 박사 학위 소지자라 할 수 있다.

특히 특별채용 시에 박사 학위 이상을 요구하는 경우가 많아, 박사 또는 박사 후 과정(post doctor)의 교육 경험이 중요하다. 화학연구원은 공개채용이나 특별채용을 통해 화학 관련 정부기관, 기업체의 화학 연구소, 바이오 및 신소재 업체, 제약업체, 화장품 업체 등 진출 범위가 넓은 편이다.

환경컨설턴트

💻 직업 소개

환경컨설턴트는 정부와 공공기관 또는 기업이 가지고 있는 환경 문제를 진단하여 해결책을 제시한다. 예를 들면 정부가 추진하는 신도시 개발 사업 등이 자연환경에 미치는 영향을 측정하여, 지속가능한 개발이 될 수 있도록 점검하고 계획을 수정 및 보완하는 컨설팅을 실시한다. 이외에도 기업의 환경 문제가 발생하면 법과 국제적 규제 기준에 맞춰 원인을 발견하고 해결책을 제시한다. 따라서 환경컨설턴트가 다루는 영역은 수질·대기·토양의 오염방지, 폐기물 처리 문제, 친환경 상품 인증 및 환경 위해성 평가 등 매우 다양하다.

환경 문제는 특정 국가만이 문제가 아니라 인류의 생존을 위한 필수 문제로 급부상하고 있다. 최근에는 국가정책을 수립하는데 환경 문제가 최우선으로 고려되고 있어, 이는 기업에도 직접적인 영향을 주고 있다. 정부와 기업이 환경 문제에 관심과 노력을 기울이는 데 비해 환경 전문 인력은 부족한 상태이므로 환경컨설턴트의 인력채용이 증가할 것으로 예상된다.

💡 적성 및 흥미 ● ● ●

환경컨설턴트가 되기 위해서는 기본적으로 환경과 자연에 대한 관심이 있어야 한다. 화학, 물리학 등 자연과학에 흥미와 관심을 바탕으로 환경 문제의 원인을 논리적인 방법으로 해결할 수 있는 문제해결능력이 요구된다. 또한 환경오염의 수치를 분석하기 위해 통계 및 수학 계산을 신속하고 정확하게 수행할 수 있는 수리력과 논리력이 필요하다.

공공기관 및 기업체 등 다양한 분야의 사람들과 만나며 업무를 수행할 수 있는 친화력과 유연한 의사소통능력, 그리고 제안서와 결과 분석을 위한 글쓰기 능력과 논리적 사고가 뒷받침되면 더욱 유리할 것이다.

❤ ○ ✈ 관련 직업

환경오염방지전문가   # 비파괴검사원
환경공학기술자   # 환경공학시험원
환경영향평가원   # 기후변화전문가
친환경건축컨설턴트
탄소배출권거래중개인

📇 관련 자격

자연생태복원산업기사   자연환경관리기술사

수질관리기술사   대기관리기술사

토양환경기술사   폐기물처리기사 및 기술사

환경기능사

📨 진출 방법

환경컨설턴트가 되기 위해서는 환경학 외에도 기술, 경영 등 다양한 분야의 지식과 경험이 필요하기 때문에 대학에서 환경학, 토목학, 화학공학 등 관련 학과를 졸업해야 한다. 대부분 환경 관련 분야에 경험을 쌓은 후 환경컨설턴트로 입직하는 경우가 많다. 환경 기술 컨설팅 분야는 환경공학, 토목공학, 화학공학 등 공학계열의 전공자를 요구하며 환경 경영 컨설팅 분야는 경영학, 법학 등의 전공이 유리하다.

환경컨설턴트는 공개채용이나 특별채용을 통해 전문 환경 컨설팅업체 혹은 대기, 수질, 폐기물, 토양관리 등의 환경 관련 업체로 진출할 수 있으며 경력을 쌓은 후 전문 컨설팅업체를 창업할 수도 있다.

미생물학과

미생물은 육안으로 보기 힘든 현미경을 사용해야 관찰이 가능한 작은 생물을 의미한다. 미생물학은 이러한 작은 생물제인 세균, 균류, 바이러스 등의 생리·유전·분류·생태 등의 현상을 연구하는 생명현상의 기초를 탐구하는 학문이다.

세균학, 균학, 바이러스학 등을 토대로 독성학, 면역학, 생화학, 분자생물학 등의 생명현상과 각 학문과의 상호연관성을 다루는 통합적 성격을 띠고 있다. 또한 최신 실험 및 실습 강좌와 장비 지원을 통해 생명현상의 원리를 탐구할 수 있는 능력을 배양한다. 나아가 병원미생물학, 식품미생물학, 생물정보학, 유전공학 등의 첨단 생명공학 분야의 실용적 응용기술과 전문적 지식 함양을 통해 감염 및 질병의 예방과 인간의 건강과 삶의 질을 높일 수 있는 국내외 산업체, 연구소, 관공서 등에서 필요로 하는 전문 인재 양성을 목표로 한다.

졸업 후 진출 분야 및 직업

진출 분야

국립환경과학원, 국립산림과학원, 국립생물자원관, 국립축산과학원, 농림축산검역본부, 식품의약품안전처, 한국생명공학연구원, 제약회사, 병원, 식품회사, 화장품회사, 생명공학 관련 벤처기업 등

진출 직업

미생물공학자, 미생물학자, 미생물의약연구원, 생명공학연구원, 생명정보학자, 생물학연구원, 유전공학연구원, 유전체분석가 등

개설 대학

부경대학교, 부산대학교, 충북대학교 등

관련 학과

바이오시스템의과학부 　 바이오소재과학과
바이오발표융합학과 　 미생물학전공
미생물소재학과 　 미생물생명공학전공
미생물나노소재학과

고등학교 권장 선택과목 로드맵

교과 영역	선택과목	
	일반선택	진로선택
기초	미적분, 확률과 통계	기하, 경제 수학, 수학과제 탐구
탐구	물리학I, 화학I, 생명과학I, 생활과 윤리	고전과 윤리, 화학II, 생명과학II, 융합과학
체육·예술		
생활·교양	보건, 환경	농업 생명 과학

동물자원학과

동물성 식품 자원을 공급하는 소, 돼지, 닭, 말 등과 같은 경제 동물을 주 대상으로 연구한다. 동물자원의 효율적인 생산 및 가공, 활용을 위해 유전·육종, 번식·생리, 영양·사망, 생산물 가공 등에 대한 동물자원의 심층적 이해와 실습으로 동물산업 발전에 기여하고 있다.

지속가능한 동물산업과 첨단학문 분야로 거듭나기 위해, 첨단생명공학기술을 접목하여 질병 치료를 목적으로 하는 실험동물과 반려동물, 특용동물 등의 동물자원을 친환경적인 생산 및 관리와 동물 환경복지 개선을 위해 연구하고 있다. 이로써 미래 동물산업에 이바지할 수 있는 실용 기술과 연구 역량을 겸비한 동물산업 분야의 선도적인 역할을 수행하는 창의적 인재를 양성한다.

졸업 후 진출 분야 및 직업

진출 분야

농촌진흥청, 농림축산식품부, 국립축산과학원, 각 지역 동물위생시험소, 자원공학연구소, 에너지연구소, 식품연구소, 농협, 축협, 수협, 자원개발업회사, 식품 관련 회사, 환경회사, 가축인공수정소, 실험동물생산회사, 동물생명공학 산업체 등

진출 직업

낙농 및 사육 관련 종사, 농·축산직공무원, 동물·레저 관련 직업, 동물자원과학연구원, 동물자원 중등학교 교사, 방역사, 사육사, 야생동물연구사, 축산물등급판정사, 축산직공무원 등

개설 대학

강원대학교, 건국대학교, 공주대학교, 대구대학교, 상지대학교, 순천대학교, 전북대학교 등

관련 학과

동물바이오시스템과학과   동물산업융합학과

동물생명자원과학과   동물생산·환경학전공

동물소재공학과   동물응용과학과

동물자원생명과학과   동물자원식품학과

반려동물산업학과   반추동물과학전공

산업동물학과   특수동물학과

동물생명과학대학 자료생산공학과

동물생명자원학부(동물자원학전공)

고등학교 권장 선택과목 로드맵

교과 영역	선택과목	
	일반선택	진로선택
기초	미적분, 확률과 통계	기하, 경제 수학, 수학과제 탐구
탐구	한국지리, 세계지리, 물리학I, 화학I, 생명과학I, 지구과학I	고전과 윤리, 화학II, 생명과학II, 융합과학
체육·예술		
생활·교양	정보, 환경	농업 생명 과학

생명과학과

생물학을 바탕으로 생명현상의 일반원리를 이해하고 응용하여 분류학, 생태학, 생리학, 분자생물학, 유전학, 세포학, 면역학 등의 폭넓은 분야를 배우는 학과이다.

생명과학은 전 세계가 직면하고 있는 인간의 질병, 자연환경, 자원 등 많은 문제에 과학기술을 융합하여 해결책을 제시해줄 수 있는 분야이다. 생명과학과는 보건, 의료서비스, 의학, 화학, 에너지 등 미래의 경쟁력 있는 창조적 사고력을 겸비한 생명과학 관련 산업현장 및 연구 분야의 전문 인력 양성을 목표로 한다.

졸업 후 진출 분야 및 직업

🖊 진출 분야

한국생명공학연구원, 한국과학기술원, 식품의약품안전처, 질병관리본부, 보건복지부 등 생명과학 관련 공공기관, 국립보건연구원, 한국화학연구원, 한국식품개발원, 생명과학 관련 대학 및 기업체 연구소, 식품·바이오·의공학·환경 분야 업체, 제약회사, 대학병원, 생명공학업체, 바이오관련기업체 등

🖊 진출 직업

바이오의약품연구원, 의약품영업원, 생명과학시험원, 생명과학연구원, 생명정보학자, 생물학연구원, 식품공학기술자, 변리사, 과학관큐레이터, 교사, 대학 교수 등

📖 개설 대학

가천대학교, 대구대학교, 동국대학교, 동아대학교, 목포대학교, 부산대학교, 상지대학교, 서울시립대학교, 성균관대학교, 아주대학교, 용인대학교, 인하대학교, 중앙대학교, 한양대학교 등

📋 관련 학과

생명화학부 의생명과학과 생명환경학부
생명응용학과 생명보건학부
화학생명과학과 식품·동물생명공학부
식품·생명과학과 생물산업공학부
생명신소재융합학부 생명과학정보학과
분자생명과학전공 미생물분자생명과학과
나노바이오화학과 의생명화학전공

📚 고등학교 권장 선택과목 로드맵

교과 영역	선택과목	
	일반선택	진로선택
기초	미적분, 확률과 통계	심화 국어, 기하, 수학과제 탐구
탐구	생활과 윤리, 사회·문화, 화학I, 생명과학I	화학II, 생명과학II, 생활과 과학, 융합과학
체육·예술		
생활·교양	철학, 보건, 환경	해양문화와 기술, 농업 생명 과학

생물학과

자연의 본성과 그 원리를 규명하며 인류에게 유용하게 활용할 수 있는 방법을 제공하기 위해 세포학, 유전학, 분류학, 발생학, 생리학, 면역학 등을 기반으로 생명현상을 탐구한다.

정보학 및 관련 시스템학, 인공지능 등으로 그 융합 범위가 더욱 확장되고 있다. 또한 생명현상을 과학적으로 규명하기 위해 생물학적 지식의 습득과 함께 수학, 화학 및 물리학 등을 기초학문을 토대로 하여, 응용 분야인 유전공학이나 의학, 약학, 수의학, 농학 등에 응용할 수 있는 능력을 배양한다. 이를 바탕으로 인구, 식량, 에너지, 자원, 환경문제 등을 해결하기 위해 다양한 생명과학 분야에 창의적 연구 능력과 응용 능력을 배양하여 인류의 복지 증진에 기여하는 과학 인재 양성을 교육목표로 한다.

개설 대학

강릉원주대학교, 경희대학교, 군산대학교, 순천대학교, 전남대학교, 제주대학교 등

관련 학과

미생물학과　생물의약과　분자생물학과

생물공학과　생명과학부(분자생물학전공)

농생물학과　생물과학과　해양생물공학과

시스템생물학과　응용생명과학부

응용생물공학과　응용생물화학식품학부

의약바이오전공　화학생물공학부

생명환경학부(바이오산업학전공)

생물자원과학부(응용생물학전공)

졸업 후 진출 분야 및 직업

진출 분야

한국나노기술원, 한국과학기술원, 국립환경과학원, 식품의약품안전처, 질병관리본부, 보건복지부, 식품위생안전연구소, 농촌진흥청, 중고등학교, 대학교, 국립보건연구원, 한국과학기술연구원, 종합병원연구소, 한국해양연구원, 한국생명공학연구원, 한국화학연구원, 한국식품개발원, 바이오벤처기업체, 식품·바이오·의공학·환경 분야 업체, 제약회사, 병원연구소 등

진출 직업

곤충학자, 기술직 공무원, 수목보호기술가, 생물학연구원, 식품공학기술자, 변리사, 유전공학연구원, 과학관 큐레이터, 교사, 대학 교수 등

고등학교 권장 선택과목 로드맵

교과 영역	선택과목	
	일반선택	진로선택
기초	미적분, 확률과 통계	기하, 수학과제 탐구
탐구	한국지리, 세계지리, 물리학I, 화학I, 생명과학I, 지구과학I	물리학II, 화학II, 지구과학II, 융합과학
체육·예술		
생활·교양	정보, 환경	해양문화와 기술

응용화학과

지구상에 있는 인간에게 필요한 물질과 관계되는 물질의 구조, 성질, 변환 등의 현상을 탐구하는 순수과학인 화학은 다양한 분야와 융합될 수 있는 학문이다.

화학에 응용기술을 접목시켜 유기화학, 무기화학, 물리화학, 생화학, 분석화학을 주요 교육과정으로 제공한다. 이를 통해 물리, 생명과학, 의학 등과 융합한 첨단연구 분야를 창출하는 미래의 핵심 성장 동력을 갖춘 전문 인재 양성을 목표로 한다. 응용화학의 관심분야는 인류의 편리한 삶을 가능하게 한 전 영역을 포함한다. 반도체, 합성섬유, 디스플레이, 인공장기, 진단 시약, 첨단신소재 등 지속적으로 인류의 발전에 기여하게 될 중요한 제품들이 응용화학의 핵심 분야에 해당된다.

개설 대학

경희대학교, 금오공과대학교, 국민대학교, 대구대학교, 안동대학교 등

관련 학과

화학과　생화학부　화학분자공학과
화학생명공학과　화학생명과학과
화학생명분자과학부　화학신소재학과
화학전공　나노소재전공　신소재화학과
농화학식품공학과　농생명화학과
바이오화학산업학부　생명환경과학과
신소재화학전공　응용생명화학부

고등학교 권장 선택과목 로드맵

교과 영역	선택과목	
	일반선택	진로선택
기초	미적분, 확률과 통계	심화 국어, 기하, 수학과제 탐구
탐구	생활과 윤리, 윤리와 사상, 물리학I, 화학I	물리학II, 화학II, 생명과학II, 융합과학, 과학사, 생활과 과학
체육·예술		
생활·교양	보건, 환경	공학일반

졸업 후 진출 분야 및 직업

진출 분야

국가과학기술연구회, 생명공학연구소, 한국나노기술원, 환경연구소, 각 지역 과학기술원, 석유화학업체, 화학공학업체, 신소재개발업체, 정유업체, 신재생 에너지업체, 화장품제조업체 등

진출 직업

자연과학시험원, 변리사, 석유화학공학기술자, 화학공학시험원, 조향사, 의약품영업원, 위험관리원 등

의생명과학과

생명과학에 기반을 두고 생명현상의 근원을 밝히는 기초 과학적 연구와 인간에게 유용한 의약품을 개발하는 응용학문을 동시에 교육한다.

세포생물학, 생화학, 분자생물학, 미생물학, 유전체학, 단백질체학, 신경과학, 식물 생명공학, 생리학 등을 기반으로 바이오·의료산업이 요구하는 전문인 양성을 위한 체계적인 교육을 제공한다. 의생명과학은 세포 치료제, 백신, 항체의약품, 유전자치료제, 바이오 등 생명과학 및 생명공학의 이론과 기술을 인체와 질병 기전에 대한 이해와 치료에 적용하여, 인간의 건강한 생명 유지에 기여하는 실용적인 분야이다.

졸업 후 진출 분야 및 직업

✏️ 진출 분야

국립환경과학원, 식품의약품안전처, 질병관리본부, 보건복지부 등 생명과학 관련 공공기관, 식품위생안전연구소, 농촌진흥청, 대학교, 국립보건연구원, 한국과학기술연구원, 종합병원연구소, 생명과학 관련 대학 및 기업체 연구소, 식품·바이오·의공학·환경 분야 업체, 제약회사, 대학병원 등

✏️ 진출 직업

바이오의약품연구원, 의약품영업원, 생명과학시험원, 생명과학연구원, 생명정보학자, 생물학연구원, 식품공학기술자, 변리사, 과학관 큐레이터, 대학 교수 등

📖 개설 대학

가톨릭관동대학교, 가톨릭대학교, 고신대학교, 조선대학교, 중원대학교, 차의과학대학교 등

📋 관련 학과

생명응용학과　생활과학부　생명시스템학부
생물산업학부　생명신소재융합학부
의생명화학과　생명보건학부　생명환경학부
화학생명과학과　생명과학과　생명나노화학과
응용생명과학부　식물생명과학과
식품·동물생명공학부　분자생명과학전공

🗄️ 고등학교 권장 선택과목 로드맵

교과 영역	선택과목	
	일반선택	진로선택
기초	미적분, 확률과 통계	심화 국어, 기하, 수학과제 탐구
탐구	생활과 윤리, 사회·문화, 화학I, 생명과학I	화학II, 생명과학II, 생활과 과학, 융합과학
체육·예술		
생활·교양	철학, 보건, 환경	해양문화와 기술, 농업 생명 과학

화학과

현대산업 및 첨단산업의 근간이 되는 기초 과학 연구의 활성화를 통해 국가 산업 육성에 기여하고 있으며, 타 분야의 과학 인접 학문 또는 각종 응용 분야와 결합하여 인간의 생명과 환경을 보호하는 차세대 화학 분야의 창의적 해결 능력을 갖춘 인재 양성을 교육목표로 하고 있다.

최근 화학은 신소재, 신에너지, 신의약품, 생명공학 등 화학 자체의 발전과 함께 타 학문과의 융합과 연계로 과학기술 분야의 핵심 학문으로 부상하고 있다. 특히 화학반응을 통해 유해한 물질을 무해한 물질로 성질을 변환하는 등 환경보전에도 이바지하고 있으며, 바이오기술, 나노기술, 에너지 환경기술 등 화학이 인류의 복지에 기여해야 할 사명과 책무가 커지고 있어 화학의 영역은 점차 확대되고 있는 추세이다.

졸업 후 진출 분야 및 직업

✏ 진출 분야

한국나노기술원, 한국과학기술원, 한국종합환경연구소 화학분석 및 제품개발 관련 연구소, 석유화학업체, 화학공학업체, 신소재개발업체, 화장품제조업체, 정밀화학기업, 환경기업체 등

✏ 진출 직업

생명공학연구원, 화학공학연구원, 의약품영업원, 재료공학기술자, 의약품화학공학기술자, 화학공학시험원, 조향사 등

개설 대학

가천대학교, 가톨릭대학교, 건국대학교, 경기대학교, 경북대학교, 경상대학교, 부경대학교, 부산대학교, 성균관대학교, 성신여자대학교, 인천대학교, 인하대학교, 전남대학교, 전북대학교, 조선대학교, 중앙대학교 등

관련 학과

응용화학과 | 화학분자공학과 | 화학생화학부 | 화학생명공학과 | 생화학부 | 나노소재전공 | 농화학식품공학과 | 생명환경화학과 | 신소재화학과 | 정밀화학과 | 화장품과학과 | 농생명화학과 | 바이오화학산업학부 | 화학생명과학과 | 화학생명분자과학부 | 화학생명환경과학부 | 화학신소재학과

고등학교 권장 선택과목 로드맵

교과 영역	선택과목	
	일반선택	진로선택
기초	미적분, 확률과 통계	기하, 수학과제 탐구
탐구	생활과 윤리, 윤리와 사상, 물리학I, 화학I, 생명과학I	물리학II, 화학II, 생명과학II, 지구과학II, 융합과학, 과학사, 생활과 과학
체육·예술		
생활·교양	보건, 환경	농업 생명 과학

3
CHAPTER

생활과학

생활과학은 가정생활에서 이루어지는 인간의 활동들을 분석하고 가정학 학문을 중심으로
인간의 생애에 걸친 생활환경을 과학적으로 탐구하는 학문이다.

인간발달, 주거환경, 식품과 영양, 건전한 소비 생활 등의 내용을 연구하는 분야로
가정관리학, 식품영양학, 의류·의상학, 교양 생활과학 분야를 포함한다.

관련 학과

식품영양학과, 의류학과, 식품공학과, 식품생명공학과, 아동가족학과, 소비자학과, 주거환경학과, 호텔조리학과 등

진출 직업

소믈리에, 식품공학기술자, 음식메뉴개발자, 영양사, 조리사, 중등학교 교사, 음식료품감정사, 푸드스타일리스트, 패션디자이너, 홈쇼핑MD 등

관련 자격

농산물품질관리사, 바리스타, 소믈리에, 섬유기사, 섬유산업기사, 식품산업기사, 양장기능사, 영양사, 위생사, 조리산업기사, 패션디자인산업기사, 품질경영기사, 품질관리기술사 등

진출 분야

농림수산식품부, 생명공학연구소, 식품의약품안전처, 식품유통업체, 병원, 의류매장, 패션업체, 패션 및 섬유 관련 연구소 및 관련 업체, 한국식품개발연구원, 한국의류시험연구원, 학교 등

인재상

A 생명과학과 화학 등 기초 과학 과목에 흥미가 있는 학생

B 미적 감각과 공간지각능력이 뛰어난 창의적인 사고를 가진 학생

C 식품과 음식이 내는 맛, 레시피, 영양성분 등에 호기심이 있는 학생

D 패션에 관심이 많아 쇼핑을 즐기며 다른 친구들을 멋지게 꾸며주고 싶은 학생

E 최신 트렌드와 신기술을 이해하고 응용할 수 있는 융합능력과 적응력을 가진 학생

소믈리에

💻 직업 소개

중세유럽 식품 보관을 담당하는 솜(Somme)에서 유래한 소믈리에(Sommelier)의 현대적 의미는 와인을 전문적으로 담당하는 사람을 의미한다. 소믈리에의 주된 일은 고객의 취향이나 주문한 음식에 맞게 와인을 추천하고 서빙 하는 서비스 업무이다. 그 외에도 와인의 발주를 확인하고 와인 품목을 선정하여 와인 리스트를 작성하고 관리한다. 또한 와인 기물을 점검하고, 레스토랑의 정리 및 청소 등 전반적인 업장 관리도 병행한다.

와인이 대중화됨에 따라 호텔, 백화점, 대형마트, 와인 전문점 등에서 쉽게 접할 수 있어 와인의 수요는 꾸준히 증가하고 있다. 특히 개인의 취향에 따른 맞춤형 서비스에 대한 관심과 수요가 높아지면서 총괄적인 음료를 레스토랑에서 담당하는 소믈리에의 업무는 와인뿐만 아니라 물, 전통주, 차 등 다양한 영역으로 확대되고 있다.

💡 적성 및 흥미　　●　●　●

소믈리에는 사람을 상대하는 업무이다. 따라서 사람들과 만나는 것을 좋아하고 관계 맺기에 능숙해야 유리하다. 이를 위해서는 대인관계능력과 의사소통능력이 필수라고 할 수 있으며, 고객의 요구에 맞게 서비스를 제공해야 하므로 경청능력과 공감능력 또한 필요하다.

소믈리에는 섬세한 미각으로 와인의 맛을 감별하여 다양한 요리와 분위기에 맞는 와인을 추천해야 하므로 와인에 대한 해박한 지식을 바탕으로 꾸준히 생산되는 신제품 와인에 대해 공부하는 열정적인 자세가 필요하다. 고급 음식의 범주에 있던 와인에 대한 편견이 사라지고 대중화됨에 따라, 전통음식을 포함한 다양한 음식과 어울리는 와인과의 조합도 끊임없이 시도해야하기 때문이다. 특히 수입 및 판매 업무를 담당하거나 외국인 고객을 응대하기 위해서는 외국어 능력을 갖추고 있다면 더욱 유리할 것이다.

♥ ○ ◁ 관련 직업

（ # 와인 및 전통주 양조전문가 ）　（ # 바리스타 ）
（ # 감별사트레이너 ）　（ # 조주기능사 ）
（ # 푸드코디네이터 ）　（ # 푸드스타일리스트 ）
（ # 테이블코디네이터 ）　（ # 테이블아티스트 ）

🪪 관련 자격

조리산업기사　　티마스터　　푸드코디네이터

소믈리에　　조주기능사　　바리스타

푸드테라피스트　　영양사

📨 진출 방법

소믈리에가 되기 위한 학력 제한은 없다. 그러나 와인에 대한 지식과 구매, 저장·관리, 판매 등 전반적인 능력을 갖추기 위해서는 와인과 서비스 직무에 대해 체계적인 교육을 받을 것을 추천한다.

대학의 와인·조리·식품 등 관련 학과를 전공하거나 평생교육원에 개설된 교육과정 또는 소믈리에 전문학원에서 교육을 받을 수 있다. 이외에도 호텔이나 레스토랑에 근무한 경험을 살려 소믈리에로 진출하기도 한다. 이러한 경력을 바탕으로 개인 사업장을 창업하거나 사람들을 대상으로 교육을 진행하고 미디어 인플루언서 등 다양한 영역에서 활동할 수 있다.

식품공학기술자

직업 소개

식품공학기술자는 카레, 스프, 죽 등 각종 즉석식품 및 레토르트 식품과 적은 양으로 감칠맛을 내는 조미료와 같이 자연에서 얻은 재료를 음식물로 가공하고 오래 보존할 수 있는 기술을 개발한다. 이를 통해 음식의 맛과 영양, 위생학적으로 안전한 식품을 소비자들에게 제공한다.

식품가공, 식품생산, 식품위생 관리 분야에서 국민의 건강과 영양을 책임지는 식품공학기술자의 영역은 고령화, 1인 가구 및 맞벌이 가정의 증가로 다양한 소비 욕구를 반영한 간편식과 밀키트, 건강식품 등의 관련 산업이 급속도로 성장하고 있다. 또한 한국 문화의 급부상으로 김치, 장류, 전통주 등 전통음식의 개발과 연구가 국가 정책으로 추진되고 있고 한국 음식의 세계화를 위한 식품저장 및 포장, 유통 분야에 첨단 공학기술이 결합하여 빠르게 성장하고 있는 분야라 할 수 있다.

적성 및 흥미

✔ 호기심
✔ 분석능력
✔ 수리능력

식품공학기술자는 기본적으로 식품에 대해 관심이 많고 다양한 맛을 보거나 분석하는 것에 흥미가 있어야 한다. 특정한 맛에 대해 어떤 재료들이 결합 되었는지, 어떤 영양소로 구성되었는지 등 호기심이 있게 살펴보는 탐구 및 분석능력이 뒷받침되어야 한다.

식품공학기술자가 되기 위해서는 식품공학, 식품미생물학 등의 이론과 개념을 이해하고 응용할 수 있는 학습 능력이 필요하다. 따라서 물리·화학·생물의 기초 과학에 매진할 수 있는 지적 호기심과 이를 첨단과학에 응용하여 분석하고 통계적 방법으로 적용할 수 있는 수리능력이 요구된다.

자신의 연구에 뚜렷한 목표 의식과 주관을 갖고 결과가 나올 때까지 반복되는 개발과 연구 및 실험과정을 인내할 수 있어야 하며, 건강과 직결되는 식품과 관련되는 일이므로 외부 환경에 쉽게 흔들리지 않는 강직감과 정직한 성품이 필요한 직업이다.

관련 직업

식품가공검사원   # 영양사
김치제조종사원   # 푸드코디네이터
곤충식품개발자   # 분자요리전문가
식품위생담당공무원   # 바이오식품개발원
푸드코디네이터   # 전통식품제조원

관련 자격

식품기술사   식품기사   식품산업기사
농산물품질관리사   수산제조기술사
수산물품질관리사   품질관리기술사
품질경영기사   품질경영산업기사

진출 방법

식품공학기술자가 되기 위해서는 식품공학, 발효공학, 식품미생물학 등의 이론을 이해하고 응용할 수 있는 능력이 필요하다. 따라서 전문대학 또는 4년제 대학교의 식품공학, 식품가공학, 식품과학 등 식품 관련 전공을 하는 것이 일반적이며 연구 및 개발 분야에 종사하려면 식품공학 분야의 석사 이상의 학력이 필요하다.

졸업 후에는 식품 제조 및 가공업체, 식품 유통업체, 식품의약품안전처 등과 같은 정부기관과 기업체의 식품 관련 연구소 또는 식품위생 검사기관, 식품 품질 검사기관 등으로 진출할 수 있다. 이외에도 유전공학이나 생명과학, 제약 산업 분야, 환경공학 분야 등 다양한 분야의 진출도 가능하다.

영양사

🖥 직업소개

과거에는 음식을 통한 영양 섭취를 강조한 식품영양학이 중요시되었지만, 현대적 의미의 영양학은 특정 영양소의 과잉 섭취를 막고 균형 잡힌 고른 영양소 섭취를 강조하고 있다.

영양사는 건강의 증진과 질병 치료를 목적으로 영양 기법과 응용에 대해 연구하여 전문적인 영양 서비스를 제공한다. 주로 학교, 병원, 회사, 보건시설 등의 급식소에서 급식 대상자의 기호와 필요한 영양소에 맞게 섭식을 기획하는 일을 한다. 시기에 맞는 식품의 신선도, 열량, 영양소를 분석하여 식단에 필요한 양을 산출하고 이를 바탕으로 식단을 계획한다. 또한 재료의 구입, 품질상태, 조리 방법을 관리하며, 조리 담당자의 조리 및 식자재와 기기 등 각종 위생 상태를 감독한다.

건강에 대한 관심이 높아짐에 따라 영양사에 대한 수요도 증가하고 있으며, 업무 또한 세분화되고 있다. 학교나 회사에서 근무하는 단체 급식 영양사, 병원 및 요양시설에서 근무하는 임상영양사, 각종 스포츠 팀에서 근무하거나 행정 분야에 소속된 영양사 등 음식을 통해 맛과 건강한 삶을 지원하는 영양사의 영역은 확대될 것이다.

✈ 진출 방법

영양사가 되기 위해서는 전문대학 및 대학교에서 식품학 또는 영양학을 전공해야 유리하다. 영양사는 산업체, 학교, 병원, 사회복지시설, 영유아보육시설 등의 집단급식소와 급식전문업체, 보건소 등 다양한 분야에 진출할 수 있다. 또한 건강증진센터 및 관련 업체에서 영양 상담을 진행하며 임상영양사처럼 병원과 보건시설 등에서 질병 치료와 예방을 목적으로 하는 영양사 업무를 담당하기도 한다. 국공립학교에서 영양교사로 진출하기 위해서는 영양교사 자격을 취득한 후에 교원임용 시험에 합격해야 한다.

♥ ○ ◁ 관련 직업

영양사   # 조리사   # 영양상담사
식생활지도사   # 바리스타
소믈리에   # 푸드코디네이터
푸드스타일리스트   # 유통관리사

📇 관련 자격

영양사   조리사   식품산업기사

식품위생관리사   식생활지도사

영양교사 자격 1·2급 등

💡 적성 및 흥미   ● ● ●

영양사에게는 음식의 맛과 건강에 대한 관심이 필수이다. 다양한 맛을 내는 원리와 각 영양소에 따른 건강과의 상관관계에 대한 전문적인 지식이 필요하기 때문이다. 또한 음식 본연의 맛을 살릴 수 있는 조리법이나 음식 메뉴를 개발할 수 있는 분석적 사고능력이 있어야 한다.

영양사는 함께 근무하는 조리사 및 기타 종사자들을 관리하고 감독해야 하는 업무를 수행한다. 때로는 식단에 맞는 조리와 위생상태 등에 대해 지시를 내려야 하므로 리더십과 책임감, 원활한 의사소통능력이 요구된다. 맛과 영양이 좋은 식단을 계획하기 위해서는 예산이라는 제한이 있으므로 소요경비를 계획하고 영양적 요건을 계산할 수 있는 경제적 관념과 수리능력, 정확한 일처리를 할 수 있는 꼼꼼한 성격의 소유자라면 더욱 유리할 것이다.

요리사

직업 소개

현대인들에게 요리는 먹는 행위와 영양 보충에 머무르지 않는다. 같은 음식이라고 해도 맛과 영양을 그대로 유지하면서 시각적인 면에서도 만족하기를 원한다. 또한 요리에 대한 사람들의 관심이 집중된 만큼 다양한 재료를 혼합한 창의적인 음식에 대한 기대도 크다.

요리사는 다양한 식재료에 물리·화학적 변형을 가하여 음식을 만드는 사람이다. 전문 분야에 따라 한식, 양식, 중식, 일식으로 구분할 수 있다. 주문서 또는 식단표에 따라 재료를 준비하고, 조리법에 따라 다양한 형태의 음식을 요리한다. 요리사는 주방의 모든 일을 총괄하며 고객에게 안전한 음식을 제공할 수 있도록 조리된 음식의 맛과 영양상태 등을 점검하고 조리사들의 교육과 각종 식기와 요리기구, 업장을 관리하는 일을 수행한다.

최근 TV에 유명 셰프들이 등장하면서 요리에 대한 관심은 더욱 높아졌다. 셰프(chef)는 전문조리사 중 레스토랑의 주방을 책임지며 다수의 조리사를 지휘하는 수장을 의미하는데, 우리나라에서는 5인 이상 구성된 외식업체의 주방장과 혼용하여 쓰이기도 한다.

적성 및 흥미

✅ 미각
✅ 창의력
✅ 체력

현대인들에게 요리는 최고의 관심사이며, 다양한 대중매체를 통해 접할 수 있기 때문에 적정수준 이상의 조리 실력을 갖추고 있는 사람들도 많다. 따라서 요리사에게는 음식뿐만 아니라 다양한 분야에 대한 관심과 호기심으로 자신만의 레시피를 개발할 수 있는 창의력과 음식에 대한 미각이 요구된다. 혁신적이고 예술적인 성향의 사람과 정교한 동작과 집중력이 강하고 섬세한 성격의 소유자이면 더욱 유리하다. 또한 업장의 매니저, 조리사, 고객 등 다양한 분야의 사람들을 응대하고 특히 고객의 요구와 입맛에 맞는 음식을 제공해야 하므로 대인관계능력과 투철한 서비스 정신, 건강과 직결되는 음식을 다룬다는 책임감이 있어야 한다. 정신적·육체적 소모가 큰 직업이므로 강인한 체력과 성실성, 인내심이 필요한 직업이다.

관련 직업

\# 한식조리사   \# 중식조리사

\# 양식조리사   \# 일식조리사

\# 푸드스타일리스트   \# 단체급식조리사

관련 자격

조리기능사   조리기능장   조리산업기사

진출 방법

요리사가 되기 위해서는 전문대학 및 대학교의 조리과, 조리과학과, 외식조리과, 호텔조리과 등에서 체계적인 교육을 받는 것이 유리하다. 요리에 대한 관심이 높아지면서 보다 전문적인 교육에 대한 수요와 경쟁이 치열해졌기 때문이다. 직업계고등학교의 조리 관련 고등학교에서 이론과 실무를 배우거나 전문학교 및 학원에서 실무중심의 교육을 받는 경우도 많다. 또는 프랑스 등 관심분야 요리를 전문적으로 배우기 위해 유학을 가거나 우리나라에 있는 해외의 전문 요리학교에서 교육을 이수하는 경우도 많다. 평균적으로 요리사가 되기 위해서는 2~3년의 수습기간이 필요하며 호텔, 레스토랑 등에서 경력을 쌓은 후에 창업을 한다.

임상영양사

📖 직업 소개

임상영양사는 병원에서 질병 치료와 예방을 위해 급식 및 영양 관리를 하는 전문인이다. 주요 업무는 질병 치료와 영양 관리이며, 의료기관에서 환자의 식습관, 식사 섭취, 영양상의 문제를 조사하여 환자의 영양을 지원하고 관리한다. 건강과 질병에 관한 의학 및 영양학적인 전문지식을 바탕으로 질환에 따른 영양에 관련된 교육과 정보를 제공하고, 조리 담당자의 조리 및 위생 상태를 관리·감독한다.

서구화된 식습관과 환경오염, 신종 바이러스 출현 등으로 건강관리의 중요성은 더욱 높아지고 있다. 고열량·고지방 식사, 운동 부족에서 비롯된 당뇨병과 고혈압, 고지혈증, 심장병 등 대사성 질환의 주원인도 음식과 생활습관에서 비롯된 것이다. 따라서 균형 잡힌 영양과 좋은 맛을 내는 음식을 통해 건강한 삶을 영위하기를 원하는 현대인들에게 임상영양사의 역할은 더욱 확대될 것이다.

💡 적성 및 흥미 ● ● ●

임상영양사는 음식과 건강에 대한 전문지식이 필요하다. 이를 위해 기본적으로 음식에 대한 관심이 많고 음식의 영양과 섭식에 대한 호기심과 관찰력이 있다면 더욱 좋다. 특히 환자가 이해하기 쉽게 영양 정보를 전달하기 때문에 의사소통능력과 대인관계 능력이 요구된다.

또한 식단에서 조리과정, 재료의 품질 및 재정 관리를 총괄하고 조리실의 조리 담당 인력을 관리해야 하므로 강인한 체력과 리더십이 요구된다. 음식의 영양학적 가치를 높이고 질병 치료를 지원하는 임상영양사는 다양한 성향의 사람들과 함께 어우러져야 하는 직업이므로 사회성과 협업능력이 있어야 한다.

❤ 💬 ✈ 관련 직업

영양사   # 조리사   # 식생활지도사
바리스타   # 소믈리에   # 유통관리사
푸드코디네이터   # 푸드스타일리스트

📇 관련 자격

영양사   조리사   식품산업기사

식품위생관리사   식생활지도사

영양교사자격 1·2급

✒ 진출 방법

영양사가 되기 위해서는 전문대학 및 대학교에서 식품학 또는 영양학을 전공하고 영양사 현장실습을 이수한 뒤에 영양사 국가시험에 합격해야 한다. 임상영양사는 영양사 자격 취득 후에 임상영양사 교육기관으로 인정받은 대학원에서 교육을 이수하고, 1년 이상의 실무경험을 쌓아야 임상영양사 국가시험에 응시할 자격이 주어진다. 병원에서 임상영양사로 근무하기 위해서는 임상영양사 국가자격을 취득해야 한다. 임상영양사 국가자격을 취득한 후에는 보건소나 보건지소, 의료기관에서 임상영양사로 취업이 가능하다.

패션코디네이터

직업 소개

패션은 개성을 단시간에 표현할 수 있는 도구이다. 정치인과 연예인 등의 유명인들은 자신의 이미지를 보완하거나 특정한 이미지를 만들기 위해 옷을 포함하여 안경, 넥타이, 신발 등 소품 하나를 선택하기까지 전문가의 조언을 듣는다.

패션코디네이터는 유명인 또는 연예인이 출연할 방송이나 공연의 분위기와 특성에 맞게 패션을 연출한다. 이때 의상뿐만 아니라 장신구, 소품, 미용 등 각 패션의 부분들이 모여 조화를 이룰 수 있도록 연출하는 일을 담당하며 때로는 의상이나 액세서리를 직접 제작하기도 한다.

패션코디네이터는 주로 방송, 광고대행사, 언론사, 기획사, 웨딩 업체 등으로 진출하고 있으나 최근에는 치열한 패션산업에서 자신의 역량을 발휘하는 일부 패션코디네이터들이 1인 미디어 인플루언서 또는 홈쇼핑 등에서 진출하고 있어 그 영역은 더욱 확대되고 있는 추세이다.

적성 및 흥미

✅ 패션감각

✅ 창의력

✅ 의사소통능력

패션코디네이터는 의상과 소품, 장신구 등을 조화롭게 꾸밀 수 있어야 한다. 따라서 공간능력과 세련된 패션 감각이 필요하다. 시대의 흐름을 파악하여 패션에 적용하는 관찰력과 사회적응능력, 그리고 남다른 창의적 예술 감각이 요구된다.

대부분 의상을 준비할 때에는 의류 업체로부터 협찬을 받지만, 자신이 직접 옷을 만들 수 있어야 한다. 기존에 있는 제품들이 의뢰인의 개성을 충분히 살리지 못하는 경우도 있기 때문에 직접 제작할 수 있는 능력도 필요하다. 또한 무거운 의상을 옮기거나 배치하는 등 체력을 요구하는 일이 많아 강인한 체력이 요구되고, 유명인들의 패션에 대한 평가에 대해 의연히 대처하고 극복하는 유연한 사고력도 있어야 한다. 더불어 여러 사람과 함께 일하는 경우가 대부분이므로 대인관계능력과 사회성, 의사소통능력의 소유자라면 더욱 유리할 것이다.

관련 직업

패션디자이너   # 머천다이저

속옷디자이너   # 시각디자이너

섬유공학기술자   # 무대의상관리원

이미지컨설턴트   # 메이크업아티스트

관련 자격

패션스타일리스트(민간)   의류기사

패업기사   패션머천다이징산업기사

유산업기사   컬러리스트

적성 및 특기

패션코디네이터가 되기 위해서는 전문대학 및 대학교에서 의상학과, 의상 디자인과 등 관련 학과에서 교육을 받는 것이 유리하다. 패션코디네이터는 대부분 프리랜서로 활동하거나 광고대행사, 잡지사, 영화사 등에서 배우와 모델의 전속 코디네이터로 활동할 수 있다.

대학에서 의상 전공을 하지 않더라도 전문학교와 학원에서 코디네이터 과정을 수료할 수 있으며 학원 교육 수료 후 추천을 통해 백화점 매장에 채용되거나 광고대행사, 잡지사 등에 진출하고 있다.

푸드스타일리스트

💻 직업 소개

푸드스타일리스트는 음식의 고유한 맛을 유지하는 동시에 시각적인 연출로 사람들의 오감을 만족시키는 식공간을 예술적 가치로 승화하는 사람들이다. 푸드스타일리스트는 영화, 광고, 드라마 등 방송 섭외가 들어오면 연출자와 함께 음식을 스타일링을 한다. 음식 메뉴를 각종 방송의 특성과 목적에 맞게 스타일링하고, 요리책과 잡지 등에 새로운 메뉴 개발이나 조리법 등을 소개하기도 한다. 때로는 백화점이나 홈쇼핑, 마트 등에서 식재료를 더욱 돋보이게 연출하며, 외식업체의 기존 메뉴를 보완하거나 스타일링에 관심 있는 사람들에게 교육을 제공하기도 한다. 현대인들에게 음식은 맛과 건강, 디자인 등을 고려한 식문화로 정착했으며, 이에 따라 먹방, 쿡방 등 관련 콘텐츠 또한 빠르게 발전하고 있는 만큼 푸드스타일링에 대한 관심도 높아지고 있다.

💡 적성 및 흥미   ● ● ●

푸드스타일리스트는 공간을 연출하는 연출가이다. 따라서 요리에 대한 전문적 지식을 바탕으로 식공간을 연출해야하기 때문에 미적 감각과 색채 감각을 동시에 갖추고 있어야 한다. 또한 식재료 및 음식과 어울리는 소품과 그릇, 기구 등을 선택할 수 있어야 한다. 평소 음식과 식재료에 대한 흥미와 호기심으로 방송매체나 실생활에서도 관심을 갖고 꾸준히 탐색할 것을 추천한다.

주로 방송매체와 협업할 일이 많으므로 돌발 상황에 대비한 위기대처능력과 순발력이 있어야 하며, 밤샘 촬영과 식자재 운반과 정리 등을 위한 강인한 체력도 뒷받침되어야 한다. 더불어 푸드스타일링의 활동 영역이 파티, 연회, 컨벤션, 개인 방송 등으로 넓어지고 있어 마케팅 및 대인관계능력, 의사소통능력 등 다양한 사람들과 함께 업무를 진행할 수 있는 사회성이 필요하다. 최근 K-푸드의 위상이 높아지면서 전 세계적으로 화제가 되는 만큼 외국어능력을 갖추고 있다면 더욱 유리할 것이다.

❤ 〇 ✈ 관련 직업

영양사   # 조리사   # 바리스타

소믈리에   # 쇼콜라티에   # 바텐더

푸드코디네이터   # TV요리진행자

레스토랑프로듀서

📇 관련 자격

푸드코디네이터   제과제빵사   소믈리에

바리스타   푸드테라피스트   조리산업기사

식품위생관리사   식품경영관리사

푸드스타일리스트   컬러리스트

✈ 진출 방법

푸드스타일리스트가 되기 위해서는 음식의 다양한 물리·화학적 변화를 인지하는 전문적 지식이 필수이다. 따라서 전문대학이나 4년제 대학의 조리 및 식품영양학 관련 학과를 전공할 것을 추천한다.

대학을 졸업한 후에는 식품회사에 취업하거나 관련 회사를 창업할 수도 있다. 프리랜서로 활동하며 방송매체의 스타일링을 담당하는 등 식공간을 연출하는 경우가 많다. 또한 파티나 각종 행사, 레스토랑 등에서도 테이블 세팅과 메뉴 개발 등에 참여할 수 있다. 양식·한식·중식·일식 등의 조리 자격증이나 푸드코디네이터, 컬러리스트와 같은 음식에 대한 전문성과 색채감각을 익힐 수 있는 자격을 취득한다면 전문적 지식을 함양하는 데 도움이 될 것이다.

가정아동복지학과

아동이 건강하게 성장할 수 있는 생활과 환경 구축을 위한 체계적인 가족학, 보육학, 소비자학 등 다양한 분야의 교육을 지원하는 학과이다.

가정관리학은 가정생활에서 이루어지는 가족과 가정생활의 행복한 삶을 영위하기 위해 과학적인 지식을 바탕으로 인간과 환경의 상호작용, 가족의 복지 증진, 효율적인 가정 운영에 대한 연구를 실시한다. 아동복지학은 아동의 발달 과정에 초점을 맞추어 아동이 행복하고 건강하게 자랄 수 있는 제반 환경을 보장하기 위한 연구를 담당한다. 가정아동복지학과는 보육, 청소년 지도 및 상담으로 건전한 성인이 될 수 있도록 아동과 청소년의 성장을 지원하고, 가족 구성원의 행복에 기여할 수 있는 전문 인재 양성을 목적으로 한다.

졸업 후 진출 분야 및 직업

진출 분야

한국건강가정진흥원, 한국보건사회연구원, 한국보육진흥원, 한국청소년정책연구원, 한국청소년상담원, 지역사회복지기관, 소비자상담센터, 기업 내 보육시설, 아동 교육프로그램 제작회사, 병원, 방송국, 신문사, 식품·의류·패션 업체 등

진출 직업

건강가정사, 아동상담사, 청소년상담사, 식생활지도사, 공무원, 사회복지사, 평생교육사 등

개설 대학

원광대학교 등

관련 학과

보육·가정상담학과 생활과학부
생활과학과 소비자주거학전공
가족주거학과 가정교육학과

고등학교 권장 선택과목 로드맵

교과 영역	선택과목	
	일반선택	진로선택
기초	미적분, 확률과 통계	기하
탐구	생활과 윤리	생활과 과학
체육·예술	체육, 음악, 미술	
생활·교양	제2외국어, 보건, 환경, 교육학	가정과학

식품공학과

식품공학은 식품산업에서 필요로 하는 식품에 대한 기초 과학을 공업생산에 적용하여 생산력을 향상시키기 위한 전반적인 지식을 탐구하는 학문이다.

인간의 생명 유지를 가능하게 하는 필수요소인 식품을 대상으로 생물, 물리, 화학 등의 기초 과학을 접목하여 산업현장에서 필요한 생산기술과 제품개발, 식품가공과 품질관리, 식품위생, 발효 공정 등 식품생산에 관련된 기술개발과 제조공정에 관한 지식과 기술 전반에 대한 교육과정을 제공한다.

졸업 후 진출 분야 및 직업

 진출 분야

농림수산식품부, 한국식품개발연구원, 한국보건산업진흥원, 식품의약품안전처, 한국보건사회연구원 및 생명과학 관련 공공기관, 식품개발연구소, 생명공학연구소, 식품생산업체, 식품유통업체, 외식업체 등

진출 직업

식품공학기술자, 식품산업기사, 식품소재개발연구원, 식품위생사, 영양사, 가공식품개발연구원, 레토르트식품연구원, 발효식품연구원 등

개설 대학

고려대학교, 공주대학교, 대구대학교, 부산대학교, 서울과학기술대학교, 영남대학교, 전북대학교, 중원대학교, 충남대학교 등

관련 학과

농식품생명공학부   바이오식품공학과

식물식품공학과   식품가공학전공

식품공학·영양학부   식품공학전공

식품공학부 식품생물학전공   해양식품공학과

생명시스템학부   식품공학부 식품응용공학전공

식품과학부식품공학전공

식품생명공학전공   식품동물생명공학부

식품생명공학과   식품생명화학공학부

식품공학부 식품소재공학전공

고등학교 권장 선택과목 로드맵

교과 영역	선택과목	
	일반선택	진로선택
기초	미적분, 확률과 통계	기하
탐구	경제, 한국지리, 세계지리, 물리학I, 화학I, 생명과학I	화학II, 생명과학II, 융합과학, 생활과 과학
체육·예술		
생활·교양	기술·가정	공학일반, 농업 생명 과학, 가정과학

식품생명공학과

식품화학·식품미생물학·식품공학·식품생화학 등의 기초 학문을 기반으로 생명공학, 유전공학 및 전자공학 등을 융합하여 생명과학을 연구하는 학과이다.

식품공학을 바탕으로 최신 과학기술을 적용하여 식품 가공 및 저장 기술, 식품 분석 및 위생, 식품 공정, 발효공학 및 생물공학, 특수 기능성 식품 등에 관한 응용학문의 연구와 실험 및 실습을 병행한다. 사회 변화를 반영하여 미래사회를 대비한 편의성, 안정성, 기호성을 겸비한 식품과 질병을 예방하기 위한 고기능성 식품과 식품의 고유한 기능을 살린 친환경 식품개발 및 유통에 대한 학문과 기술개발 분야도 활발히 진행 중이다. 식품 및 생명공학과 관련된 전문지식을 습득하여 삶의 질을 반영한 생명 연장과 행복한 삶을 추구하는 식품·생명공학 관련 산업 발달에 기여할 전문가를 양성한다.

졸업 후 진출 분야 및 직업

진출 분야

농림수산식품부, 한국식품개발연구원, 한국보건산업진흥원, 식품의약품안전처, 한국보건사회연구원 및 생명과학 관련 공공기관, 생명공학연구소, 식품개발연구소, 식품생산업체, 제약회사 등

진출 직업

식품공학기술자, 식품공학연구원, 식품산업기사, 식품소재개발연수원, 식품위생사, 영양사, 가공식품개발연구원, 레토르트식품연구원, 발효식품연구원, 제약회사연구원 등

개설 대학

경희대학교, 고려대학교(세종), 동국대학교, 안동대학교, 원광대학교 등

관련 학과

식품공학부 식품생물학전공 / 해양식품공학과
식품동물생명공학부 / 식품생명공학전공
식품생명화학공학부 / 축산식품생명공학과
농식품생명공학부 / 식물식품공학과
식품가공학전공 / 식품공학·영양학부
식품공학부 식품소재공학전공 / 식품공학전공
식품공학부 식품응용공학전공 / 생명시스템학부
식품과학부 식품생명공학전공

고등학교 권장 선택과목 로드맵

교과 영역	선택과목	
	일반선택	진로선택
기초	미적분, 확률과 통계	기하, 수학과제 탐구
탐구	생활과 윤리, 윤리와 사상, 물리학I, 화학I, 생명과학I	물리학II, 화학II, 생명과학II, 지구과학II, 융합과학, 과학사, 생활과 과학
체육·예술		
생활·교양	보건, 환경	농업 생명 과학

식품영양학과

식품영양학은 건강한 식품으로 국민들의 영양 상태를 개선하여 건강 증진에 기여하는 학문이다.

연구 분야는 크게 식품학과 영양학으로 구분한다. 식품학에서는 식품의 생산, 취급, 소비에 이르는 과정과 각 단계의 특징에 대해 연구하고, 영양학은 식품을 소비할 때 인체에서 일어나는 생리학 및 생화학적 현상을 연구한다.

최근 식품영양학과에서는 분자식품, 기능성식품, 전통음식에 이르기까지 식품영양학의 원리와 다양한 첨단 응용기술을 융합하는 데 중점을 두고 있다. 식품을 통한 건강 증진, 만성질환 예방, 식품의 생산, 품질관리, 식품 안전과 관련된 응용 능력을 갖출 수 있도록 교육하여 바른 식생활을 확립하고 국민 보건 향상에 기여할 수 있는 전문인을 양성한다.

졸업 후 진출 분야 및 직업

진출 분야

농림수산식품부, 한국식품개발연구원, 한국보건산업진흥원, 식품의약품안전처, 한국보건사회연구원 등 생명과학 관련 공공기관, 식품개발연구소, 생명공학연구소, 식품생산업체, 식품유통업체 등

진출 직업

식생활지도사, 식품학연구원, 영양사, 영양교사, 위생사, 음식메뉴개발자, 음식료품감정사, 외식업체 관리인, 양식조리사, 일식조리사, 한식조리사, 제빵 및 제과원, 푸드스타일리스트, 행정기관 보건기사 등

개설 대학

가천대학교, 가톨릭대학교, 경희대학교, 국민대학교, 단국대학교, 덕성여자대학교, 동덕여자대학교, 서울대학교, 성신여자대학교, 숙명여자대학교, 순천향대학교, 안동대학교, 연세대학교, 영남대학교, 원광대학교, 을지대학교, 이화여자대학교, 전북대학교, 제주대학교, 조선대학교 등

관련 학과

농식품생명화학부   동물식품응용과학과

바이오식품산업전공   스마트푸드테크학과

식품조리학부   식품·환경학부

식품산업융합학과   식품생명과학전공

식품영양·건강생활학과   조리영양학과

식품영양생명과학부   식품개발학과

식품산업관리학과   조리외식학과

고등학교 권장 선택과목 로드맵

교과 영역	선택과목	
	일반선택	진로선택
기초	미적분, 확률과 통계	기하, 수학과제 탐구
탐구	경제, 화학I, 생명과학I	경제 수학, 화학II, 생명과학II, 융합과학, 생활과 과학
체육·예술		
생활·교양	기술·가정, 제2외국어, 보건	농업 생명 과학, 가정과학

외식조리학과

음식문화의 세계화와 외식산업의 발달에 맞추어 조리와 외식산업에 관한 이론과 실무를 교육하는 학과이다.

현대인들에게 음식은 단지 먹는 것이 아닌 건강 증진, 생활의 만족감, 친목 도모 등을 위한 하나의 문화로 자리 잡았다. 이러한 외식문화의 발전에 따라 건강하고 안전한 외식조리 분야의 전문가의 역할도 강조되고 있다. 식생활 수준이 향상되고 소비자들의 요구가 다양해짐에 따라 건강한 식생활 문화를 책임질 수 있는 다양한 지식과 기술 연마를 위해 한식, 양식, 일식, 중식, 제과, 제빵 등의 조리 실습과 체계적인 외식산업 이론 교육을 병행한다. 이를 통해 조리 및 외식산업을 선도하는 전문지식과 실무능력, 그리고 글로벌 역량을 지닌 전문 인력 양성을 목표로 한다.

졸업 후 진출 분야 및 직업

진출 분야

농림축산식품부, 식품의약품안전처, 식품 및 보건 관련 정부기관, 한국식품연구원, 한국생명공학연구원, 식품회사, 호텔, 대형 외식업체, 전문 레스토랑 등

진출 직업

국내외 호텔 및 레스토랑 조리사, 식품위생직공무원, 유통관리사, 외식업체 메뉴개발전문가, 위생사, 조리고등학교 교사, 호텔 및 레스토랑 지배인 등

개설 대학

경기대학교(관광학부), 경주대학교, 배재대학교, 호남대학교 등

관련 학과

글로벌명품조리학과 | 글로벌조리비즈니스
식품외식학과 | 동양조리학과 | 조리과학과
식품산업관리학과 | 식품조리과학부
영양조리과학과 | 외식산업조리학과
외식영양학전공 | 푸드스타일링전공
호텔외식조리학과 | 글로벌조리학과

고등학교 권장 선택과목 로드맵

교과 영역	선택과목	
	일반선택	진로선택
기초	미적분, 확률과 통계	심화국어, 고전읽기, 실용수학, 기하
탐구	한국지리, 세계지리, 경제, 사회·문화, 세계사, 화학I	여행지리, 사회문제 탐구, 고전과 윤리, 화학II, 생활과 과학
체육·예술	미술	미술 창작, 미술 감상과 비평
생활·교양	기술·가정, 정보, 보건, 심리학	가정과학

의류학과

인간과 의복, 환경의 상호작용을 탐구하여 인류의 생활환경을 증진시키는 패션산업을 연구한다.

패션산업 전반에 걸친 구성요소 및 의복 재료로 사용되는 섬유산업에 관한 전문적 지식 함양을 위해 패션마케팅 및 유통, 의복의 구성 및 생산과 섬유 과학, 환경 등 패션산업의 기초자질과 기술을 습득할 수 있는 체계적인 교육과정을 제공한다. 이러한 교육과정을 통해 빠르게 변화하는 패션트렌드를 선도하는 의류산업의 리더와 창의적 예술성을 바탕으로 과학적 사고, 상품기획 능력, 감각적 서비스 등 통합적인 자질을 갖춘 전문 인력 양성을 교육목표로 한다.

졸업 후 진출 분야 및 직업

진출 분야

패션연구소, 섬유 관련 연구소, 의류소재개발연구소, 한국의류시험연구원, 패션전문업체, 섬유 및 의류 관련 업체, 패션 전문 교육기관, 패션잡지사, 패션 전문 방송국 등

진출 직업

패션디자이너, 패션에디터, 패션문화비평가, 소재디자이너, 스타일리스트, 디스플레이어, 브랜드매니저, 액세서리 디자이너, 텍스타일 디자이너, 머천다이저(MD), 컬러리스트, 트렌드정보분석전문가, 의료소재개발연구원, 의류시험연구원, 섬유기술연구원, 대학 교수, 교사 등

개설 대학

가톨릭대학교, 경북대학교, 경상대학교, 군산대학교, 부산대학교, 서울대학교, 수원대학교, 숙명여자대학교, 안동대학교, 전남대학교, 전북대학교, 창원대학교, 충남대학교, 충북대학교, 한양대학교 등

관련 학과

의상학과 　의류산업학과 　의류상품학과
의류패션학과 　의류학전공 　의류환경학과
의류패션산업전공 　의류패션전공
생활과학과 　의류패션학전공

고등학교 권장 선택과목 로드맵

교과 영역	선택과목	
	일반선택	진로선택
기초	미적분, 확률과 통계	심화 국어, 고전 읽기, 실용 수학, 기하
탐구	한국지리, 세계지리, 경제, 사회·문화, 세계사, 화학I	여행지리, 사회문제 탐구, 고전과 윤리, 화학II, 생활과 과학
체육·예술	미술	미술 창작, 미술 감상과 비평
생활·교양	기술·가정, 정보, 보건, 심리학	가정과학

의상학과

사람들이 가진 매력을 패션으로 충분히 표현할 수 있도록 옷을 디자인하는 능력과 패션산업에 필요한 지식과 실무능력을 습득한다.

옷이 생산되어 대중들에게 전달되는 과정과 사람들에게 미치는 영향에 이르기까지 패션에 대한 전반적 분야를 다루고 있다. 패션산업은 시대 및 환경에 따라 빠르게 변화하는 분야이다. 의상학과에서는 글로벌 트렌드를 이끄는 패션 디자이너의 역량과 소비자를 만족시키는 패션 마케팅 능력을 갖출 수 있도록 교육한다. 나아가 친환경 및 기능성 신소재 개발 등 창조적 패션 역량과 K-패션을 주도하고 미래 사회를 대비하는 기술을 겸비한 패션 분야의 진취적이고 예술적인 전문 인력 양성을 목표로 한다.

졸업 후 진출 분야 및 직업

진출 분야

패션연구소, 섬유 관련 연구소, 의류소재개발 연구소, 한국의류시험연구원, 패션전문업체, 섬유 및 의류 관련 업체, 패션 전문 교육기관, 패션 잡지사, 패션 전문 방송국 등

진출 직업

패션디자이너, 패션에디터, 패션문화비평가, 소재디자이너, 스타일리스트, 디스플레이어, 브랜드매니저, 액세서리 디자이너, 텍스타일 디자이너, 머천다이저(MD), 컬러리스트, 트렌드정보분석전문가, 의료소재개발연구원, 의류시험연구원, 섬유기술연구원, 대학 교수, 중등학교 교사 등

 개설 대학

경희대학교, 성균관대학교 등

관련 학과

생활과학과 | 의류학과 | 의류패션학전공

의류산업학과 | 의류상품학과

의류패션학과 | 의류학전공 | 의류환경학과

의류패션산업전공 | 의류패션전공

고등학교 권장 선택과목 로드맵

교과 영역	선택과목	
	일반선택	진로선택
기초	미적분, 확률과 통계	심화 국어, 고전 읽기, 실용 수학, 기하
탐구	한국지리, 세계지리, 경제, 사회문화, 세계사, 화학I	여행지리, 사회문제 탐구, 고전과 윤리, 화학II, 생활과 과학
체육·예술	미술	미술 창작, 미술 감상과 비평
생활·교양	기술·가정, 정보, 보건, 심리학	가정과학

수학·물리·천문·지리

수학·물리·천문·지리 계열은 수와 양에 관한 학문인 수학 및 통계학,

물질의 물리적 성질과 현상을 연구하는 물리학,

우주 전체 및 기후에 관한 연구를 하는 천문학 및 기상학,

지구의 내·외부 현상과 세계의 여러 지역을 포괄하여 연구하는 지학 및 지리학,

그 외 교양자연과학을 중심으로 한다.

관련 학과

대기과학과, 물리학과, 수학과, 지구물리학과, 지구해양학과, 지구환경과학과, 통계학과, 천문우주과학과 등

관련 자격

기상예보기술사, 기상기사, 데이터분석전문가, 디지털제어산업기사, 반도체설계산업기사, 방사선관리기술사, 정보처리기사, 지적산업기사, 지적기사, 토양오염기술자, 토양복원기술자 등

진출 직업

기상캐스터, 금융자산운용가, 데이터베이스개발자, 대체투자전문가, 물리학연구원, 변리사, 보험사무원, 빅데이터전문가, 수학교사, 수학 및 통계연구원, 원자력공학기술자, 인공위성개발원, 천문 및 기상학연구원 등

진출 분야

국가수리과학연구소, 국방부, 극지연구소, 과학기술정보통신부, 금융기관, 기초과학연구원, 정보통신기술업체, 중등학교, 증권회사, 은행, 한국석유공사, 한국원자력연구원, 한국지질연구원, 한국표준과학연구원, 한국해양연구원, 환경부, 전기·반도체·신소재·광학·재료·방사선·원자력·환경 등 관련 기업체 및 부서 등

인재상

A 숫자를 좋아하고 논리적인 사고와 수리능력을 갖춘 학생

B 수학, 물리학, 지구과학 등 기초 과학 과목에 흥미가 있는 학생

C 자연현상에 호기심을 갖고 인과관계를 규명하려는 분석력을 갖춘 학생

D 연구 결과를 데이터로 표현할 수 있는 수리력과 컴퓨터운용능력이 뛰어난 학생

E 관심 있는 분야에 논리력과 탐구력을 바탕으로 재해석 할 수 있는 창의력이 있는 학생

GIS 전문가

🖥 직업 소개

GIS 전문가는 국토 공간에 존재하는 토지, 산, 바다, 빌딩, 도시 등의 위치 및 속성정보를 데이터로 변환하여 활용할 수 있도록 새로운 정보를 창출하는 사람이다. GIS 전문가는 사용자의 의견을 바탕으로 데이터베이스, 사용자 인터페이스 및 네트워크의 기본적인 시스템 구조를 설계한다. 지리정보에 사용되는 데이터를 수집하고 분석하여 데이터베이스화 하는 작업을 수행하고, 입력된 지리정보데이터를 토대로 사용자의 목적에 따라 다양한 형태로 분석하여 조작하는 일을 한다. 지리정보시스템은 내비게이션, 교통·물류, 상권, 부동산 등에서 국민들의 편리한 삶의 질 향상에 기여하고 있으며, 3차원 기술 및 드론과 자율주행 자동차의 등장 등으로 그 활용 분야도 더욱 넓어지고 있다.

💡 적성 및 흥미　● ● ●

GIS 전문가는 지표를 포함한 지상과 지하에 존재하는 자연물과 인공물에 대한 정보를 수집해야 한다. 따라서 치밀한 분석력과 판단력이 필요하며 전체적인 지리정보에 대한 예측 능력이 필요하다. 평소 꼼꼼하고 세밀한 성격의 소유자에게 유리하며, 조사범위가 광대한 만큼 다양한 분야의 사람들과 함께 일을 하는 경우가 많아 협업능력과 대인관계능력을 갖추어야 한다. 주로 야외에서 정보를 수집하는 일이 많으므로 자연에 대해 관심이 많고 체력적 소모가 많은 일을 견딜 수 있는 끈기와 체력도 있어야 한다. 더불어 지리정보시스템 구축을 위한 지리 및 전산 관련 지식은 필수이다. 2차원의 데이터로 3차원의 지리적 공간을 만들어야 하므로, 공간분석능력과 수집한 자료를 데이터베이스화 할 수 있는 수리능력과 컴퓨터활용능력이 요구된다.

♥ ○ ◁ 관련 직업

지적·측량기술자　# 토지측량사
사진측량분석가　# 지질학연구원
측량사　# 지도제작기술자

📇 관련 자격

지적산업기사　　지적기사　　지적기술사

측량 및 지형공간정보산업기사

측량 및 지형공간정보기사

측량 및 지형공간정보기술사

✒ 진출 방법

GIS 전문가가 되기 위해서는 전문대학 및 대학교에서 지리학과, 지적학과, 지질학과, 정보통신 및 공간정보 관련 학과를 졸업 후, 관련 자격증을 취득하여 취업하는 것이 일반적이다. 대부분 4년제 대학교 이상의 고학력자들이며, 특히 연구개발 분야는 석사 이상의 학위를 요구하고 있다.

측량전문업체나 지도제작업체, 지리정보업체, 건설회사, 부동산 감정평가회사 등의 민간업체나 한국토지주택공사, 한국수자원공사, 한국도로공사, 한국국토정보공사 등의 공공기관에 취업할 수 있다. 또한 지방자치단체의 지적직 공무원과 국토교통부 국토지리정보원의 측지직 공무원으로 진출할 수 있다. 석사 이상의 학위를 취득하였다면, 공공 또는 민간 연구소의 입직도 가능하다. 기업체에 진출할 경우에는 정보통신 및 물류유통업체와 측량 및 지형공간정보 구축, 융복합 콘텐츠 개발 관련 업체에 취업하거나 경력을 쌓은 뒤에 직접 창업을 하는 경우도 있다.

기상연구원

직업 소개

기상연구 분야는 크게 관측, 예보, 응용기상으로 구분할 수 있다. 이에 따라 기상연구원은 기압, 기온, 습도, 풍향, 풍속 등의 기상을 관측하여 구름, 안개, 비, 눈 등의 각종 기상 현상을 빠르고 정확하게 예측할 수 있는 방법을 연구한다.

기상연구원은 기후 특성과 변동을 분석할 수 있도록 기상도를 작성하고, 대기를 포함한 환경, 수문, 농업, 생물기상, 기후변화 등의 응용기상 분야의 연구를 실시하여 정확한 기상관측을 위해 필요한 기후예측시스템을 구축하는 일을 한다. 또한 위성, 기상레이더와 같은 첨단 관측기를 활용하여 정보를 수집하고, 기상 상태를 표시한 기상도를 작성하여 기상예보를 위해 관측한 자료를 해석한다. 정확한 기상관측을 위해 기상계측 기술개발에 대한 연구도 수행한다.

적성 및 흥미

✅ 수리논리력
✅ 판단력
✅ 분석력

기상연구원은 미래의 일기 예보를 정확하게 예측할 수 있는 환경을 구축하는 사람이다. 기후예측시스템 구축을 위한 수리논리력과 컴퓨터운용능력을 갖출 수 있는 정확한 판단력과 꼼꼼한 성격의 소유자에게 적합하다.

작은 변화까지도 파악할 수 있는 섬세함과 항상 기상을 관찰하고 분석하여 정확한 일기예보를 할 수 있는 첨단 장비를 개발하거나 운용할 수 있는 분석적 사고력과 호기심, 창의성이 있는 사람에게 적합하다.

또한 기상학 분야에 전문적인 지식을 쌓는데 필수인 물리학, 화학, 수학 등 자연과학 교과에 대한 흥미가 있어야 한다. 이상기후 등으로 인해 기상에 대한 관심이 높아짐에 따라 기상연구원의 연구 분야가 점차 넓어지고 있어 새로운 것에 대한 도전정신과 호기심, 관찰력을 가지고 있다면 더욱 유리하다.

관련 직업

\# 기상기사   \# 기상감정기사
\# 기상엔지니어   \# 기상레이더관측원
\# 기후변화컨설턴트   \# 일기예보관
\# 기상컨설턴트   \# 기상캐스터
\# 일기관측자   \# 기상직 공무원

관련 자격

기상예보기술사   기상기사   응용지질기사
측량 및 지형공간정보기사

진출 방법

기상연구원이 되기 위해서는 지구과학, 대기과학, 지구물리학, 천문학 등에 대한 지식이 필수이다. 따라서 대학교와 대학원에서 지구과학, 대기과학, 천문학 등을 전공하는 것이 좋다. 첨단 분야를 다루는 학문이기 때문에 석사 이상의 학위를 취득하는 것이 유리하다. 별도의 자격시험을 통해 선발되는 직업은 아니지만, 기상학과 관련된 전공을 이수한다면 관련 분야에 대한 지식을 전문적으로 배울 수 있어 좋다. 또한 첨단 분야를 다루는 학문이기 때문에 석사 이상의 학위를 취득하는 것이 일반적이다. 기상학 관련 학과를 졸업한 후에 공개채용이나 특별채용을 통해 국립천문대, 기상청, 기상연구소 등의 정부기관이나 방송국, 항공 및 기상 관련 회사에 진출할 수 있다.

03

기후변화전문가

📖 직업 소개

기후변화전문가는 이상기후에 대처하기 위해 국제적 제도를 마련하고 과학적으로 미래의 기후변화를 예측하고 분석하는 일을 한다. 특히 과거의 기후변화를 분석하여 태풍, 가뭄, 해수면 온도 상승 등의 이상기후 현상에 대한 대처방안에 대해 정책을 마련하고, 기후변화가 다양한 분야에 미치는 영향을 평가한다. 최근에는 환경 캠페인을 진행하며 시민의 참여를 이끄는 역할도 하고 있다. 예를 들면 기후변화의 주범인 온실가스를 줄이기 위한 방안을 연구하여 기후변화에 대응하기 위해 교육 자료를 제작하고 홍보를 진행하는 것이다.

우리나라는 이미 기후변화로 인해 폭염, 열대야, 집중호우, 해수면 상승 등 이상기후 현상들로 피해를 입고 있다. 기후변화는 인류가 반드시 극복해야 할 현상이며 기상연구와 자연재해를 줄이는 것에 대한 관심이 높아짐에 따라 기후변화전문가의 역할도 커질 것이다.

💡 적성 및 흥미 ● ● ●

기후변화는 인간의 생활뿐만이 아니라 농산물, 수산물 등 다양한 영역에 큰 영향을 줄 수 있다. 따라서 기후변화전문가는 자연에 호기심을 갖고 자연의 변화를 관찰하고 예측하는 것에 흥미가 있어야 한다. 기상, 농업, 산림, 해양 등 다양한 영역에 대한 지식을 갖추어야 하므로 관련 분야에 적성과 흥미가 있다면 더욱 좋다.

예리한 관찰력과 이상기후에 대응하기 위한 위기대처능력과 순발력이 필요하며 농학, 천문학, 해양, 기상학 분야의 연구원들과의 공동연구와 협업을 위해 의사소통능력과 대인관계능력도 필요하다. 더불어 온실가스 배출량, 기후변화 대응 등을 분석하여 예측하고 계산해야 하므로 수학과 통계도 능숙해야 한다. 또한 정확성을 요구하는 분야이므로 정확한 판단력과 꼼꼼한 성격, 치밀한 분석력을 지닌 사람에게 적합하다.

❤ 💬 ✈ 관련 직업

\# 천문·기상학연구원   \# 농학연구원

\# 수학·통계학연구원   \# 물리학연구원

\# 지질학연구원   \# 생물학연구원

\# 해양학연구원

🪪 관련 자격

기후변화전문가자격(민간)   온실가스관리기사

✈ 진출 방법

기후변화전문가가 되기 위해서는 대학에서 기상학, 대기과학, 천문학, 환경공학, 환경학 등을 전공한 후, 관련 대학원에서 석사 이상의 학력이 필요하다. 기후변화와 관련된 정부의 부서, 국책 연구소 및 민간 연구소에서 근무해야 하므로 높은 수준의 전문성을 요구하기 때문이다.

최근에는 환경부에서 기후변화 특성화 대학원을 지정하여 온실가스감축정책, 영향평가 및 적응대책, 온실가스 배출통계 등의 전문가 육성을 위해 노력하고 있다. 또한 한국에너지공단, 한국환경공단 및 환경단체에서도 기후변화 관련 교육을 실시하고 있어 기후변화와 관련된 교육이 더욱 강화될 것으로 예상된다.

물리학자

직업 소개

물리학자는 레이저, 반도체, 플라즈마, 항공, 천체물리, 핵물리 등의 분야에서 자연의 이치를 밝히고 검증하는 끝없는 여정에 도전하는 직업이다. 물리학의 연구대상은 원자보다도 작은 소립자에서 우주에 이르는 방대한 분야를 아우르고 있다. 따라서 물리학자는 연구 분야에 따라 핵물리학자, 원자물리학자, 입자물리학자, 고체물리학자, 광물리학자, 생체물리학자 등으로 구분된다.

물리학자는 과학과 공학의 가장 기초가 되는 물리학을 바탕으로, 4차 산업혁명을 가능하게 하는 핵심기술을 주도하는 사람들이다. 물리학은 자율주행 자동차, 3D프린터, 빅데이터 등 차세대 최첨단 산업의 기술개발을 선도하고 있다. 또한 정보통신기술의 반도체 및 레이저광 등 물질적 기반에서 활용되던 양자물리학의 원리가 양자컴퓨터와 양자원리 등에서 더욱 세밀하고 중요한 융합기술로 발전되는 등 첨단 과학기술 분야를 선도하는 물리학자들의 역할과 중요성은 더욱 커질 것으로 예상된다.

적성 및 흥미

✅ 관찰력
✅ 수리력
✅ 지적 호기심

물리학자는 자연현상에 대한 세밀한 관찰력과 끊임없는 호기심이 필요하다. 미지의 세계에 도전장을 내밀어 분석할 수 있는 논리력과 치밀한 수리력이 필요하고 실험실에서 오랜 시간 실험하고 분석할 수 있는 끈기와 인내심이 있어야 한다.

자연현상에 대한 직관적 판단력을 가지고, 의문점에 대해서 끝까지 파고드는 지적 호기심을 바탕으로 체계적인 조사 활동을 통해 원인과 결과를 규명하는 연구 과정을 즐길 수 있는 사람에게 적합하다.

미래사회 변화를 주도하는 직업인만큼 수학, 물리학, 화학 등의 자연과학 분야에 적성과 흥미가 있어야 하며 연구 분야의 범위가 넓고 다양한 분야와 융합할 수 있는 학문으로 발전하고 있어 창의적인 아이디어의 소유자라면 더욱 유리할 것이다.

관련 직업

\# 물리시험원   \# 물리교사
\# 원자물리학자   \# 입자물리학자
\# 생체물리학자   \# 지구물리학연구원
\# 물리표준연구원   \# 전자통신연구원
\# 광물리학자   \# 고체물리학자

관련 자격

디지털제어산업기사   반도체설계산업기사
비파괴기사   열관리기사   원자력기사
전자회로설계산업기사   에너지관리기사
방사선관리기술사   원자력발전기술사

진출 방법

물리학자가 되기 위해서는 반드시 대학에서 물리학과 관련된 학과를 졸업해야 하며, 물리학자 및 물리학연구원이 되려면 대학원에 진학하여 석사 또는 박사 학위를 취득하는 것이 유리하다.

정부출연연구소의 경우 공개 또는 특별채용을 통해, 이외에도 기업에서 운영하는 과학 및 공학 관련 연구소에 입직이 가능하다. 물리학 분야의 전문성을 인정받기 위해서는 박사학위 이상으로 자격을 원하는 경우가 많으므로 자신의 연구 분야에 맞게 관련 공부를 지속하는 것이 좋다.

빅데이터전문가

📖 직업 소개

현대인들은 인터넷, 스마트폰 등의 디지털 환경에 둘러싸여 있다. 좋아하는 연예인의 기사나 맛집을 검색하고 친구와 SNS로 소통하며 인터넷에 남기는 흔적 하나하나가 모두 데이터가 된다. 빅데이터전문가는 이렇게 생겨난 방대한 양의 빅데이터를 가공하여 새로운 가치를 만들어내는 사람들이다.

빅데이터전문가는 빅데이터를 바탕으로 사람들의 행동과 시장의 변화를 분석하는데 필요한 데이터를 수집하고 저장 및 분석하여 시각화 과정을 통해 각 해당하는 업체에 데이터를 제공한다. 이렇게 생산된 정보들은 금융·유통·제조·서비스·의료분야 등 다양한 분야에 적용되며, 기업은 빅데이터 분석 결과를 통해 생산 및 마케팅 전략을 세우거나 사기 방지, 위험관리 등 보안을 위한 자료로 활용한다.

4차 산업혁명이 도래하면서 빅데이터 기술은 전 세계적으로 주목받고 있는 핵심기술이다. AI, 가상현실, 사물인터넷 등 첨단과학 시대에 빅데이터를 통해 불확실한 환경을 제거하고 위협 요소를 예측할 수 있기 때문이다. 따라서 기업의 경쟁력 확보에 빅데이터전문가의 중요성은 확장될 것이며 고용 또한 증가할 것이다.

💡 적성 및 흥미 ● ● ●

빅데이터전문가는 통계학, 컴퓨터과학, 머신러닝 등 데이터 분석을 위한 네트워크 관련 지식과 프로그래밍 실력이 필요하다. 따라서 데이터 분석을 위한 수리논리력과 공학적 지식이 요구된다. 또한 빅데이터전문가는 데이터 분석을 통해 아이디어를 도출하고 새로운 가치를 만들어야 하므로 창의력과 추진력이 있어야 한다.

빅데이터전문가는 오랜 시간이 걸리는 분석과 정보 창출을 위한 끈기와 인내심이 요구되며, 전문성 향상을 위해 급변하는 해외 기술 및 관련 기사와 논문 등의 자료를 분석해야 하므로 외국어능력이 뒷받침된다면 더욱 좋다.

❤ 💬 ✈ 관련 직업

컴퓨터시스템설계분석가

시스템소프트웨어개발자

응용소프트웨어개발자

📇 관련 자격

데이터분석전문가　　데이터아키텍처전문가

재무위험관리사　　자산관리사　　투자분석사

사회조사분석사　　정보처리기사

✍ 진출 방법

빅데이터전문가는 높은 수준의 지식과 기술이 요구되는 분야이다. 따라서 통계학, 컴퓨터공학, 산업공학 등을 전공하는 것이 유리하다. 또한 경영 및 마케팅 분야의 경력을 통해 전문성을 향상시킬 수 있어, 경영학 분야의 CRM 자격증이나 빅데이터 관련 자격증을 취득하면 도움이 된다.

최근 각 기업체와 정부는 생산성 향상과 공공기관서비스 제공을 위해 빅데이터전문가의 고용을 늘리고 있다. 따라서 대기업의 빅데이터 관리부서 및 마케팅부서, 인터넷 포털 업체, 정보통신 시스템 업체 또는 공무원, 정부출연연구기관 등으로 진출하거나 빅데이터 관련 회사를 창업할 수 있다.

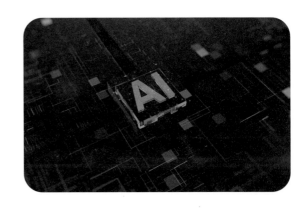

수학자

직업 소개

수학은 천문관측, 달력의 사용, 토지측정 등 인류의 문명화를 가능하게 하였고 수학의 용어로 과학의 이론들을 증명하여 과학기술의 발전을 이끌어 왔다.

수학을 연구하고 증명하는 수학자는 수학적 이론과 산술능력, 높은 수준의 컴퓨터 지식을 이용해 과학, 공학, 경제 등에서 당면해 있는 문제들을 해결한다. 인류의 삶에서 수학이 적용되지 않는 분야는 거의 없다고 하여도 과언이 아니다.

특히 4차 산업혁명이 가속화되면서 수학의 범위는 더욱 광범위하게 적용되고 있다. 영화 '겨울왕국'은 작품의 배경에서 중요한 눈의 표현을 세밀하고 현실감 있게 묘사하여 주목을 받았다. UCLA의 수학자 조셉 테란 교수가 물체의 밀도와 부피, 점성 등의 물리적 성질을 바탕으로 움직임을 만들어 내는 '나비에-스토크스 방정식' 이론을 적용한 결과물이었다. 이렇듯 수학은 공학, 경제학, 사회학뿐만 아니라 예술·문화 부분에서도 활발히 활용되고 있는 중요한 학문이다. 순수수학자 관련 일자리는 많지 않지만 AI, 핀테크, 빅데이터 산업 분야에서 활약할 수학자의 고용이 증가할 것이다.

적성 및 흥미

✓ 호기심
✓ 문제해결능력
✓ 논리력

수학자에게 가장 요구되는 자세는 호기심과 끈기이다. 수학적 원리와 현상에 대해 탐구하여 자신만의 창의적 방법으로 풀어나가는 문제해결능력과 집중력, 논리력이 필요하다. 또한 다양한 사람들과 함께 수학공식에 대한 이론과 적용에 대한 논제들을 풀어나가고 새로운 분야에 활용할 수 있는 방안을 개발해야 하므로 협업능력과 의사소통능력도 요구된다. 기본적으로 수학과 과학에 대해 흥미가 있어야 하며, 이성적 사고능력이 뛰어난 사람에게 유리하다.

수학자를 희망한다면 4차 산업혁명으로 인해 수학이 컴퓨터 공학 분야 전반에 사용되고 있으므로 빅데이터와 알고리즘, 시뮬레이션 등과 같은 관련 지식을 쌓을 것을 추천한다.

관련 직업

#수학연구원　#자연과학연구원
#순수수학자　#응용수학자　#수학교사

진출 방법

수학자로 활동하기 위해서는 수학과, 정보수학과, 응용수학과 등을 전공하여 수학적 지식과 문제해결 방법 및 새로운 이론의 증명과 응용 방법에 대한 지식을 체계적으로 배우는 것이 좋다. 수학 관련 연구원이 되기 위해서는 대학원에 석사 및 박사 학위를 취득하는 것이 일반적이다.

수학자들은 주로 공개채용이나 특별채용을 통해 대학의 교수와 수학연구원, 금융기관, 기업체의 전산실 또는 회계 업무를 담당한다. 또는 대학에서 교직을 이수하거나 교육대학원에 진학하여 중등학교 수학 교사가 되기도 한다. 최근 수학에 대한 IT 관련 분야의 중요성이 높아지고 있어 인공지능, 영상처리, 컴퓨터 그래픽 등 컴퓨터공학 분야에도 진출하고 있다.

인공위성개발원

💻 직업 소개

인공위성은 인간이 특정 목적을 달성하기 위해 인공적으로 만든 위성을 의미한다. 위성은 사용 목적에 따라 과학위성, 통신위성, 군사위성, 기상위성 등으로 구분한다. 인공위성개발원은 우주탐사, 방송, 통신, 기상예보, 지리정보, 군사 목적 등 다양한 목적을 달성하기 위한 인공위성을 연구하여 개발하고, 설계하는 일을 담당한다.

인공위성개발원은 인공위성이 제작과 조립의 과정을 거쳐 완성된 뒤에 성능 시험을 거쳐 발사하고, 인공위성이 궤도에 도달하도록 유도하여 위성으로부터 받은 탐사자료를 분석한다. 이외에도 인공위성개발의 기술변화를 분석하여 세계적 수준의 인공위성을 개발하고 성능 개선을 위해 끊임없이 연구를 수행한다.

통신과 우주탐험의 핵심 수단인 인공위성개발에 대한 국가의 투자가 대대적으로 이루어지고 있다. 최근에는 미국에서 전 세계에 '위성 인터넷망'을 구축하겠다는 계획을 발표하였다. 우리나라 역시 통신과 인공위성개발에 투자와 지원을 아끼지 않고 있어, 시공간의 제약을 넘는 인공위성 기술은 인류의 삶을 변화시키고 있는 고도의 전문적 기술로 인정받고 있기 때문에 인공위성개발원의 수요도 증가할 것이다.

❤ 〇 ◁ 관련 직업

#항공우주공학기술자 #기상연구원
#통신공학기술자 #통신기기·장비기술자

🖋 진출 방법

인공위성개발원이 되기 위해서는 우주과학과, 항공우주공학과, 재료공학과, 물리학 관련 학과를 전공해야 한다. 고도의 전문적 지식이 필요한 직업이기 때문에 관련 분야의 경력과 석사 이상의 학위가 필요하다. 공채나 특채를 통해 한국우주항공연구원, 항공기술연구소, 과학기술원 등의 연구기관에 입직이 가능하며, 이외에도 인공위성연구센터 또는 인공위성관련 부품 제작업체 등의 연구기관과 관련 사업체에 진출할 수 있다.

💡 적성 및 흥미 ● ● ●

우주와 관련된 산업은 천문학적으로 많은 예산이 들어가는 굉장히 중요하고 방대한 프로젝트를 다룬다. 따라서 인공위성개발원은 고도의 집중력과 끈기와 치밀한 분석력이 요구된다. 수학 및 과학 분야에 흥미와 재능을 바탕으로 첨단기술의 집약체인 기계와 시스템을 다룰 수 있는 문제해결능력과 논리력이 필요하다. 이외에도 물리학, 화학, 재료공학, 제어계측, 전자공학 등 자연계열과 이공계열의 융합적인 지식과 기술이 필요하다.

또한 미지의 세계를 개척하기 위해 새로운 기술을 습득하는 도전정신과 열정을 가져야 한다. 업무의 규모가 방대한 만큼 공동 작업을 하는 일이 많으므로, 원만한 대인관계능력과 의사소통능력을 가진 사람에게 적합하다.

일기예보관

직업 소개

일기예보관은 날씨를 예측하고 기상예보를 생산하는 사람이다. 레이더 영상, 위성사진 등 각종 기상관측 자료를 슈퍼컴퓨터를 통해 분석하고, 이를 바탕으로 각종 일기도와 예보자료를 작성한다. 또한 단기·중기·장기 분류에 따라 일기예보와 기상 현상에 대한 각종 주의보와 경보, 기상 전망을 발표하는 역할을 담당한다.

환경오염의 폐해로 인해 지구는 해수면 상승, 이상기후, 태풍 등 몸살을 앓고 있다. 지구온난화로 기상이변이 빈번하게 발생하여, 지구 대기의 변화에 대한 원인과 발생을 규명하고 정확한 일기 예측의 필요성이 더욱 강조되고 있어 예보관의 역할은 더욱 중요해지고 있다.

적성 및 흥미

✔ 판단력
✔ 관찰력
✔ 기계조작능력

일기예보관은 실시간 기상 예측 등 쉴 새 없이 자료 수집과 분석에 필요한 연구를 해야 하므로, 정확한 판단력과 꼼꼼한 성격의 소유자에게 적합하다. 또한 천문학, 지구대기학, 기상학 등의 자연과학과 수학에도 흥미가 있어야 한다.

예측이란 아직 나타나지 않은 현상을 헤아려 짐작하는 것이다. 따라서 일기예보관은 기상 예측에 대한 두려움에서 벗어나 새로운 것을 향한 탐구정신과 호기심, 창의성, 관찰력을 가지고 있어야 한다. 기상 예측을 위해서는 첨단 장비를 원활하게 운용하고 활용할 수 있는 기계조작능력도 요구된다. 더불어 12시간씩 근무를 해야 하는 육체적으로 고된 직업이므로 강인한 체력과 직업에 대한 사명감이 뒷받침되어야 한다.

최종적으로 일기예보관은 전 국민을 대상으로 일기를 예보하는 일을 담당하므로 돌발 상황에 대처할 수 있는 순발력과 의사소통능력, 외부에 흔들리지 않는 강한 정신력의 소유자라면 더욱 유리하다.

관련 직업

기상관측요원   # 기상연구원
기상예보관   # 기후변화전문가
대기환경기술자   # 대기환경연구원

관련 자격

기상예보기술사   기상기사

진출 방법

일기예보관이 되기 위해서는 대학교의 기상학, 대기과학, 천문학 관련 학과를 졸업하는 것이 유리하다. 공개채용이나 특별채용을 통해 기상청, 기상연구소 등 연구기관이나 방송국의 일기예보 담당 부서로 진출할 수 있다. 기상직 공무원 특별채용 9급의 경우에는 학사학위와 기상기사 자격이 요구되며, 석사학위 소지자는 8급, 3년 이상의 경력이 있다면 5-7급도 지원할 수 있다. 또한 기상청에 있는 기상 연수원에서 기상 업무에 대한 실무 교육 및 훈련 연수를 받을 수 있다. 일기예보관 업무의 집중도와 중요성은 높아지고 있으나, 이에 비해 아직 일자리는 많지 않아 경쟁이 치열한 편이다.

천문학연구원

📖 직업 소개

인류는 선사시대부터 별의 움직임을 관찰하였고, 밤하늘의 수많은 천체를 연구하는 학문인 천문학은 자연과학 중 가장 오랜 역사를 가지고 있다. 천문학연구원은 천체를 관측하여 천체의 구조와 소멸 및 생성 등의 진화과정을 연구한다.

세부 분야로는 우주의 기원과 구조를 연구하는 우주론, 천체운동을 연구하는 천체역학, 천체의 움직임과 현상을 물리학적으로 규명하는 천체물리, 관측기기를 연구하는 관측기기학 등이 있다. 천체물리학자는 광학망원경과 전파망원경 등을 이용하여 천체의 현상을 연구하는데, 지구로부터 멀리 떨어진 은하 관측을 위해 필요한 관측기구나 위성추적 시스템 등을 개발하기도 한다.

우주의 생성과 원리, 진화과정을 연구하는 천문학연구원이 진출할 수 있는 분야는 다른 자연과학 분야에 대비하여 대학이나 한국천문연구원 등으로 한정되어 있는 것은 사실이다. 그러나 지구를 대신하여 인류의 삶을 이어갈 화성에 대한 연구가 활발히 진행되고 있고, 천문학의 연구 분야도 기계공학과 항공우주과학 분야 등으로 확대되고 있는 추세이다.

💡 적성 및 흥미 ● ● ●

천문학연구원은 수학과 물리학 및 천문학적 지식이 필수이다. 새로운 것을 탐구하는 호기심과 창의성, 관찰력을 바탕으로 별자리의 위치를 파악하기 위한 공간지각능력을 갖추어야 한다. 또한 대부분의 전공 저서와 지식들이 영어로 되어있어 외국어능력이 필요하며, 큰 숫자를 다루고 데이터를 분석하는 천문학연구원은 프로그래밍 등의 컴퓨터운영능력이 요구된다.

우주를 연구하는 것은 인간의 한계를 넘는 도전이며 즉각적으로 결과가 나오지 않고 장비를 통해 관측하고 끊임없이 원인을 규명해야 하는 긴 시간이 필요한 과정이다. 따라서 천문학연구원은 미지의 영역인 우주를 탐구하기 위한 호기심과 치밀한 분석력, 그리고 인내심과 끈기가 뒷받침되어야 한다.

♥ 💬 ✈ 관련 직업

(# 천문학자) (# 대기학자)

✈ 진출 방법

천문학연구원이 되기 위해서는 대학에서 천문학, 우주과학, 천체물리학, 지구과학 등을 전공한 후 대학원에 진학하여 천문학 관련 분야의 석사 또는 박사 학위를 취득하는 것이 유리하다. 특히 연구원의 경우 박사 학위 이상으로 지원자를 제한하는 경우가 대부분이어서 박사 학위 취득 후에도 박사 후 과정(post doctor)이 필요하다.

연구원이 되기 위해서는 관련 분야의 연구 경험과 경력이 중요하므로, 석사과정 중에 다양한 연구 프로젝트에 참여하거나 연구원에서 연구보조원 또는 인턴 연구원으로 근무한 경력이 필요하다. 공개채용이나 특별채용을 통해 한국천문연구원, 천문대, 기상관측소, 전자통신연구소, 시스템공학연구소, 항공우주연구소 등에 진출할 수 있다.

통계학자

직업 소개

통계학은 자료를 수집·정리·요약하여 필요한 정보를 계산하는 기술통계학과, 표본에서 도출한 정보를 활용하여 모집단에 대한 정보를 예측하는 데 필요한 이론과 방법을 제시하는 추론통계학으로 이루어진다.

따라서 통계학자는 사회·문화·정치·경제 및 자연현상 등에서 도출한 자료를 과학적 방법으로 분석하고 추론하여 수학 이론을 바탕으로 통계자료를 만드는 일을 수행한다. 이러한 통계자료는 현상 분석으로 현재 상황에서 최상의 의사결정을 가능하게 하고, 미래를 예측하는 데 도움이 되는 정보로 가공된다. 통계학자는 수학적 이론과 방법에 대한 연구를 수행하여 오차범위를 줄일 수 있는 통계학적 방법을 연구하고, 통계 결과에 대한 해석을 바탕으로 실무에 적용할 수 있는 시스템을 구축한다. 팬데믹으로 인한 코로나19 실시간 현황 정보 공유 등으로 통계는 미래의 사태에 대비하고 예측할 수 있는 과학적 자료임이 증명되었다. 또한 복잡한 사회 전반에 걸친 현상들을 수량적으로 요약정리하여 합리적 의사결정을 내릴 수 있도록 하는 통계학자의 역할은 4차 산업혁명의 도래와 함께 더욱 강조되고 있다.

진출 방법

통계학자가 되기 위해서는 수학 및 통계학과를 전공해야 유리하다. 체계적인 교육을 통해 수학 및 전산 과목, 수리 통계학, 응용 통계학 등 전문 지식을 쌓을 수 있기 때문이다. 통계학자는 주로 통계청과 같은 정부기관 또는 언론기관, 여론조사기관, 기업의 마케팅 부서에 진출할 수 있으며, 연구직의 경우 일반적으로 석사 이상의 학위를 요구한다.

관련 자격

정보처리기능사   정보처리산업기사

기사정보처리기사   사회조사분석사1급

관련 직업

통계학연구원   # 분석통계학자

빅데이터전문가   # 사회통계학자

인구통계학자   # 자연과학통계학자

적성 및 흥미

✅ 수리능력   ✅ 컴퓨터활용능력   ✅ 논리적 사고

통계학자는 수학 분야에 자질이 있어야 한다. 수학 공식을 이해하고 실제 생활에 응용할 수 있는 적응력과 수리능력이 요구된다. 또한 응용통계프로그램을 다루고 각종 통계방법을 프로그래밍 할 수 있는 컴퓨터활용능력도 필요하다.

다양한 현상들을 관찰하고 치밀하게 파고드는 분석능력과 꼼꼼한 성향의 소유자에게 유리하다. 나아가 새로운 것에 대한 탐구 정신과 호기심 및 논리적 사고를 바탕으로 복잡한 사회 전반에 걸친 현상들을 새로운 방법으로 해결할 수 있는 도전정신과 문제해결능력이 있으면 더욱 좋다.

통계학자는 일반적으로 과학자, 공학자, 경제학자 등 여러 분야의 전문가들과 함께 업무를 수행하는 경우가 많다. 따라서 합리적 사고를 할 수 있는 논리적 분석능력과 원활한 의사소통능력 및 협업능력이 있어야 한다.

해양수산기술자

💻 직업 소개

해양수산기술자는 담당하는 업무에 따라 해양기술자와 수산기술자로 구분한다. 해양기술자는 해양 관련 기술과 정책 관련 연구를 수행하며, 수산기술자는 수산자원의 관리와 증식 및 양식, 수산물의 생산과 가공 등에 관련된 연구와 기술개발 업무 등을 담당한다. 세부적으로는 해산어류의 생태를 파악하고, 품질과 생산성을 높이기 위해 각종 양식 기법을 개발하기 위한 연구를 수행한다. 어획통계, 어장환경 등의 자료를 수집하여 수산정책의 기초가 되는 정보를 제공하고, 어민들에 대한 기술지도와 어업 경영지도 업무를 담당한다.

현재 해양수산기술자 인력을 채용하는 규모는 크지 않지만, 바다의 경제적 가치를 인정받고 있고 해양산업이 급속도로 발전하면서 해양관련 직업의 입직과 채용에도 긍정적인 영향을 주고 있다.

💡 적성 및 흥미　● ● ●

해양수산기술자는 바다 생명체 및 생명현상을 연구하는 직업이므로 생물학, 지질학 등 자연과학에 대한 지식과 흥미가 필요하다. 지구의 70%를 차지하는 바다는 그 영역이 넓고, 예기치 못한 사건과 사고가 발생할 수 있어 각종 문제해결을 위한 논리적 사고와 순발력, 위기대처능력이 요구된다.

바다 환경 탐사 및 자료 수집을 위해 업무의 많은 시간이 배에서 이루어지기 때문에 강인한 체력과 인내심, 그리고 세밀한 관찰력의 소유자이어야 한다. 더불어 업무상 어업에 종사하는 주민들에게 정보를 제공하거나 해양 관련 다양한 분야의 사람들과 협업해야 하는 일이 많으므로 리더십과 사회성을 고루 갖추어야 한다.

❤ 💬 ✈ 관련 직업

해양물리기술자 　 # 해양화학기술자
해양생물기술자 　 # 해양지질기술자
해양자원개발기술자 　 # 수산기술자
수산물검사원 　 # 수산물판매원
수산생물병리연구원 　 # 수산학연구원
수산물도매원 　 # 수산물채취원

📇 관련 자격

수산양식기술사 및 기사　　수산양식산업기사

수산양식기능사　　수산제조기술사 및 기사

수산제조산업기사　　어업생산관리기사

어로기술사 및 기능사　　해양기술사

해양생산관리기사

✒ 진출 방법

해양수산기술자가 되기 위해서는 전문대학이나 대학교의 관련 학과를 졸업하는 것이 유리하다. 해양기술 분야는 해양물리학과, 해양화학과, 해양지질학과, 해양생물학과, 해양환경공학과, 해양개발공학과 등이 있다. 또한 수산 기술 분야는 수산양식학과, 수산생명의학과, 해양생산학과 및 생물학과 등이 포함된다. 해양과 수산 관련 연구 업무를 담당하는 경우에는 석사 이상의 학위를 요구하는 경우가 많다.

해양수산기술자는 주로 해양기술 연구, 수산기술 연구, 해양수산정책 연구 분야로 공채나 특채를 통해 해양 및 자원개발업체 및 관련 연구기관으로 진출할 수 있다. 해양수산부 공무원으로 입직할 경우에는 분야별 국가 기술 자격증 소지자 및 관련 분야의 경력자를 대상으로 채용하는 것이 일반적이다.

해양연구원

직업 소개

해양학은 바다의 자연현상을 분석하고, 바다에 사는 생명체와 광물 자원 등의 영역을 모두 포함한 복합적인 학문이다. 따라서 해양연구원의 연구 분야는 금, 은, 구리, 납 등의 광물을 조사하는 심해저자원탐사 및 해양심층수탐사, 바다 밑 분출구 주변의 생물을 연구하는 열수구해양생물탐사, 풍력 및 조력 등 해양에너지를 연구하는 자연현상탐사 등으로 구분할 수 있다.

해양연구원은 해당하는 분야의 연구자료를 바탕으로 미세플라스틱 오염 및 고수온 현상 등의 기후변화와 해양환경 변화, 반도체 등의 첨단사업 분야의 핵심 원료인 희토류, 미생물을 통한 수소에너지 등 해양 바이오 및 해양자원을 개발한다. 나아가 해수전지, 수중건설 로봇 개발과 같은 해양 공학기술을 통해 첨단장비를 개발하고, 해양 안전 방제 및 해양 운송 시스템 등 해양 전반에 걸친 과학기술과 정책 개발에 대한 연구를 진행한다.

삼면이 바다인 우리나라는 인간의 손길이 닿지 않는 미지의 영역인 바다의 자원 확보와 가능성을 인지하여, 국가가 정책지원을 통해 많은 예산을 투입하고 있다. 따라서 현재는 해양연구원에 대한 일자리가 많은 것은 아니지만, 자원이 한정된 육지를 벗어나 바다를 연구하는 해양연구원에 대한 고용은 증가할 것이다.

진출 방법

해양연구원이 되기 위해서는 지구해양과학과, 해양학과, 해양공학과, 해양시스템학과, 해양자원학과 등 관련 학과를 전공해야 한다. 또한 대학원에 진학하여 해양학 분야의 석사 또는 박사 학위를 취득하는 것이 일반적이지만 채용 시 박사 학위 이상으로 지원자를 제한하는 경우도 많다.

해양연구원은 공개채용과 특별채용을 통해 기상청, 국토해양부, 환경부, 수산해양직 등 공공기관에 입직하거나 해양과학기술원, 한국해양연구원, 국립기상과학원, 극지연구소, 한국지질자원연구원, 국립수산과학원 등의 연구기관에 진출하고 있다.

관련 직업

\# 해양학자   \# 해양공학기술자

\# 해양수산기술자   \# 해양생물학자

\# 해양바이오에너지연구원

\# 해양환경연구원   \# 해양환경기사

적성 및 흥미

✔ 분석력   ✔ 협업능력   ✔ 체력

해양학은 물리학, 생물학, 지질학, 화학, 수학 등이 결합한 융복합적 학문으로 과학과 수학에 흥미가 있어야 한다. 융합과학인 만큼 각 분야의 전문가들과 팀을 이루어 연구하는 일이 많으므로 협업능력도 필요하다.

새로운 개척 분야에 대한 도전정신과 호기심, 열정을 바탕으로 해양탐사 및 자료 수집을 위해서 연구의 대부분을 배에서 보내는 시간이 많으므로 강한 체력과 인내심이 요구된다. 또한 해양학연구원은 바다 생명체 및 생명현상, 환경에 대한 세심한 관찰력과 분석력을 바탕으로 새로운 연구를 시도하기 때문에 창의적 아이디어와 논리력, 문제해결력이 있어야 유리하다.

대기과학과

지구와 타 행성의 대기에서 일어나는 현상과 일기 현상의 이해, 지구온난화와 같은 기상이변의 발생과 기후변화의 문제, 대기 현상과 대기 환경 문제에 대해 연구하는 학과이다.

기후변화, 미세먼지, 자연재해 등의 지구환경문제는 자연과 인간의 공존과 조화로운 삶을 위해 전 지구적으로 해결해야 할 문제이다. 대기과학은 미래의 대기 상태를 예측하여 기후변화, 대기오염 등과 같은 환경변화를 분석하고 예측하는 첨단학문 분야라고 할 수 있다. 최근 대기오염은 지구의 생존을 위협할 만큼 심각한 상태에 놓여 있다. 대기환경과 관련된 문제들은 지구온난화를 포함하여 인류가 해결해야 할 시급한 당면 과제이기 때문에 대기과학에 관한 연구의 필요성은 높아지고 있다.

개설 대학

공주대학교, 연세대학교 등

관련 학과

대기환경과학과　지구환경과학부

천문대기과학과　환경대기과학과

졸업 후 진출 분야 및 직업

✏ 진출 분야

기상청, 수자원공사, 공군, 국립기상과학원, 국립환경과학원, 국방과학연구소, 한국기상산업기술원, 한국환경산업기술원, 국가기상위성센터, 한국항공우주연구원, 방송국, 항공사 등

✏ 진출 직업

천문 및 기상연구원, 환경공학기술자, 대기환경기술자, 운항관리사, 항공우주공학자, 인공위성개발원, 온실가스관리컨설턴트, 기상캐스터, 기후변화전문가, 기상컨설턴트, 환경컨설턴트, 기상직공무원, 환경직공무원 등

고등학교 권장 선택과목 로드맵

교과 영역	선택과목	
	일반선택	진로선택
기초	미적분, 확률과 통계	기하, 수학과제 탐구
탐구	한국지리, 세계지리, 물리학I, 화학I, 생명과학I, 지구과학I	물리학II, 화학II, 생명과학II, 지구과학II, 융합과학
체육·예술		
생활·교양	정보, 환경	해양문화와 기술

물리학과

자연계에서 일어나는 모든 현상의 법칙을 연구하는 학문이다. 자연현상의 기초를 이루고 있는 물질의 근본적인 상호작용의 원리를 과학적으로 증명한다.

자연의 법칙을 정량화하여 과학의 언어로 풀어내는 물리학은 자연과학과 공학 등 모든 학문의 기초를 제공하여 인류 문명의 비약적인 발전을 가능하게 하였다. 물리학과는 물리적 현상을 과학적으로 규명하고, 응용기술과의 융합으로 생명공학, 전자공학, 기계공학 등 첨단 과학기술 산업의 모든 분야에 적용하는 역할을 담당한다. 또한 입자물리학, 핵물리학, 통계물리학, 나노물리학 등의 연구로 과학기술 혁신을 선도하고 있다. 물리학은 반도체, 정보통신, 광기술, 우주기술 등 순수과학의 범위를 넘어 미래 사회의 변화를 주도하는 핵심 분야라고 할 수 있다.

졸업 후 진출 분야 및 직업

✎ 진출 분야

과학기술정보통신부, 과학기술정책연구원, 한국광기술원, 한국수력원자력, 한국과학기술원, 한국표준과학연구원, 국방과학연구소, 한국과학기술원, 기초과학 관련 공공기관, 전기·반도체·신소재·광학·재료·방사선·원자력 등 관련 기업체 등

✎ 진출 직업

물리학연구원, 과학실험원, 특허기술전문가, ICT 관련 종사자, 과학PD, 교사, 대학 교수 등

📖 개설 대학

가톨릭대학교, 건국대학교, 경희대학교, 고려대학교, 단국대학교, 부산대학교, 서울시립대학교, 성균관대학교, 숭실대학교, 아주대학교, 연세대학교, 인하대학교, 중앙대학교, 한양대학교 등

📋 관련 학과

에너지과학과 | 물리교육전공 | 물리교육과
기초과학부(물리학전공) | 응용물리전공
디스플레이·반도체물리학부 | 전자물리학과
물리천문학과 | 나노전자물리학과
디스플레이융합전공 | 신소재물리학과
응용물리학과 | 전자바이오물리학과
지구물리학과 | 응용물리전자학과

고등학교 권장 선택과목 로드맵

교과 영역	선택과목	
	일반선택	진로선택
기초	미적분, 확률과 통계	기하, 경제 수학, 수학과제 탐구
탐구	물리학I, 화학I, 생명과학I, 지구과학I	물리학II, 화학II, 지구과학II, 융합과학, 생활과 과학
체육·예술		
생활·교양	정보, 논리학, 환경	해양문화와 기술

수학과

수학은 자연현상과 사회현상을 분석하고, 그 본질과 인과관계를 규명하는 학문이다.

수학의 영역은 크게 순수 기초수학과 응용수학으로 구분할 수 있다. 수학과에서는 수의 성질과 관계를 연구하는 대수학, 자연현상을 규명하는 미분과 적분의 개념을 규명하고, 다양한 함수의 성질을 연구하는 해석학, 공간의 구조와 대칭성, 곡률과 불변량, 공간 속의 운동 등을 연구하는 기하학 등의 순수수학 분야를 연구한다. 또한 컴퓨터와 최첨단기술, 생명공학 등의 발전으로 자연과학, 공학, 경제학, 금융수학 등 다양한 분야에 적용되는 응용수학을 연구한다. 수학과에서는 급변하는 과학사회를 주도하고 복합적인 현대 기술사회의 문제들을 수학적 사고방법으로 해결할 수 있는 전문적 지식과 창의적 사고능력을 갖춘 수학인 양성을 목표로 한다.

졸업 후 진출 분야 및 직업

✏ 진출 분야

국가수리과학연구소, 한국기초과학지원연구원, 기초 과학연구원, 수학·기초 과학관련 공공기관 및 연구소, 보험회사, 증권회사, 은행, 정보통신기술업체, 정보처리업체, 기업체의 전산·통계실, 중등학교, 대학교 등

✏ 진출 직업

금융자산운용가, 보험관리자, 보험사무원, 수학과 교수, 수학교사, 인공위성개발원, 자연과학시험원, 회계사, 교사, 대학 교수, 수학 관련 연구소 연구원 등

개설 대학

가천대학교, 가톨릭대학교, 강원대학교, 건국대학교, 경북대학교, 경희대학교, 고려대학교, 국민대학교, 동국대학교, 부산대학교, 서강대학교, 서울시립대학교, 성균관대학교, 숭실대학교, 아주대학교, 연세대학교, 영남대학교, 울산대학교, 이화여자대학교, 인천대학교, 인하대학교, 전남대학교, 전북대학교, 제주대학교, 조선대학교, 중앙대학교, 충남대학교, 한국외국어대학교, 한양대학교 등

관련 학과

수리응용통계학부	수학정보통계학부
수학전공	수학통계학부	금융수학과
빅데이터·응용통계학전공	수리과학부
수리정보학부	수리빅데이터학부(수학전공)
응용수학과	정보통계학과	통계학과
수학교육과	정보보안암호수학과
정보통계·보험수리학과	컴퓨터응용수학부

고등학교 권장 선택과목 로드맵

교과 영역	선택과목	
	일반선택	진로선택
기초	미적분, 확률과 통계	기하, 수학과제 탐구, 경제 수학, 실용 수학
탐구	경제, 세계지리, 물리학I	물리학II, 과학사
체육·예술		
생활·교양		

우주과학과

우주과학은 천체 및 우주에 대해 과학적으로 탐사하고 연구하는 학문이다. 현대 천문학에서부터 인공위성과 우주선의 활용에 이르는 기초 및 응용학문을 학습한다.

최근 정부의 우주개발 계획(2020~2022년)이 확정되어 과학위성, 통신위성 및 기상위성을 발사할 계획이다. 따라서 지속적인 우주개발을 위해 국제적인 경쟁력을 갖춘 우주과학 연구시스템과 전문 인력의 양성과 위성 운용에 필요한 우주 환경 관련 연구는 반드시 병행되어야 하며, 이는 곧 관련 학과를 전공한 전문 연구원의 일자리 수요도 증가함을 의미할 것이다. 우주과학은 천체 및 우주에 대해 과학적으로 탐사하고 연구하는 학문이다. 현대 천문학에서부터 인공위성과 우주선의 활용에 이르는 기초 및 응용학문을 학습한다.

개설 대학

경희대학교 등

관련 학과

물리·천문우주과학부 천문우주과학과

졸업 후 진출 분야 및 직업

✏ 진출 분야

한국천문연구원, 한국항공우주연구원, 한국전자통신연구원 외 항공·우주관련 공공기관 및 연구소, 천문우주분야 기업체, 항공사, IT 관련 회사 등

✏ 진출 직업

관제사, 이공학계열교수, 인공위성개발원, 자연과학연구원, 항공우주공학기술자 등

고등학교 권장 선택과목 로드맵

교과 영역	선택과목	
	일반선택	진로선택
기초	미적분, 확률과 통계	기하, 경제 수학, 수학과제 탐구
탐구	한국지리, 세계지리, 물리학I, 화학I, 생명과학I, 지구과학I	물리학II, 화학II, 생명과학II, 지구과학II, 융합과학, 과학사, 생활과 과학
체육·예술		
생활·교양	정보, 환경	

정보통계학과

정보통계학은 사회, 과학, 경제, 문화 등 사회의 각 분야에서 발생하는 현상과 정보를 수집하여 과학적 분석을 통해 유용한 정보로 도출하는 학문이다.

정보화 사회에 요구되는 정보 수집과 처리, 정보 분석능력을 배양하여 급변하는 사회 변화에 능동적으로 대처할 수 있는 첨단 컴퓨터운용능력, 수리 통계학적 지식 및 통계 분석·처리에 대한 체계적인 교육과정을 제공한다. 이러한 교육을 통해 통계적 문제해결능력과 융합적 사고 능력을 갖추어 데이터 중심으로 변화하는 사회에 대응하여 유용한 통계정보를 제공하고, 국가 통계 발전을 선도하는 전문 인재 양성 배출을 목표로 한다.

졸업 후 진출 분야 및 직업

🖊 진출 분야

통계청, 지역교통공사, 국방부, 질병관리본부, 국민건강보험공단, 국민연금공단, 한국철도공사, 한국산업인력공단, 통계 관련 연구소, 금융 기관, 여론조사기관, 마케팅 관련 업체, 신용정보회사, 각 기업의 통계 관련 부서 등

🖊 진출 직업

경영기획사무원, 보험관리사, 수학 및 통계 연구원, 시장 및 여론조사 전문가, 자료분석전문가, 통계사무원, 통계직공무원 등

📖 개설 대학

강릉원주대학교, 경상대학교, 단국대학교, 동덕여자대학교, 안동대학교, 충남대학교, 충북대학교 등

📋 관련 학과

응용통계전공	응용통계학	전산통계학과
경제통계학부	국가통계전공	
금융정보통계학과	데이터경영학과	
데이터과학부	물류통계정보학과	
빅데이터사이언스전공	빅데이터전공	
수학응용통계학부	수학통계학부	

📒 고등학교 권장 선택과목 로드맵

교과 영역	선택과목	
	일반선택	진로선택
기초	미적분, 확률과 통계	기하, 경제 수학, 실용 수학, 수학과제 탐구
탐구	경제, 정치와 법, 사회문화, 물리학I, 화학I, 생명과학I	사회문제탐구, 융합과학
체육·예술		
생활·교양	정보, 심리학, 논술, 실용경제	

지구물리학과

대기, 해양, 지질에 대한 지구의 물리적 현상의 기본 원리와 응용기술을 연구한다.

에너지 자원, 전략 광물자원, 지하자원 및 환경 분야 등 다양한 학문 분야의 융합으로 순수 학문적 가치뿐만 아니라 자원, 토목, 환경 관련 사업에서의 활용 가치가 매우 크다. 현재 지구는 기후변화, 자원고갈, 환경훼손, 자연재해 등의 전 지구적 문제에 직면해 있다. 지구물리학과는 에너지 고갈에 대비한 자원 확보와 환경문제를 극복하는 지구물리학 분야를 선도할 전문 인력 양성을 교육목표로 하는 지속가능한 지구 환경을 유지하기 위한 핵심 학과라고 할 수 있다.

졸업 후 진출 분야 및 직업

진출 분야

국립공원관리공단, 국방부, 극지연구소, 기상청, 한국가스공사, 한국건설기술연구원, 한국광물자원공사, 한국광해관리공단, 한국농어촌공사, 한국도로공사, 한국석유공사, 한국수자원공사, 한국시설안전관리공단, 한국전력, 한국지질연구원, 한국해양연구원, 환경청, 지구환경 관련 회사, 지질 분야 및 건설 관련 회사, 기업체의 환경 관련 부서 등

진출 직업

감정평가사, 건축 및 토목캐드원, 공무원(지적직/환경직), 기상캐스터, 과학커뮤니케이터, 도시재생전문가, 사진측량분석가, 에너지공학기술자, 온실가스관리컨설턴트, 과학전문잡지기자, 지능형교통시스템연구원, 지도제작기술자, 지리정보기술자, 환경영향평가원, 지질학연구원 등

개설 대학

강원대학교 등

관련 학과

지구시스템과학부(지질학전공)   지질·지구물리학부

지구시스템과학부(천문대기과학전공)

지구환경과학과   지구자원시스템공학과

지구환경과학부(지질환경전공)   지질환경과학과

과학교육학부(지구과학교육전공)

지질학과   지구환경시스템공학과

지구시스템과학부(해양학전공)

고등학교 권장 선택과목 로드맵

교과 영역	선택과목	
	일반선택	진로선택
기초	미적분, 확률과 통계	기하, 수학과제 탐구
탐구	한국지리, 세계지리, 물리학I, 화학I, 생명과학I, 지구과학I	물리학II, 화학II, 생명과학II, 지구과학II, 융합과학, 과학사, 생활과 과학
체육·예술		
생활·교양	환경	공학일반, 해양 문화와 기술

지구해양과학과

해양생물, 해양지질, 대기과학, 해양순환과 기후변화, 해양생지화학 분야에서 지구 환경을 둘러싼 환경문제와 자연현상을 규명하고, 파생되는 문제점을 극복하기 위한 연구를 수행하는 학과이다.

우리나라 해양환경에 대한 이해를 바탕으로 해양과학기술과 해양산업의 발전에 기여하는 해양·수산 분야의 전문 인력 양성을 교육목표로 한다. 해양 및 지구의 생물권, 대기권, 암석권에서 일어나는 자연현상의 원리를 분석하기 위해 사용되는 각종 첨단 탐사 장비 활용에 대한 운용법을 습득하여 해양의 지속가능한 발전에 기여하는 인재를 배출할 수 있도록 첨단 과학기술을 접목하여 교육하고 있다.

개설 대학

제주대학교 등

관련 학과

지구해양과학과   해양과학부(자연계열)

졸업 후 진출 분야 및 직업

✎ 진출 분야

국립기상과학원, 극지연구소, 기상청, 농림수산식품부, 해양수산부, 환경부, 정부 및 지방자치단체 해양관련 공무원, 한국수산자원관리공단, 해양수산과학기술진흥원, 선박안전기술공단, 보건환경연구원, 한국지질자원연구원, 한국해양과학기술원, 한국해양수산연구원, 국립해양조사원, 지질 및 해양조사 전문회사, 환경영향 평가회사, 수산양식 업체, 자원개발회사 등 해양 관련 회사

✎ 진출 직업

기상연구원, 기후변화전문가, 박물관 및 아쿠아리움 큐레이터, 생물정보분석사, 자연과학시험원, 자연과학연구원, 지질공원해설사, 해양공학기술자, 해양수산기술자, 해양에너지기술자, 해양학연구원, 해양환경기사, 환경 및 해양과학연구원 등

고등학교 권장 선택과목 로드맵

교과 영역	선택과목	
	일반선택	진로선택
기초	미적분, 확률과 통계	기하, 수학과제 탐구
탐구	한국지리, 세계지리, 물리학I, 화학I, 생명과학I, 지구과학I	물리학II, 화학II, 생명과학II, 지구과학II, 융합과학, 생활과 과학
체육·예술		
생활·교양	정보, 환경	해양문화와 기술

지구환경과학과

지구환경에 대한 연구와 보호를 위해 지구의 구성물질을 연구하는 순수지질분야와 지구의 변화 과정과 미래 환경변화를 예측하는 응용지질 및 환경과학 분야를 포함하는 학과이다.

지구대기의 물리·화학적 원리를 탐구하는 대기과학, 지구 물질의 생성과 순환(암석학, 광물학, 퇴적학) 및 해양 구성물질의 물리적 순환과 자원을 이해하는 해양학, 지구 환경의 보존 및 복원 등 지구와 지구를 둘러싼 환경을 아우르는 연구를 수행한다. 지구의 환경오염이 가속화됨에 따라 지구 및 환경과학 분야의 역할이 더욱 커지고 있어 관련 전공 분야와 일자리 수요도 증가하고 있다. 지질학을 기반으로 한 암석권, 수권, 기권에서 일어나는 현상과 상호작용을 이해하고, 지구환경과학 분야의 이론과 실무 능력을 겸비한 지구 환경 보존과 발전에 기여할 전문 인력을 양성하는 데 교육목표가 있다.

졸업 후 진출 분야 및 직업

진출 분야
국립기상과학원, 국립환경과학원, 한국가스공사, 한국광물자원공사, 한국석유공사, 한국지역난방공사, 한국환경공단, 한국나노기술원, 한국과학기술원, 한국과학기술연구원, 한국에너지기술연구원, 한국원자력연구원, 한국전기연구원, 한국지질자원연구원, 한국해양과학기술원, 환경정책평가연구원 등

진출 직업
기상연구원, 기후변화전문가, 도시계획 및 설계사, 교통계획 및 설계사, 에너지공학기술자, 생물정보분석사, 자연과학시험원, 자연과학연구원, 지리정보시스템전문가, 지질공원해설사, 측량 및 지리정보기술사 등

개설 대학
고려대학교, 부경대학교, 안동대학교, 전북대학교, 충북대학교 등

관련 학과
지구환경과학부 | 지구시스템과학과
지구해양과학과 | 지질·지구물리학부
지질과학과 | 지질환경과학과
지구환경학전공 | 대기과학과
대기환경과학과

고등학교 권장 선택과목 로드맵

교과 영역	선택과목	
	일반선택	진로선택
기초	미적분, 확률과 통계	기하, 수학과제 탐구
탐구	한국지리, 세계지리, 물리학I, 화학I, 생명과학I, 지구과학I	물리학II, 화학II, 생명과학II, 지구과학II, 융합과학, 생활과 과학
체육·예술		
생활·교양	정보, 환경	공학일반, 해양 문화와 기술

천문우주과학과

우주의 자연현상을 이해하고 우주의 생성과 진화를 다루는 우주론과 천체의 본질과 소멸, 진화 등을 연구하는 천체물리학 및 천체의 위치를 측정하는 위치천문학 그리고 천체의 운동을 다루는 천체역학을 탐구하는 학과이다.

천문학은 자연과학 가운데 가장 일찍 시작된 학문으로 물리학 탄생의 전통적인 기틀을 마련하였다. 이러한 천문학은 현재 첨단기술의 발달로 인공위성, 로켓, 우주 탐사선을 연구하는 우주과학의 발달로 이어지고 있다. 세계 각국은 인공위성 발사, 우주 관측, 우주기상 기술 등 천문우주 분야에 많은 재원을 투자하고 있다. 따라서 천문우주과학과는 우주 시대를 선도할 과학인재 양성을 교육목표로 하여, 은하 형성과 진화의 원리를 규명하고 천문광학 및 인공위성 등 최첨단 과학 시대에 맞는 교육과정을 제공한다.

졸업 후 진출 분야 및 직업

진출 분야

국립기상과학원, 국립환경과학원, 기상청, 한국기상산업기술원, 한국수자원공사, 한국환경연구원, 각 지역 국립과학관, 한국천문연구원, 한국항공우주연구원, 한국표준과학연구원, 국립청소년우주센터, 국가기상위성센터, 극지연구소, 한국원자력연구원, 한국항공우주연구원, 한국해양과학기술원, 국립기상과학원, 인공위성 관련 연구소 등

진출 직업

기후변화전문가, 온실가스인증심사원, 전자통신연구원, 항공우주연구원, 환경공학기술자 등

개설 대학

연세대학교, 충남대학교, 충북대학교 등

관련 학과

물리천문학과 대기환경과학과
우주과학과 천문우주학과 대기과학과

고등학교 권장 선택과목 로드맵

교과 영역	선택과목	
	일반선택	진로선택
기초	미적분, 확률과 통계	기하, 경제 수학, 수학과제 탐구
탐구	한국지리, 세계지리, 물리학I, 화학I, 생명과학I, 지구과학I	물리학II, 화학II, 생명과학II, 지구과학II, 과학사, 융합과학, 생활과 과학
체육·예술		
생활·교양	정보, 환경	

통계학과

수학을 바탕으로 통계 이론을 연구하는 이론통계 분야와 통계기법을 사회 전반에 걸쳐 응용하는 응용통계 분야, 데이터 처리를 위한 소프트웨어를 개발·분석하는 전산통계 분야를 다루는 학과이다.

AI와 빅데이터가 핵심인 4차 산업혁명에서 통계적 사고와 자료 분석을 통한 데이터 과학으로서 최근 통계학 특히 빅데이터의 중요성은 점차 강조되고 있다. 이에 따라 IT, 공공기관, 은행권, 마케팅 등 거의 모든 분야에서 활용되고 있어 일자리 수요도 꾸준히 증가하고 있다. 통계학과는 데이터 과학 시대를 이끄는 수리적 사고와 계산능력, 창의적 데이터베이스를 겸비한 국제적 수준의 통계전문가 양성을 교육목표로 한다.

졸업 후 진출 분야 및 직업

✎ 진출 분야

통계청, 고용노동부, 금융감독원, 농림축산식품부, 서울교통공사, 한국수출보험공사, 한국철도공사, 한국산업인력공단, 질병관리본부, 한국전력공사, 국방부, 통계 관련 연구소, 여론 및 마케팅 조사업체, 언론사, 신용정보회사, 기업체의 고객정보 관련 부서, 기업체의 품질관리 담당 부서, 회계법인 등

✎ 진출 직업

빅데이터전문가, 경영기획사무원, 보험관리자, 보험사무원, 보험인수심사원, 수학 및 통계연구원, 시장 및 여론조사전문가, 통계사무원, 통계학과 교수, 회계사 등

📖 개설 대학

경북대학교, 고려대학교, 동국대학교, 부경대학교, 부산대학교, 서울대학교, 서울시립대학교, 성균관대학교, 성신여자대학교, 숙명여자대학교, 영남대학교, 이화여자대학교, 인제대학교, 인하대학교, 전남대학교, 전북대학교, 창원대학교, 한국외국어대학교 등

📋 관련 학과

데이터과학부 빅데이터·응용통계학전공
정보통계·보험수리학과 정보통계학과
통계데이터과학전공 통계정보과학과
수학응용통계학부 응용통계학과
응용통계학전공 전산통계학과
정보통계학전공 컴퓨터통계학과
통계정보학과 통계컴퓨터과학과

📚 고등학교 권장 선택과목 로드맵

교과 영역	선택과목	
	일반선택	진로선택
기초	미적분, 확률과 통계	기하, 경제 수학, 수학과제 탐구
탐구	경제, 사회·문화, 정치와 법	사회문제탐구
체육·예술		
생활·교양	정보, 심리학, 실용경제	

해양학과

물리학, 화학, 생물학, 지질학 등의 관점에서 바다 현상을 규명하는 순수·종합 학문이다.

물리해양학은 해양에서 일어나는 에너지, 운동량 및 물질의 수송, 해류 등 물리적 현상을 연구하며, 생물해양학은 해양 생태계와 해양자원 등 바다에서 살고 있는 생물의 생명현상을 연구한다. 화학해양학은 해양 또는 해양과 근접한 환경에서 일어나는 물질의 생성과 변화, 소멸에 이르기까지의 순환과정을 연구하며, 지질해양학은 해저의 지질학적 현상을 연구한다. 최근 해양학과에서는 응용학문과의 융합으로 해양과학기술과 해양산업의 발전, 그리고 해양·수산 자원의 개발과 환경문제 극복을 위해 끊임없이 노력하고 있다.

개설 대학

부경대학교, 부산대학교, 인천대학교 등

관련 학과

해양과학과　해양산업융합학과
해양생명응용과학부　해양수산자원학과
해양심층수학과　해양환경과학과

졸업 후 진출 분야 및 직업

진출 분야

해양수산부, 환경부, 해양경찰청, 한국환경공단, 한국환경연구원, 한국해양진흥공사, 해양환경관리공단, 한국수산자원관리공단, 해양수산과학기술진흥원, 국립해양박물관, 한국해양수산개발원, 국립수산과학원, 한국해양과학기술원, 국립환경과학원, 농림수산식품교육문화정보원, 해양 관련 기업체, 환경, 의약 및 생물 관련 기업체 등

진출 직업

조선공학기술자, 항만건설토목기술자, 항만 및 해안설계기술자, 산업안전 및 위험관리원, 해양생태계 및 환경검사원, 운송 및 선적사무원 등

고등학교 권장 선택과목 로드맵

교과 영역	선택과목	
	일반선택	진로선택
기초	미적분, 확률과 통계	기하, 수학과제 탐구
탐구	한국지리, 세계지리, 물리학I, 화학I, 생명과학I, 지구과학I	물리학II, 화학II, 생명과학II, 융합과학, 생활과 과학
체육·예술		
생활·교양	정보, 환경	해양문화와 기술

MEMO

MEMO

01

직업 바이블

직업 탐색이 필요할 땐, 이 책이 답!

10% sale

44,100원/권당

국내 최대 직업 정보 수록! 진로 탐색을 위한 최고의 바이블
총 205개의 대표 직업과 약 1,000개의 관련 직업 소개
직업별 로드맵(관련학과, 관련교과, 적성, 흥미, 미래전망) 소개

02

학과 바이블

학과 선택이 고민 될 땐, 이 책이 답!

10% sale

44,100원/권당

계열별 대표학과 및 관련학과까지 1,000여개 학과 수록
계약학과&특성화학과 정보까지 수록되어
더 강력해진 개정판

03

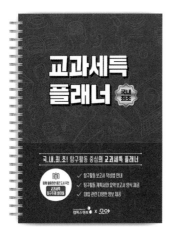

교과세특 플래너

교과세특 관리를 위한 **필수 플래너!** 강력추천!

20% sale

8,800원/권당

탐구활동 기록 가이드 역할
체계적인 탐구활동 관리

도서 시리즈 01

나만의 진로 가이드북 시리즈

총 6개 계열별
대표 20개 직업과 20개 학과를 연결한 진로 도서
● 인문   ● 사회   ● 자연   ● 공학   ● 의료보건   ● 예체능

10% sale
16,650원/권당

각 직업과 학과에 대한 심도 있는 이해 OK!
실질적인 직업 진출 계획을 위한 진로 가이드북

도서 시리즈 02

교과세특 탐구주제 바이블 시리즈

교과세특 탐구주제 완벽대비를 위한 필수활용서
● 인문   ● 사회   ● 자연   ● 공학   ● 의약   ● 예체능   ● 교육

10% sale
19,800원/권당

2015개정 교육과정
국/영/수/사/과 교과군 58개 과목 모두 수록
1권으로 3년 세특준비 해결! 4053개 탐구주제 수록!

도서 시리즈 03

'어떻게 되었을까?' 시리즈

현직 직업인의 생생한 스토리가 담긴 직업가이드북

10% sale
13,500원/권당

실무자의 생생한 직업 이야기
각 분야 전문가들의 다양한 커리어패스
경험담을 통해 진로 설계의 동기부여

50가지의 직업 시리즈 출간!

학교 맞춤제작 도서

고교학점제 바이블

더 자세한 고교학점제에 대한 정보가 필요할 때!

10% sale

단행본 – 9,900원/권당

고교학점제 A부터 Z까지 모두 담은 도서
고교학점제 정책에 대한 이해부터 대학 계열별
선택과목 안내까지! 한 번에 해결!

맞춤제작 – (권당) 11,000원

자세한 견적은 전화로 문의주세요 :)
Tel) 02-333-5966(내선 2번)

표지/내지 수정 가능!
학교별 교육과정 편제표 및 학업계획서 양식 추가(무료)
고교학점제 안내 책자 제작 시간과 비용 절감 효과

내지구성 미리보기

고교학점제 바이블 맞춤제작 특별 혜택

고교학점제 수업에 활용할 수 있는 총 4차시 강의안 PPT파일 무.료.제.공

선생님들을 위한 교육 교구몰

캠퍼스멘토 교구몰

도서/교구/활동지/워크북 등 다양한 교육 교구재를 한 번에 만날 수 있습니다.

[캠토몰 링크] www.campusmentor.co.kr

나에게 필요한 모든 것이 있는 곳

MOYACOMPANY

일상 속 변화를 이끄는 교육콘텐츠 전문기업, 모야컴퍼니를 만나보세요.

[모야컴퍼니 홈페이지] moyamall.com [모야몰 링크] smartstore.naver.com/moya_mall

※ 참고문헌

- 2020 명지대학교 학생부종합전형 가이드북, 명지대학교, 2020
- 2020 고등교육기관 졸업자취업통계연보(한국교육개발원)
- 2021학년도 연세대학교 학생부종합전형 가이드북, 연세대학교, 2021
- 2022학년도 경희대학교 학생부종합전형 가이드북, 경희대학교, 2021
- 2022학년도 이화여자대학교 학생부종합전형 가이드북, 이화여대, 2021
- 2022학년도 광운대학교 학생부종합전형 가이드북, 광운대학교, 2021
- 2022 서울대학교 학생부종합전형 가이드북, 서울대학교, 2021
- 2022학년도 부산대학교 학생부종합전형 가이드북, 부산대학교, 2021
- 2022학년도 대구교육대학교 학생부종합전형 가이드북, 대구교육대학교, 2021
- 2021학년도 학교생활기록부 기재요령, 교육부(2021)
- 고교학점제 바이블, 캠퍼스멘토(2021)
- 교과세특 탐구주제 바이블, 한승배 외(2021)
- 나만의 진로 가이드북, 한승배 외(2021)
- 대입전형 표준화방안 연구. 건국대 외 5개 대학(2018)
- 무릎 탁! 학생부 길잡이, 교육부(2020)
- 학교생활기록부 작성, 전라남도교육청(2018)
- 학교생활기록부 정보의 재구조화, 서울대학교 입학본부(2016)
- 학과바이블, 한승배 외(2021)
- 2022학년도 학교생활기록부 개재요령(교육부)

※ 참고사이트

- 대입정보포털 어디가(http://adiga.kr)
- 워크넷(https://www.work.go.kr)
- 커리어넷(https://www.career.go.kr)

학생부 바이블 자연계열

1판 1쇄 찍음   2021년 10월 28일
1판 3쇄 펴냄   2023년 5월 10일

출판   (주)캠퍼스멘토
제작   (주)모야컴퍼니
저자   강서희, 손평화, 이명주, 하희, 이남설, 한승배, 김호범

총괄기획   박선경 (sk@moyacompany.com)
책임편집   (주)모야컴퍼니
연구기획   김예솔, 민하늘, 최미화, 양채림
디자인   박선경, (주)모야컴퍼니
경영지원   지재우, 임철규, 최영혜, 이석기
마케팅   윤영재, 이동준, 신숙진, 김지수, 김연정, 박제형
발행인   안광배, 김동욱

주소   서울시 서초구 강남대로 557(잠원동, 성한빌딩) 9F
출판등록   제 2012-000207
구입문의   (02) 333-5966
팩스   (02) 3785-0901
홈페이지   www.campusmentor.co.kr (교구몰)
            smartstore.naver.com/moya_mall (모야몰)

ISBN   978-89-97826-83-4(44080)

ⓒ 강서희, 손평화 외 2021

· 이 책은 ㈜모야컴퍼니가 저작권자와의 계약에 따라 발행한 것이므로 본사의 서면 허락 없이는
  이 책의 일부 또는 전부를 무단 복제 · 전재 · 발췌할 수 없습니다.
· 잘못된 책은 구입하신 곳에서 바꾸어 드립니다.